力量悬殊的对抗
抗美援朝纪实

齐德学 —— 著

辽宁人民出版社

ⓒ 齐德学 2024

图书在版编目（CIP）数据

力量悬殊的对抗：抗美援朝纪实 / 齐德学著．—沈
阳：辽宁人民出版社，2024.3
ISBN 978-7-205-10883-0

Ⅰ．①力… Ⅱ．①齐… Ⅲ．①抗美援朝战争—史
料 Ⅳ．① E297.5

中国国家版本馆 CIP 数据核字（2023）第 206298 号

出版发行：辽宁人民出版社
　　　　　地址：沈阳市和平区十一纬路 25 号　邮编：110003
　　　　　电话：024-23284321（邮　购）　024-23284324（发行部）
　　　　　传真：024-23284191（发行部）　024-23284304（办公室）
　　　　　http://www.lnpph.com.cn
印　　刷：河北朗祥印刷有限公司
幅面尺寸：170mm×240mm
印　　张：15.5
字　　数：240 千字
出版时间：2024 年 3 月第 1 版
印刷时间：2024 年 3 月第 1 次印刷
责任编辑：董　喃　王　增
装帧设计：留白文化
责任校对：吴艳杰
书　　号：ISBN 978-7-205-10883-0

定　　价：58.00 元

目录

声威大震

趁热打铁

迎敌反扑

第一章 邻居失火

1

★

力量悬殊
的对抗

朝鲜半岛历史上受中国文化影响较深。在地理上是从亚洲东北大陆伸出的一个狭长半岛，三面环海，北面与中国和俄罗斯接壤。半岛南北长800余公里，东西宽170~360公里，全部面积21.4万余平方公里。境内遍布崇山峻岭，并有许多江河奔流其间。南方气候较热，水量充足，是半岛的主要农业区，主要农作物是水稻。北方冬季寒冷，最低气温可达零下40℃，是半岛的主要工矿区。这里居住着一个勤劳的民族，具有悠久的文化和历史，早在公元1世纪，就是一个统一的王朝，14世纪改国号为"朝鲜"。19世纪末至20世纪初，曾改国号为"韩国"或"大韩"。朝鲜半岛所处地理位置，从地缘上说，是帝国主义入侵亚洲大陆的跳板，也是亚洲大陆抵御帝国主义侵略的屏障。16世纪以来，朝鲜半岛多次遭受帝国主义侵略，到20世纪初期的日俄战争后，沦为日本的殖民地，长期遭受日本军国主义的蹂躏践踏。朝鲜半岛人民为了反抗日本帝国主义的殖民统治，进行了长期的斗争，直到第二次世界大战结束，日本帝国主义被打败宣布投降，朝鲜半岛人民才从日本帝国主义的奴役下解放出来。然而，朝鲜半岛人民在欢庆解放的同时，又陷入了新的忧愁，统一的国家被人为地分裂了。

一、美苏两国植下祸根

在第二次世界大战进行到 1943 年年底的时候，遭受日本奴役之苦的朝鲜人民，引起了反法西斯同盟国的关注。12 月 1 日，由中国、美国、英国发表的《开罗宣言》中说："我三大同盟国轸念朝鲜人民所受之奴隶待遇，决定在适当期间，使朝鲜自由独立。"

到了 1945 年 2 月，在德国法西斯战败前夕，反法西斯同盟的苏联、美国、英国三国首脑约瑟夫·斯大林、富兰克林·罗斯福和温斯顿·丘吉尔，在苏联克里米亚半岛南岸的雅尔塔举行会议，商议分区占领德国和柏林、苏联对日作战和战后世界的安排等问题，并于 2 月 11 日签订了《雅尔塔协定》。协定规定了苏联对日作战的条件，其中包括外蒙古独立、苏联使用中国大连港和苏联通往大连铁路的优先权益、租用旅顺为海军基地等，严重践踏了中国主权。实际上，这次会议是三国划分战后势力范围的会议。战后世界政治格局的形成和许多国际问题的出现，都与这次会议有着直接的关系。朝鲜问题也不例外。会议期间，罗斯福同斯大林私下谈及朝鲜问题，罗斯福认为，朝鲜不具备自治能力，需由苏、中、美三国共同托管 20~30 年。斯大林提出，托管时间越短越好，并应有英国参加。托管朝鲜问题，没有写到雅尔塔会议的文件里，只是罗斯福和斯大林两个人就这个问题私下达成的"协议"。

在德国法西斯战败投降后，1945 年 7 月 17 日至 8 月 2 日，苏联部长会议主席斯大林、接替去世的罗斯福任美国总统的杜鲁门、英国首相丘吉尔（后为艾德礼）及三国外长，在德国柏林西南的波茨坦，举行了盟国在第二次世界大战中的最后一次会议。会议发表了《波茨坦协定》和《促令日本投降的波茨坦公告》。公告中，对朝鲜问题重申了《开罗宣言》中的内容。会间，苏联通报准备于 8 月 8 日对日宣战，并探询美国是否有同苏联在朝鲜联合登陆的意向。而美国的愿望是独占朝鲜半岛，但美方估计，在朝鲜半岛登陆会遭受重大伤亡，莫不如将这个重大伤亡送给苏联去承受，而自己坐收渔利。此外，美国认为，如果把必要的美军运到朝鲜半岛，则无法保证抢先在日本登陆。因此，美、苏两国则只划定了空中和海上对日作战的分界线，而没有划定地面部队作战的分界线。杜鲁门在回忆录中说："至于地面上的作战或占领区域，没有进行任何讨论，因为当时没有人想到，不管是美国的或者是苏联的地面部队，会在短期内进入朝鲜。"

美国万万没有料到，苏联8月8日对日宣战，9日即发起远东战役，并且攻势迅猛。10日，日本内阁决定投降，并通知了美国等有关国家。这时美国人才有点着急了。距离朝鲜半岛最近的美国地面部队，尚在600公里以外的冲绳岛，无论如何不会很快赶到朝鲜半岛，倘若日本宣布投降，整个朝鲜半岛岂不都被苏军占领了？美国不愿接受这个结果。于是，迫不及待要同苏联在朝鲜半岛划出一条接受日军投降的分界线。

在地图上，北纬38°线（下称"三八线"）恰好位于朝鲜半岛南北中央。于是，美国陆军部建议，以三八线为界，该线以北为苏军对日受降区，该线以南为美军对日受降区。这个建议立即得到美国军方和国务院的同意，8月14日获得了杜鲁门总统的批准。然而，这也必须征得苏联的同意。8月16日，斯大林得到了这个提议，同美国作了妥协，未表示反对意见。于是三八线的问题就这样定下来了。统一的半岛被人为地分割为南北两块。

8月15日，日本宣布投降。此时，苏军在金日成领导下的朝鲜人民革命军（朝鲜人民军前身）的配合下，迅速解放朝鲜三八线以北全部领土，一部已进至三八线以南。根据美、苏两国以三八线为界，分区接受日军投降的"协议"，苏军全部撤至三八线以北。

美国对于朝鲜的解放没有任何贡献，直至9月2日日本在投降书上签字后，美军才于9月8日和9日从朝鲜的仁川港和釜山港登陆，开始占领朝鲜"三八线"以南地区。

此时，朝鲜共有3000万人口，三八线以南人口约2100万，占总人口的70%，土地面积约9万平方公里，占半岛总面积的44%；三八线以北人口900万，占总人口的30%，土地面积12万余平方公里，占半岛总面积的56%。

由于美苏两国在朝鲜问题上的妥协，以三八线为界分区受降和占领，使朝鲜人民刚刚挣脱日本帝国主义的奴役，又开始陷入南北分裂的状态。从此埋下了朝鲜战争爆发的祸根。

二、朝鲜内战爆发

美国和苏联本来就是社会制度和意识形态完全不同的两个国家，在第二次世界大战中为了反法西斯的目的，临时结成了同盟。反法西斯战争胜利后，共同利益消失，两国便立即转为尖锐对立和斗争，并形成了以苏联为代表的社会主义阵营和以美国为代表的资本主义阵营，两大阵营的对立和斗争，左右着世界政治形势的发展变化。朝鲜是这两大阵营在东方对立斗争的主要阵地。正如美国总统杜鲁门的特使埃德恩·保莱1946年6月巡视朝鲜后，给杜鲁门的报告中所说："尽管朝鲜是一个小国，从我们的整个军事力量来看，我们在这里担负的责任并不大，但是，这个地方却是一个进行思想斗争的战场，而我们在亚洲的整个胜利，就取决于这场斗争。就在这个地方将测验出来，究竟民主竞争制度是不是适用于代替失败了的封建主义，或者其他某种制度——共产主义，还更强些。"不言而喻，美苏两国必然在朝鲜三八线以南或以北，推行各自的政策，按照自己的意识形态管理所占领的区域。

美军进入朝鲜南方以后，立即解散了那里已经建立起来的人民政权——各级人民委员会，重新启用日本的殖民统治机构来维护美国的新的殖民统治。为朝鲜人民所痛恨的日本警察，居然戴上美国"军政府"的臂章招摇过市、横行不法。这些激起了朝鲜人民的愤怒。美国占领军司令官约翰·霍奇，在占领南朝鲜3个月后给参谋长联席会议的报告中说："在南朝鲜，人们把分裂的局面归罪于美国，这个地区的人民越来越憎恨一切美国人。"杜鲁门在回忆录中也承认说："大多数朝鲜人既不希望美国士兵，也不希望俄国士兵留在自己的国土上……1946年秋季，在我们占领的地区，曾发生过几起骚乱和示威运动，在少数情况下，我们的军队还不能不向进行示威的群众开枪射击。"

与此相反，苏军进入朝鲜北方后，立即宣布"朝鲜已成为自由的国家"，帮助朝鲜人民建立自己的政权机关，得到了朝鲜人民的拥护。

关于由四国托管逐步建立朝鲜统一政府之事，虽然美、英、苏三国外长于1945年12月达成过一个协议，后来中国国民党政府也参加了这个协议。但是，由于美、苏两国尖锐的政治对立，在建立一个什么样的统一政府问题上，不可能形成一致的意见，因此，协议只能是一纸空文。虽然将这一问题提交已成立的联合国，但联合国本身就是在反法西斯同盟基础上产生的，美苏两国的对立和斗争，同样表现在联合国的活动中，因此，联合国同样不可能解决朝鲜问题。

美国希望在朝鲜半岛建立一个由其控制的傀儡政权。为达到这个目的，1948 年 2 月，美国借联合国的招牌，强行决定在南朝鲜举行单独选举。经过美国的精心策划和导演，在美军刺刀的威逼下，南朝鲜举行了单独选举，选举了就连杜鲁门也认为是"专横""任性""不得人心"的 70 多

1948 年 8 月 15 日，朝鲜半岛南部成立了以李承晚为总统的大韩民国政府

岁的李承晚为总统，组成"大韩民国政府"。8 月 15 日，这个政府在汉城（今首尔）粉墨登场。

在这种形势下，朝鲜北方于 8 月 25 日也进行了选举，并邀请南方的选民代表参加。9 月 9 日，组成了以金日成为首相的朝鲜民主主义人民共和国政府。

朝鲜半岛南北两个政府互不承认，又都宣布自己代表整个朝鲜。国际社会也只承认两个政府中的一个。

美苏两国在朝鲜问题上的对立和斗争，造成朝鲜南北分裂和对立，构成了朝鲜战争爆发的历史原因。

在朝鲜北方政府的呼吁下，苏联占领军于 1948 年年底以前全部撤出朝鲜。美国占领军迟至 1949 年 6 月底才全部撤出朝鲜。此后，美苏两国在朝鲜半岛问题上的对立和斗争，便具体表现为朝鲜半岛内部南北两个政府、两种制度之间，在如何实现南北统一和统一于谁的问题上的尖锐对立和斗争。这构成了朝鲜战

争爆发的根本原因。

以金日成为首的朝鲜北方政府代表朝鲜半岛的进步势力，主张和平统一，并作了不懈的努力。

在南方，李承晚集团代表朝鲜半岛的反动势力，对内实行血腥的恐怖统治，竭力主张武力统一，叫嚷"要结束南北分裂，就必须用战争来解决"。李承晚在大肆叫嚷和加紧战争准备的同时，自1949年以来，还不断在三八线地区进行武装挑衅。据朝鲜北方的统计，1949年1月至12月，朝鲜南方在三八线上进行了1836次军事挑衅，最大规模的兵力达到旅级。这构成了朝鲜战争爆发的导火索。

道格拉斯·麦克阿瑟在南朝鲜总统就职典礼上与李承晚 合影

1950年年初，朝鲜半岛南方开始向三八线地区大规模集结武装部队。火药味越来越浓，一场内战已不可避免。美国积极支持李承晚的活动，并进行挑唆。在朝鲜内战爆发前一个星期，美国国务院顾问约翰·福斯特·杜勒斯到朝鲜半岛南方活动，视察了三八线，并鼓动说："如果与共产主义妥协，那就等于选择导致灾难的道路。""美国准备给予正在如此英勇与共产主义作斗争的南朝鲜以一切必要的精神上和物质上的援助。"

针对李承晚集团的咄咄逼人，朝鲜北方也做了必要的军事准备。

三八线上长期小规模的武装冲突和摩擦，至1950年6月25日终于发生了质变，响起了不同以往的激烈炮声，朝鲜大规模内战爆发了。朝鲜人民军势如破竹，6月28日即攻占汉城。至7月6日，人民军全线进至北纬37°线（下称"三七线"）地区，解放了南朝鲜三分之一的地区。

三、美国公然武装入侵

朝鲜内战爆发，立即在国际上引起了反响，反应最为强烈的当数美国。

当年美国不费一枪一弹就获得了日军在朝鲜投降的利益。但是美国认为，朝鲜半岛对于美国来说，在经济上、军事上均没有战略上的重要价值。1949年上半年，美国占领军撤出朝鲜也说明了这一点。1950年年初，美国在确定自己在远东和太平洋地区的利益范围时，也将朝鲜半岛划在了圈外。但是，作为资本主义世界的"领袖"和霸主，美国不可能，也没有完全抛弃南朝鲜。在其占领军撤出南朝鲜时，留下500余人的军事顾问团，控制南朝鲜军队，美国陆军部并制订了一旦在三八线发生大规模武装冲突时，美国的应急行动方案。这个方案大致内容如下：

1. 撤离在朝鲜半岛的美国侨民眷属；

2. 把战争的责任转嫁于北朝鲜，宣布北朝鲜发动了进攻，并提交联合国讨论北朝鲜发动进攻问题；

3. 在前两个方案不能解决问题时，则利用联合国由美国军队和其他成员国军队组成特遣队，对朝鲜采取军事行动。实际上，就是打着联合国的旗号侵入朝鲜，支援李承晚集团作战。

在朝鲜内战爆发的当晚，美国当局就紧锣密鼓地行动起来，他们首先考虑的是，朝鲜战争的爆发，是苏联共产主义在朝鲜问题上向"自由世界"的挑战，作为自由世界的"领袖"——美国，对此不能视而不见，否则有失自由世界"领袖"的面子。美国必须在朝鲜采取行动。然而，美国一国采取行动，会被指责为侵略。那么最好的办法就是打着联合国的旗号进行活动。联合国是个复杂的国际组织，苏联和许多社会主义国家都是其中的成员，不可能迅速作出符合美国愿望的决定，而南朝鲜又不能等待。

怎么办？美国当局按照预案采取了行动：命令驻东京的美国远东军总司令道格拉斯·麦克阿瑟从26日起，派出驻日本的美国空军飞机和海军舰艇，以掩护美国侨民眷属撤退的名义，支援南朝鲜军作战；命令驻菲律宾的美国海军第七舰队，以"台湾海峡中立化""台湾地位未定"的名义，侵入台湾海峡，粗暴干涉中国内政，阻止中国人民解放军解放台湾的任何行动；加速对菲律宾季里诺傀儡政府和侵略越南的法国军队的军事援助。同时决定在联合国积极活动。27日，美国总统杜鲁门发表声明，公开宣布了上述决定。

从26日起，美国驻日本的海军和空军公开侵入朝鲜，武装干涉朝鲜内战，美国海军第七舰队侵入台湾海峡。同时乘苏联驻联合国代表缺席之机和中国的合法席位被蒋介石集团非法占据的情况下，操纵联合国安全理事会，先后通过了指控北朝鲜发动了进攻和要求联合国会员国以"紧急军事措施"给予南朝鲜"必须的援助"的决议。

7月1日，美国地面部队开始侵入朝鲜，美步兵第二十四师先遣队一个营空运至釜山后开赴前线与朝鲜人民军作战。7日，美国再次操纵联合国安全理事会，通过了授权组成以美国军队为首侵朝"联合国军"的决议。10日，杜鲁门任命麦克阿瑟为侵朝"联合国军"总司令。陆续参加"联合国军"在朝鲜行动的有16个国家和地区的军队，其中，美军占90%以上，英国为两个旅，加拿大和土耳其各一个旅，泰国一个团，法国、澳大利亚、新西兰、菲律宾、荷兰、希腊、比利时、哥伦比亚、埃塞俄比亚各一个营，南非联邦一个空军中队，卢森堡一个排，大多数国家和地区只是象征性地派出军队。南朝鲜不是联合国成员国，但7月14日，李承晚也将南朝鲜军交"联合国军"指挥（后文出现"联合国军"时，均含南朝鲜军）。此外，瑞典、印度、丹麦、挪威、意大利为"联合国军"派出了医院或医疗

侵朝"联合国军"总司令麦克阿瑟

船。除美国军队在朝鲜战争爆发第二天即侵入朝鲜外，其他国家的军队于1950年8月开始到达朝鲜，最迟的于1951年5月才到达朝鲜。

至此，美国将对朝鲜的侵略行动披上了"联合国"的外衣，使本来是南北双方内战的朝鲜战争，变成了侵略和反侵略的战争，并且把战争扩大化，演变成为第二次世界大战后第一场大规模的国际性局部战争。

第二章 被迫出兵

2

★

力量悬殊
的对抗

中国人民同美国在朝鲜半岛进行一场较量，并非出于计划，中国人民不愿打仗，中国人民热爱和平，中国人民需要和平，以便治理长期战争留下的千疮百孔的烂摊子。但是美国当局不顾中国政府和人民的一再警告，将战火烧到中国的大门口，朝鲜处境危急，中国东北安全受到严重威胁。中共中央政治局最终作出决定，组成中国人民志愿军"抗美援朝，保家卫国"。

一、中国亟须恢复国民经济

中国共产党领导中国人民经过 28 年不屈不挠、艰苦卓绝的斗争，终于推翻了帝国主义、封建主义和官僚资本主义在中国的统治。1949 年 10 月 1 日，毛泽东代表中国人民在天安门城楼上庄严宣告："中华人民共和国中央人民政府今天成立了！"

中华人民共和国的成立，开辟了中国历史的新纪元，标志着中国历史进入了一个新时代。中国人民从此站起来了，成为国家和社会的主人，自己命运的主宰者，百余年来备受欺凌和屈辱的中华民族，从此昂然屹立于世界的东方。

然而，中华人民共和国的成立，只是万里长征走完了第一步。毛泽东在 1949 年 3 月中共七届二中全会的报告中即指出："中国的革命是伟大的，但革命以后的路程更长，工作更伟大，更艰苦。"确实，中华人民共和国成立后，摆在中国共产党和中国人民面前的形势依然相当严峻，任务依然相当艰巨。由于长期遭受帝国主义列强的侵略和掠夺，遭受长期战争的破坏，整个中国几乎是一片废墟。千疮百孔、百废待兴是对当时中国国家状况恰当的形容和概括，一切均须从头做起。

经济方面，1949 年主要工农业产品的产量，普遍低于历史最高水平，工农业总产值只有 466 亿元人民币（1955 年新币值，本书下文出现的人民币均为新币值）；工业水平相当落后，没有像样的加工工业，更没有机械制造业，工业产值仅占工农业总产值的 17％；占农村人口绝大多数的新解放区，土地改革尚未开始；国家财政赤字庞大，通货膨胀严重，物价不稳，财政经济存在着巨大的困难。

政治方面，到 1949 年年底，全国还有海南岛、台湾等大部沿海岛屿和大陆的西藏没有解放；大陆上还残留着国民党小股部队和土匪武装 200 余万人，他们还在进行破坏活动；新解放区的人民政权刚刚建立，并不巩固；美国不甘心在中国的失败，联合西方国家，对新中国采取了政治上颠覆、外交上孤立、军事上包围、经济上封锁的政策，企图把新中国扼杀在摇篮里。此外，城市数百万工人和知识分子失业等等，还存在着许多动荡不安的因素。

面对这种严峻的形势，中国人民非常需要一个和平安定的环境，以治理这百孔千疮的烂摊子，恢复和建立正常的生产秩序、生活秩序，恢复和发展科学文化教育事业，巩固新生的人民民主政权。

到了 1950 年 6 月，除台湾和西藏外，全国大陆和大部沿海岛屿已解放，大规模解放战争基本结束。在这种形势下，中国共产党于 6 月 6 日至 9 日，在北京召开了七届三中全会，适时将主要精力和中心工作，由领导中国人民取得解放战争的胜利，转为领导中国人民全面恢复国民经济。确定了中心任务：以三年左右时间，争取国家财政经济状况根本好转。为此，已着手进行新解放区的土地改革，调整工商业，精简国家机构和节减经费开支，人民解放军开始有计划地大批复员，参加国家经济建设。

然而，中国人民的良好愿望，由于美国大规模侵略朝鲜和占领中国领土台湾而遭到破坏，刚刚制定的恢复国民经济的各项计划，不得不做必要的调整。

二、毛泽东、周恩来的先见之明

在中国共产党七届三中全会结束仅仅半个月时间，朝鲜内战爆发，美国即大规模武装入侵朝鲜，同时侵入台湾海峡。这不能不引起中国政府和人民的高度关注和警觉，不能不引起中国政府和人民的强烈抗议。针对杜鲁门 27 日的公开声明，6 月 28 日下午，中华人民共和国中央人民政府委员会召开紧急会议，总理兼外长的周恩来作国际形势的最新发展报告。他指出："杜鲁门的声明中还联系到了台湾地区、越南、菲律宾。朝鲜问题，只是美国整套强盗性计划中的一个问题而已。"周总理还强调，"台湾属于中国的事实，永远不能改变。这不仅是历史的事实，且已为开罗宣言、波茨坦宣言及日本投降后的现状所肯定。杜鲁门这种意图和声明，再一次让世界人民了解谁要发动战争，再一次地提高了中国人民的警惕"，"对于这种非法的行为，我们不能不表示态度。"在会上，毛泽东也发表讲话谴责美国的侵略行径，表明反抗美国侵略的决心和态度。毛泽东讲话指出："中国人民早已声明，全世界各国的事务应由各国人民自己来管，亚洲的事务应由亚洲人民自己来管，而不应由美国来管。美国对亚洲的侵略，只能引起亚洲人民广泛和坚决的反抗。""全国和全世界的人民团结起来，进行充分的准备，打败美帝国主义的任何挑衅。"

周恩来也代表中华人民共和国中央人民政府发表声明，抗议、谴责美国侵略台湾和在亚洲其他地区的侵略行径，指出："杜鲁门二十七日的声明和美国海军的行动，乃是对于中国领土的武装侵略，对于联合国宪章的彻底破坏。""我国全体人民必将

1950 年 6 月 28 日，毛泽东同志在中央人民政府委员会第八次会议上发表讲话，号召全国和全世界人民团结起来，打败美帝国主义的任何挑衅

万众一心，为从美国侵略者手中解放台湾而奋斗到底。"号召"全世界一切爱好和平正义和自由的人类，尤其是东方各被压迫民族和人民，一致奋起，制止美国帝国主义在东方的新侵略"。

朝鲜人民没有被美国的气势汹汹所吓倒，在金日成的领导下，人民军势如破竹，打得美军和南朝鲜军节节败退。

在朝鲜人民军打得顺风顺水的情况下，毛泽东、周恩来等中共中央领导人，冷静地分析了朝鲜战局形势，认为，由于美国军队的大规模入侵，朝鲜局势有恶化的可能，美国甚至进一步扩大战争，有攻击我国东北的可能。因此，我们不能不有所防范，不能不做必要准备。

新中国建立时确定了"全国国防重点是以天津、上海、广州三点为中心的三个区域"。部队的部署也是围绕国防重点的三个中心进行的。同时以第三野战军一部兵力进行攻取台湾的作战准备，由第三野战军副司令员粟裕主抓，中国人民解放军海军领导机关成立后，海军司令员萧劲光协助粟裕组织攻台准备。

也就是说，这时的国防前哨在东南沿海，而东北地区背靠苏联则是战略后方，因此这时东北地区部署的兵力，是当时全国6个大军区中最少的。朝鲜内战爆发，美国武装干涉朝鲜内战和侵占中国领土台湾，中国东北地区面临严重的安全威胁，则由战略后方变成了国防前哨。

在朝鲜内战爆发不到两个星期，美军地面部队进入朝鲜半岛仅一个星期，且人民军打得顺风顺水时，毛泽东即委托主持军委日常工作的周恩来副主席，召集中国人民解放军总司令朱德、中央军委代总参谋长聂荣臻、总政治部主任罗荣桓，以及林彪、萧华、萧劲光、刘亚楼、杨立三、李涛、许光达等军队有关方面的负责人，于7月7日和10日，两次开会讨论中国国防问题。中央军委根据两次会议的讨论，7月13日作出了《关于保卫东北边防的决定》。

决定抽调第十三兵团（辖第三十八、第三十九、第四十军）和第四十二军，及炮兵第一、第二、第八师等部，共25万余人，组成东北边防军，保卫中国东北边防，并准备必要时支援朝鲜人民军作战。任命粟裕为东北边防军司令员兼政治委员、萧劲光为副司令员、萧华为副政治委员、李聚奎为后勤司令员。任命邓华为第十三兵团司令员、赖传珠为政治委员、解沛然（解方）为参谋长、杜平为政治部主任。

虽然第十三兵团在1950年年初即被确定为国防机动部队，主力集结于中原地区整训，但实际上，随着国内大规模战争结束，恢复国民经济中心任务的确定，第十三兵团部队多数已枪炮入库，从事农业生产和水利建设工作。没想到征尘刚洗，又披战袍，放下生产的锹镐，告别即将成熟的庄稼，从湖北、河南和黑龙江的齐齐哈尔等地区整装开拔。一个月时间，全部到达辽东和吉林省的东南部地区，开始突击整训。

此时，确定的边防军首长粟裕有病在青岛休养，萧劲光主持组建不久的海军工作，萧华主持军委总政治部的日常工作，一时均不能到职，而边防军的整训工作则不能拖延。于是经周恩来、聂荣臻、刘亚楼研究，由周恩来、聂荣臻建议，毛泽东批准，边防军暂归东北军区司令员兼政治委员高岗指挥，并统由东北军区负责军需供应，李聚奎改任东北军区后勤部长。边防军的训练工作由第十三兵团统一组织，并先后任命洪学智为第十三兵团第一副司令员、韩先楚为第十三兵团副司令员，赖传珠离职养病，由邓华兼兵团政治委员。

8月初，朝鲜人民军已解放了三八线以南90%的地区，人民军的作战势头已开始减弱，中共中央政治局讨论朝鲜局势时，认为对朝鲜人民来说，能否取得胜利已进入关键时期。毛泽东明确指出："如果美帝胜利，它就会得意，就会威胁我国。对朝鲜我们一定要帮，以志愿军的形式帮，时机还要选择。仗打起来，有短打、有长打，还有大打和打原子弹。原子弹我们没有，只好让他打，我们还是打手榴弹。但我们不能不有所准备。"

毛泽东还指示高岗，召开边防军师以上干部会议，说明作战的目的、意义和战略方向，要求各部于本月内完成作战准备，待命出动。高岗遵照毛泽东的指示，于8月13日在沈阳召开边防军军事会议，传达了中央的意图和决心，并部署了边防军各项作战准备工作。会后，中央军委根据边防军集中后反映出的战备水平较低的情况，将边防军完成作战准备时间向后推延到9月底。

到8月中旬，朝鲜人民军同美军和南朝鲜军僵持在朝鲜东南隅的洛东江一线。鉴于朝鲜战局形势的变化，经聂荣臻代总参谋长建议，毛泽东批准，中央军委又决定，解除原第三野战军宋时轮指挥的第九兵团（辖第二十、第二十六、第二十七军）担负的准备解放台湾的任务，将该兵团集结于津浦铁路沿线整训，同时解除西北军区杨得志、李志民指挥的第十九兵团（辖第六十三、第六十四、第六十五军）在西北地区的任务，集结陇海铁路沿线整训。将该两兵团作为东北边防军的二线、三线部队，待东北边防军一旦参战后，作为第二、第三批部队调用。9月上旬，又将在湖北的第五十军编入东北边防军序列。

为了督促检查边防军的各项准备工作，周恩来根据毛泽东的指示，于8月26日再次召开国防会议。周恩来在会上指出："我们对于朝鲜问题，不仅看成是兄弟国家，同我国东北相联有利害关系，而且应看成是重要的国际斗争。我们要做好准备，并要做战争长期化的准备，防止临急被动。"周恩来还指出：我们对于朝鲜战争有两种设想，第一种设想"是赶李承晚下海，一鼓而下，很快地解放全朝鲜，使得战争很快结束，至少告一段落。如果美帝国主义要援助的话，它也需要有长期的准备和调动更大的兵力，才能进行登陆作战。这种前途对朝鲜是有利的，朝鲜人民也是向着这个目标努力的。但根据两个月来的作战情况，这一设想是不可能实现了"。"设想第二种情况，即战争的长期化。要准备在长期化的战争中逐步消灭敌人，在适当的情况下，朝鲜人民军向后撤一下，使敌人深入、分散兵力，然后达到分路歼敌的目的。这同我们的准备工作是有联系的。""我们在第一种设想情况下，是备而不用；在第二种设想情况下，是加重了我们的责任，并且应该很快地积极准备。""要有充分准备，出手就胜。"周恩来还设想了边防军一旦参战后，部队补充的几种方式。会议确定，向苏联订购武器装备，加速空军、炮兵、装甲兵的建设，以便适应一旦参战后作战的需要。

组成东北边防军，进行作战准备，这是毛泽东、周恩来等中共中央领导人军事战略上的高瞻远瞩，是有先见之明的战略举措，为保卫中国东北地区国防安全和必要时支援朝鲜人民反抗美国侵略，争取了军事上的主动，为后来作出"抗美援朝，保家卫国"的战略决策，准备了必要的军事力量。

美国侵略朝鲜与我国台湾，给中国人民提出了新课题，看来一场较量难以避免，中国人民不得不分散一部分精力进行必要的准备。

三、侵略者不听劝告

中国政府和人民在强烈抗议美国侵略行动的同时，一再主张和平解决朝鲜半岛问题，支持苏联常驻联合国代表雅格夫·马立克在安全理事会上提出的和平解决朝鲜问题的建议，主张在朝鲜半岛停止军事行动，并从朝鲜半岛撤退一切外国军队。

但美国当局不顾中国政府和人民的一再抗议和谴责，也不理睬中国和苏联关于和平解决朝鲜半岛问题的建议和主张，而继续扩大战争。

面对被炸毁的房屋，愤怒的安东市民声讨美军的暴行

8月27日，美国侵略朝鲜的空军飞机，先后以5批13架次侵入中国领空，扫射中国东北边境地区的辑安（今集安）、安东（今丹东）等地的火车站、机场等，击坏火车机车3辆、客车和守护车各1

辆、卡车两辆，击伤火车司机、机场工作人员和居民 21 人，打死机场工作人员 3 人。29 日以后，美国侵朝空军的飞机继续不断侵入中国领空，对中国边境城乡进行轰炸扫射，中国边境人民遭到杀伤，财产遭到破坏。对此，周恩来外长代表中华人民共和国政府向美国提出了严正的抗议，并致电联合国秘书长和安理会轮值主席，对美国侵朝空军轰炸扫射中国边境城镇乡村的罪行提出了控诉，要求联合国制裁美国的侵略行径和罪行。

在朝鲜战场，美国继续增兵洛东江一线，参加"联合国军"行动的其他国家军队也开始进入朝鲜。经过麦克阿瑟的精心策划和准备，9 月 15 日，集中美第十军指挥的两个师等共 7 万余人，在 260 余艘舰艇和近 500 架飞机的支援配合下，在距汉城 30 公里的朝鲜西海岸仁川港，实施了大规模的登陆进攻。登陆成功后，兵分两路，以美陆战第一师向东攻打汉城，以美步兵第七师向南进攻，截断在洛东江一线的朝鲜人民军主力的后路，并接应美第八集团军的反攻。与此同时，洛东江一线的美第八集团军司令官沃尔顿·沃克指挥的美军 4 个师和南朝鲜军 6 个师，也于 16 日发起反攻，致使朝鲜人民军腹背受敌，被迫组织撤退。朝鲜战争形势发生了逆转。美军大举向三八线攻进。9 月 28 日，美陆战第一师攻占汉城；29 日，美第八集团军全线进抵三八线，并且准备越过三八线继续北进。

鉴于美军仁川登陆后向三八线进攻的形势，9 月 27 日，中央军委代总参谋长聂荣臻，对印度驻华大使表明了态度："一旦战争起来了，我们除了起而抵抗之外，是别无他途可循的。"9 月 30 日，周恩来总理在全国政协庆祝中华人民共和国成立一周年大会上所作的报告中，严正警告美国当

1950 年 9 月 30 日，周恩来在政协全国委员会庆祝中华人民共和国成立一周年大会上作报告，对美国的侵略行径发出严厉警告

局："中国人民是热爱和平的。……很明显，中国人民在解放自己的全部国土以后，需要在和平而不受威胁的环境之下来恢复和发展自己的工业生产和文化教育工作。但是美国侵略者如果以为这是中国人民软弱的表现，那就要犯与国民党反动派同样严重的错误了。中国人民热爱和平，但是为了保卫和平，从不也永不害怕反抗侵略战争，中国人民决不能容忍外国的侵略，也不能听任帝国主义者对自己的邻人肆行侵略而置之不理。"

然而，早在 9 月 27 日，经杜鲁门总统批准，美国当局即向麦克阿瑟发出了越过三八线向北进攻的指令；28 日，麦克阿瑟作出了北进的简要计划：最早 10 月 5 日，最迟 10 月 30 日，向三八线以北进攻，第八集团军沿开城—沙里院—平壤轴线，夺取平壤，第十军在东海岸的元山再次登陆，占领平壤、元山一线后，南朝鲜军向定州—宁远—咸兴一线以北进攻。29 日，美国当局进一步指令麦克阿瑟，必须越过三八线北进，造成既成事实，迫使联合国通过同意在三八线以北进行军事行动的决议。

这期间，美国当局欺骗中国政府和人民，通过印度政府告诉中国，说美国没有越过三八线北进的打算。但 10 月 1 日、2 日，中国政府已得知，美国决定越过三八线继续扩大战争。于是，3 日凌晨，周恩来总理兼外长紧急召见印度驻华大使潘尼迦，请他通过印度政府告诉美国当局："美国军队正企图越过三八线，扩大战争。美国军队果真如此做的话，我们不能坐视不顾，我们要管。"

然而，美国当局错误地估计了中国人民反抗侵略的决心和力量，根本没把中国人民放在眼里，认为周恩来的警告不过是虚张声势，是苏联和中国为了挽救北朝鲜政权进行外交斗争的一部分，是对联合国即将决议"联合国军"在北朝鲜行动的恫吓。美国中央情报局的专家也向白宫报告称："尽管周恩来发表了声明和中国的部队正向满洲机动……，但没有令人信服的证据表明，中国真的打算干涉朝鲜……从军事上看，干涉朝鲜的最好时机已经过去。"美方认为，无论苏联或中共，"干涉朝鲜"都要冒引起世界大战的风险，苏联没有做好冒这种风险的准备，中共在军事上不具备单独"干涉"的能力。因此，苏联和中共都不会对朝鲜进行"干涉"。

鉴于这种分析，10 月 7 日，美军地面部队大举越过三八线北进。同一天，美国操纵联合国大会，通过了所谓"统一朝鲜"的决议，使美国军队在三八线以北的战争行动取得了形式上的"合法化"。

10月1日和9日，麦克阿瑟两次狂妄地向朝鲜北方发出了最后通牒，要求朝鲜人民军无条件投降。

美国军队大举向三八线以北进攻，朝鲜民主主义人民共和国处境危急，中国东北大陆的安全受到了严重的威胁。战火已经烧到了中国的大门口。

四、中共中央被迫决策出兵抗美援朝

1950年10月1日，是中华人民共和国成立一周年的国庆日，首都北京举行了盛大的庆祝活动，全国各大城市也举行了庆祝活动。庆祝活动结束后，当晚，毛泽东接到了金日成通过中国驻朝鲜大使倪志亮提出中国给予出兵援助的请求。同日，毛泽东还接到斯大林建议中国出兵援助朝鲜的电报。随后，朝鲜民主主义人民共和国首相金日成和副首相朴宪永联名致毛泽东的求援信，于10月3日由朝鲜劳动党中央常委、内务相朴一禹送达北京，面呈毛泽东。金日成和朴宪永联名给毛泽东的信中说："在目前敌人趁着我们严重的危急，不予我们时间，如要继续进攻三八线以北地区，则只靠我们自己的力量，是难以克服此危急的。因此我们不得不请求您给予我们以特别的援助，即在敌进攻三八线以北地区的

金日成的请求出兵信

情况下，极盼中国人民解放军直接出动援助我军作战。"

中朝两国一衣带水，紧密相连，况且朝鲜是中国的友好邻邦，历史上两国人民就有相互援助的好传统。朝鲜劳动党许多党员和许多朝鲜人参加过中国革命战争，对中国人民取得革命胜利作出了贡献。在解放战争期间，朝鲜几乎成了东北野战军的总后方基地，为东北野战军的作战，为东北地区的解放作出了重大贡献。朝鲜危急，焉有不救之理？美国已将战火烧到了中国大门口，威胁中国东北大陆安全，中国岂能任其而为？

然而，新中国刚刚成立一周年，虽然在政权建设和经济恢复等各方面已经取得明显成就，但是面临的形势依然严峻，自身的困难依然很多。旧中国留下来的千疮百孔的烂摊子还没有根本改变，中国仍旧一穷二白。新中国的政治秩序、经济秩序、生活秩序都还没有完全步入正轨。出兵还是不出兵，对毛泽东、对中共中央都是两难的重大抉择问题。

10月2日凌晨2时，毛泽东致电高岗和邓华，召高岗速动身来京开会，令邓华结束边防军的准备，待命出动。

10月2日、4日、5日3个下午，毛泽东主持召开3个半天的中央高层会议，研究讨论出兵援朝问题。2日下午是中共中央书记处会议，出席会议的人多数不主张或不赞成出兵，对出兵与否未作决定。毛泽东确定，4日下午召开中共中央政治局扩大会议，继续讨论出兵援朝问题，并委托周恩来派飞机前往西安，接中共中央政治局委员彭德怀来京开会。

4日下午，毛泽东在中南海颐年堂主持召开中共中央政治局扩大会议，毛泽东、朱德、刘少奇、周恩来、任弼时、陈云、高岗、彭真、董必武、林伯渠、彭德怀、张闻天、李富春等政治局委员和候补委员均出席了会议，林彪、罗荣桓、邓小平、饶漱石、薄一波、聂荣臻、邓子恢、杨尚昆、胡乔木等列席了会议。彭德怀是在会议开始后才到达北京的。讨论中，参会人员以对党和国家高度负责的精神，坦陈已见。多数人对出兵援朝有顾虑，觉得朝鲜人民已经处境危急，确实需要帮助，但中国也确有许多困难。当时中国的困难主要是：1. 长期战争的创伤还没有治愈；2. 土地改革工作尚未完成；3. 大陆的土匪特务还没有完全肃清；4. 军队的武器装备落后，训练也不充分；5. 部分军民存有厌战情绪。就人民解放军的装备水平，同世界上最现代化装备的美军作战，能打赢吗？中国的经济力量和水平能支持与美军进行的一场战争吗？一旦开战，这些都是实际问题。

1951 年 1 月，周恩来在一次会议上讲道："正当朝鲜受到美帝国主义摧残的时候，美国侵略军越过了三八线迫近鸭绿江的时候，我们下决心是很不容易的。当时有许多顾虑，而这些顾虑从当时的情况看是实际的。毛主席说，我们可以提出几十条、几百条甚至几千条困难，但对于美帝国主义的疯狂侵略不能不给以回击。我们的困难是可以克服、可以忍受的。我们必须争取胜利，并且是有有利条件的。"

确实，美国虽然经济力量强大，军队装备优良，并且手里握有原子弹，气势汹汹，不可一世，但它也有弱点和不足。它所进行的战争是侵略战争，在政治上孤立，失道寡助；在军事上，是"一长三短"，"一长"是钢铁多，"三短"是战线太长、后方太远、兵力不足（当时美国总兵力只有 150 万人）并且士气不高；也缺同盟的有力支持，德国和日本在第二次世界大战中被打败了，还没有武装起来，英国、法国在第二次世界大战中伤了元气；原子弹并非美国所独有，苏联于 1949 年已试验成功，并且不能轻易使用，对战争胜负也不起决定作用。

中国虽然困难很多，但也有有利条件。中国出兵参战是反抗侵略，是正义行动，师出有名，可以动员中国人民全力支援，能够得到世界爱好和平和正义的人民的同情和支持，政治上得道多助；中国人民解放军在数量上占有优势，经过长期革命战争的锻炼，有以弱胜强的丰富作战经验和顽强的战斗作风；同朝鲜人民军并肩作战，并有朝鲜人民的支援；东北边防军已做了必要的准备，并调集了二线兵力；有《中苏友好同盟互助条约》的签订，苏联会作中国后盾，给中国提供必要的帮助。只要指挥得当和逐步改善武器装备，是可以取得胜利的。

毛泽东曾说："对朝鲜不能不帮，我们的愿望是不要打仗，但你一定要打，就只好让你打。你打你的，我打我的，你打原子弹，我打手榴弹，抓住你的弱点，跟着你打，最后打败你。"

毛泽东认为，如果我们不出兵，整个朝鲜被美国侵占，我国大陆就直接面临着美国侵略的威胁，我国东北地区的电力将被其控制，工业基地将遭到破坏，中国将失去安心进行经济建设的保证；如果朝鲜人民失败了，朝鲜的革命遭到镇压，则是灭了共产主义的士气，长了帝国主义的威风，美国侵略者将会更加猖獗，国内国外反动气焰将会增高，这对中国东北尤其不利。

4 日下午的政治局扩大会议上，彭德怀到会时不了解情况，只是听别人的发言，他自己没有发言。会议结束后，他到杨尚昆处详细了解了会议情况。彭德怀后来表示："当晚在北京饭店怎么也睡不着，想着美国占领朝鲜与我隔江相望，威胁我东北；又控制我台湾，威胁我上海、华东。它要发动侵华战争，随时都可以找到借口。老虎是要吃人的，什么时候吃，决定于它的肠胃，向它让步是不行的。它既要来侵略，我就要反侵略。不同美帝国主义见过高低，我们要建设社会主义是困难的。如果美国决心和我作战，它利速决，我利长期；它利正规战，我利于对付日本那一套。我有全国政权，有苏联援助，比抗日战争时期要有利得多。为本国建设前途来想，也应当出兵。认为出兵援朝是正确的，是必要的，是英明的决策，而且是迫不及待的。"他在 5 日下午的会议上发言，积极支持出兵的主张。他说："出兵朝鲜是必要的，打烂了，等于解放战争晚胜利几年。如美军摆在鸭绿江岸和台湾，它要发动侵略战争，随时都可以找到借口。"

中共中央政治局扩大会议经过慎重分析研究和全面权衡利弊，于 5 日下午的会议上统一了认识，一致同意作出了组成中国人民志愿军抗美援朝的战略决策。

10 月 6 日，周恩来受毛泽东委托，在中南海居仁堂主持召开党政军高级干部会议，传达中共中央政治局的决定，对志愿军入朝作战事宜进行研究和部署。周恩来指出：现在不是我们要不要打的问题，而是敌人逼着我们非打不可。我们的自卫是正义的，正义的战争最后一定会胜利的。现在朝鲜政府一再要求我们出兵援助，我们怎能见死不救呢？党中央、毛主席决心已定，因此现在不是考虑出不出兵的问题，而是考虑出兵后如何去争取胜利的问题。

10 月 8 日，毛泽东以中国人民革命军事委员会主席的名义，签署了组成中国人民志愿军的命令。命令内容如下：

"（一）为了援助朝鲜人民解放战争，反对美帝国主义及其走狗们的进攻，借以保卫朝鲜人民、中国人民及东方各国人民的利益，将东北边防军改为中国人民志愿军，迅即向朝鲜境内出动，协同朝鲜同志向侵略者作战并争取光荣的胜利。

"（二）中国人民志愿军辖十三兵团及所属之三十八军、三十九军、四十军、四十二军，及边防炮兵司令部与所属之炮兵一师、二师、八师。上述各部须立即准备完毕，待令出动。

"（三）任命彭德怀同志为中国人民志愿军司令员兼政治委员。

"（四）中国人民志愿军以东北行政区为总后方基地，所有一切后方工作供应事宜，以及有关援助朝鲜同志的事务，统由东北军区司令员兼政治委员高岗同志调度指挥并负责保证之。

"（五）我中国人民志愿军进入朝鲜境内，必须对朝鲜人民、朝鲜人民军、朝鲜民主政府、朝鲜劳动党（即共产党）、其他民主党派及朝鲜人民的领袖金日成同志表示友爱和尊重，严格

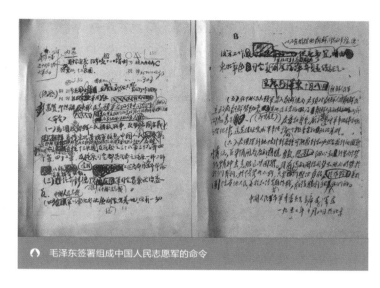

毛泽东签署组成中国人民志愿军的命令

地遵守军事纪律和政治纪律，这是保证完成军事任务的一个极重要的政治基础。

"（六）必须深刻地估计到各种可能遇到和必然会遇到的困难情况，并准备用高度的热情，勇气，细心和吃苦耐劳的精神去克服这些困难。目前总的国际形势和国内形势于我们有利，于侵略者不利，只要同志们坚决勇敢，善于团结当地人民，善于和侵略者作战，最后胜利就是我们的。"

同日，毛泽东致电中国驻朝鲜大使倪志亮转金日成，将命令主要内容作了通报。

然而，一波三折。10月8日，周恩来和林彪受中共中央委派飞赴苏联，同苏联领导人商谈苏联出动空军支援中国人民志愿军作战和武器装备援助事宜。在中国组建东北边防军时，斯大林曾表示，边防军一旦以志愿军名义出动作战，苏联将为其提供空中掩护。而周恩来、林彪与斯大林商谈这个问题时，斯大林不兑现承诺，说苏联空军尚未准备好，两个月至两个半月不能出动作战。后来又说，两个月至两个半月后也只能出动到鸭绿江上空作战。但苏联同意为中国提供武器装备援助。10月12日，斯大林、周恩来共同将苏联空军两个月至两个半月不能出动的情况电告毛泽东。

对于苏联空军不能出动掩护志愿军作战，这是中共中央没有想到的。没有苏联空军的支援掩护，志愿军还能出动作战吗？于是，10月13日，毛泽东再次主持召开政治局会议，经过讨论，政治局"一致认为我军还是出动到朝鲜为有

利"。"应当参战，必须参战。参战利益极大，不参战损害极大。"

至此，出兵援朝的决策就这样定下来了。随后确定，志愿军于 10 月 19 日开始向朝鲜境内出动。10 月 18 日，周恩来从苏联返回北京，中共中央政治局再次开会，听取周恩来的汇报。鉴于与苏联商谈的问题已明确，遂决定志愿军向朝鲜境内出动的计划不变。

彭德怀后来说："这个决心不容易下，这不仅要有非凡的胆略和魄力，最主要的是具有对复杂事物的卓越洞察力和判断力。历史进程证明了毛主席的英明正确。"胡乔木在回忆录中也说过："我在毛主席身边工作二十多年，记得有两件事是毛主席很难下决心的。一件是 1950 年派志愿军入朝作战，再一件是 1946 年我们准备同国民党彻底决裂。"

中共中央政治局之所以能作出出兵决策，决定性的因素有如下几条。

第一，是朝鲜党和政府提出了请求，朝鲜需要援助。这是直接原因。正是因为有了朝鲜的请求，中共中央书记处和政治局才在 10 月上半月多次召开会议，研究讨论援助朝鲜问题。

第二，是维护中国的国家利益，这是中共中央决策出兵最核心、最本质的原因。古今中外，任何国家的最高决策层，在作出重大战略决策时，无不首先考虑维护本国家的根本利益。中共中央决策出兵抗美援朝，当然也不例外。考虑维护中国的国家利益包括：

其一是维护国家主权。美国武装干涉朝鲜内战的同时，还命令海军第七舰队侵入台湾海峡，干涉中国内政，阻止中国人民解放军解放台湾，中国当然作出强烈反应，当时除了抗议、声讨之外，中共中央和国家领导人已经考虑可能要同美国打一仗。用周恩来的话说就是："六月二十五日朝鲜战争爆发，给了我们新的课题：支援朝鲜人民，推迟解放台湾。"

其二是保卫东北地区的国防安全。美国投入朝鲜战争的空军飞机，于 8 月 27 日起即不断轰炸扫射中国东北边境地区城镇、乡村，9 月底其地面部队准备越过三八线向中朝边界推进，美国已将战火烧到了中国的大门口，严重威胁中国东北地区安全。

其三是维护东北地区经济建设。东北地区是全国解放最早的地区，东北地区的经济恢复和建设在全国具有领先地位和示范作用。1950 年 10 月 24 日，周恩来在第一届全国政协第十八次常委会议上的报告中指出："中朝是唇齿之邦，唇亡则齿寒。朝鲜如果被美帝国主义压倒，我国东北就无法安定。我国的重工业半数在东北，东北的工业半数在南部，都在敌人轰炸威胁的范围之内。""如果美帝打到鸭绿江边，我们怎能安定生产。"毛泽东也讲过："如果中国不出兵，让美国压至鸭绿江边，南满电力将被控制，沈阳、鞍山、抚顺这些地方的人民就不能安心生产。"10月27日，毛泽东在与民主党派人士周世钊谈到朝鲜战争时说："现在美帝的侵略矛头直指我国东北，假如它真的把朝鲜搞垮了，纵不过鸭绿江，我们的东北也时常在它的威胁中过日子，要进行和平建设也有困难。所以，我们对朝鲜问题，如果置之不理，美帝必然得寸进尺，走日本侵略中国的老路，甚至比日本搞得更凶。它要把三把尖刀插在我们的身上，从朝鲜一把插在我们的头上，以台湾一把插在我们的腰上，把越南一把插在我们的脚上。天下有变，它就从三方面向我们进攻，那我们就被动了。我们抗美援朝就是不许它的如意算盘得逞。""打得一拳开，免得百拳来。"我们抗美援朝，就是保家卫国。

其四是维护中国社会稳定。美国出兵朝鲜后，国内各种反动势力立即活跃起来，活动明显猖獗。不将美国在朝鲜的气焰打下去，国内反动气焰就会更加嚣张，不利于新生人民政权的巩固和社会稳定。

其五是着眼于国家长远建设考虑。如果不出兵，整个东北边防军将被吸住，中朝边境1000多公里的边防线需要部署很多兵力，还要改善装备和修建机场，随时准备打，这是一笔无法计算的花费。志愿军组成后，彭德怀在师以上干部动员大会上讲话明确指出："三五年以后再打，让我们松一口气，好不好？当然好！但是三五年以后还是要打的。我们三年五年辛辛苦苦建设起来一点工业，到那时还是要被打得稀烂。……我们要建设国防，建设重工业，三五年是办不好的，五年时间不能有过高的希望，短短的三五年，陆军、空军装备不可能特别改善，海军更谈不上，所以迟打不如早打的好。"早打晚打，早晚要打，与其晚打不如早打。

美国著名作家和历史学家约翰·托兰，1989年5月5日下午在中国人民解放军军事科学院进行学术交流时被问到"你如何看待中国出兵朝鲜"这个问题时，他毫不犹豫地回答："中国出兵朝鲜是出于国家利益的考虑，是不得已的。如果苏联侵略墨西哥，那么美国在五分钟之内就会决定派军队去的。"

第三，未雨绸缪组建了东北边防军，以美军为主要作战对象，以朝鲜为战场进行了军队突击整训，为中共中央决策出兵准备了必要的军事力量。

朝鲜的请求、维护中国的国家利益、东北边防军的组建和整训，这三个因素是中共中央决策出兵抗美援朝的决定性因素。缺少这三个因素中的任何一个，中共中央都不会作出出兵援朝的决策，或即便出兵也可能不会是这种形式和这种规模。

此外，意识形态因素、苏联压力因素、抗日战争结束后美国与中国人民为敌的因素，也是中共中央决策出兵考虑的因素，但都不是决定性的因素。

1951年10月23日，毛泽东在第一届全国政协第三次会议上的开幕词中明确指出："我们不要去侵犯任何国家，我们只是反对帝国主义者对于我国的侵略。大家都明白，如果不是美国军队占领我国的台湾、侵略朝鲜民主主义人民共和国和打到了我国的东北边疆，中国人民是不会和美国军队作战的。但是既然美国侵略者已经向我们进攻了，我们就不能不举起反侵略的旗帜，这是完全必要的和完全正义的，全国人民都已明白这种必要性和正义性。"总之，朝鲜需要支援，中国的国防安全需要保卫。所以叫作"抗美援朝，保家卫国"。

中共中央在作出组成中国人民志愿军"抗美援朝，保家卫国"战略决策的同时，对中国人民志愿军参战后可能出现的战局形势作了几种估计。中共中央判断可能会出现三种情况：

第一，如果苏联出动志愿空军掩护和支援中国人民志愿军作战，志愿军协同朝鲜人民军，有可能在朝鲜境内歼灭和驱逐美国及其他国家侵略军队，从而根本解决朝鲜问题。这是最理想的结果。

第二，在苏联不能出动空军直接支援作战的情况下，志愿军实施灵活作战指挥，充分发挥自己在作战上的战术特长，能够在朝鲜坚持作战，能够攻打除大、中城市以外的其他地区，那么，有可能迫使美国通过谈判解决问题。

第三，尽管中国军队是以非官方的志愿军名义参战，但美国仍可能对中国公开宣战，或至少以其空军轰炸中国许多大城市及工业基地，以其海军攻击中国沿海地带，并且支持台湾蒋介石军队或美蒋军队联合进攻大陆。同时，由于志愿军武器装备落后，在朝鲜不能大量歼灭美军，战争形成僵局，影响中国整个恢复和建设计划。这是最不利的结果。

在得知苏联不能出动空军掩护志愿军作战后，中共中央认为出现第一种情况的可能性很小，基本态度是，以实现第二种可能为基点，力争第一种可能，力避第三种可能。总之，就是毛泽东指出的："我们应当从稳当的基点出发，不做办不到的事。""我们应当在稳当可靠的基础上争取一切可能的胜利。"

据此判断，为保证抗美援朝战争的胜利，中共中央、中央人民政府、中央军委作了全面部署和准备，包括调整军事战略，部署全国防空和沿海防御，制定军兵种部队建设计划和参战准备计划，请求苏联援助武器装备，东北行政区转入战时体制作为抗美援朝战争总后方基地，调整财政方针一切服从战争，加速剿匪、土地改革和镇压反革命的步伐，开展全国性的抗美援朝运动，等等。

五、彭德怀挂帅出征

东北边防军组建时，中央军委任命粟裕为司令员，但粟裕因病不能履职。毛泽东也曾考虑东北边防军改为志愿军出动时由林彪挂帅出征。东北边防军是由林彪的第四野战军部队组成的，改为志愿军后，由林彪出任司令员挂帅出征更为合适。但林彪的健康状况也不好，他在中央作出出兵决策后，随同周恩来飞赴苏联，同苏联领导人商谈苏联出动空军掩护志愿军作战和援助武器装备问题后，留在苏联治病。于是，毛泽东就选定了彭德怀。这是 10 月 2 日下午，毛泽东主持召开中共中央书记处会议上定的。

10 月 5 日上午，邓小平受毛泽东委托，前往北京饭店将彭德怀接到中南海毛泽东办公室。毛泽东与彭德怀进行了一次情真意切的谈话。彭德怀表示拥护出兵。当毛泽东将挂帅出兵的重任交给彭德怀时，彭德怀没有二话，表示坚决服从中央决定。

彭德怀，时年 52 岁，身任西北军政委员会主席、西北军区司令员，他来京开会时，满脑子装的都是祖国大西北经济恢复和建设问题。出席中央

中国人民志愿军司令员彭德怀将军在朝鲜前线

政治局会议，才知道讨论出兵抗美援朝问题。会议上他坚定地支持了出兵的意见。但是出任志愿军统帅，对他来说实感意外，没有任何精神准备。这位敢于"横刀立马"的彭大将军，服从党的需要从来不讲条件。既然中央已定，他遂勇敢地担起了志愿军统帅的重任，来不及交代工作和向亲人告别，就立即投入了志愿军出征的紧张准备工作。10月8日，他同高岗风风火火地飞赴沈阳。从10月8日到18日，他多次往返于北京、沈阳、安东之间，为志愿军的出动而奔忙。

9日，彭德怀同高岗在沈阳主持召开边防军（志愿军）军以上干部会议，传达中共中央的出兵决策，听取各部汇报准备情况，部署出动事宜，研究出动方案。

此时，改编为志愿军的东北边防军进行了两个多月的突击训练和准备，取得了很大的成绩，但由于时间仓促，各项准备仍很不充分。出动作战运输工具严重不足，无反坦克武器，也极为缺乏防空武器等。然而，朝鲜战局危急，军情十万火急。彭德怀在会上指出："我们的敌人不是'宋襄公'，他不会愚蠢到等待我们摆好阵势才来。敌人是机械化部队，有空军和海军的支援，进攻速度很快，我们要和敌人抢时间。"要求志愿军部队克服一切困难，在10天内完成一切出国作战的准备工作。

会议经研究决定，首以两个军于15日开始出动，集结北朝鲜之熙川、德川线，以便东西机动。当日将上述决定和部队存在的困难电告毛泽东，并请求中央军委帮助解决。

当晚，彭德怀会见朝鲜劳动党派来的特使朴一禹，洽谈志愿军入朝作战事宜。朴一禹介绍了朝鲜战局形势，希望志愿军部队迅速出动。听了朴一禹的介绍后，彭德怀感到朝鲜形势紧张，万一鸭绿江桥被炸，则后续部队被阻于江北，不易及时调用。因此决定，改变9日所报先出动两个军的计划，而是4个军和3个炮师全部出动，10日电告毛泽东，得到批准。

11日，彭德怀到达安东，与邓华、洪学智等具体研究部署志愿军向朝鲜境内出动事宜，并前往鸭绿江边视察部队渡江点。

因苏联不能出动空军掩护，13日，彭德怀与高岗再次被毛泽东召到北京，中共中央政治局同志对出兵援朝问题进行了复议，仍决定出兵。

14日，彭德怀与毛泽东和聂荣臻研究志愿军出动后的作战方针和方案，决定志愿军部队于19日开始出动。

15 日，彭德怀与高岗乘专机回到沈阳，当晚与高岗赴安东。

10 月 16 日，彭德怀在安东主持召开志愿军师以上干部会议，对志愿军出动作战作进一步动员。

17 日晚，彭德怀与高岗乘火车返回沈阳。18 日，与高岗同乘飞机再次赴京，听取周恩来与苏联领导人商谈情况汇报。当晚起草以毛泽东名义给邓华、洪学智等的电报，指示志愿军"四个军及三个炮师决按预定计划进入朝北作战，自明十九日晚从安东和辑安线开始渡鸭绿江。为严格保守秘密，渡河部队每日黄昏开始至翌日晨四时即停止，五时以前隐蔽完毕并须切实检查"。

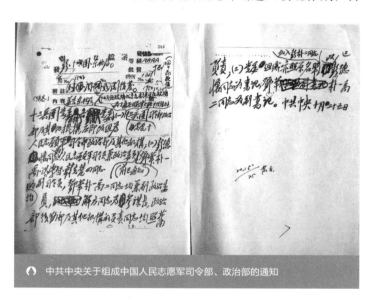

中共中央关于组成中国人民志愿军司令部、政治部的通知

19 日上午，彭德怀与高岗乘专机飞回沈阳，下午飞抵安东。

这位上任仅仅 12 天的志愿军统帅，当晚乘吉普车带一名参谋、两名警卫员，另一部电台车，从安东跨过鸭绿江赴朝，准备与朝鲜人民的领袖金日成接洽。从此开始了中国人民伟大的抗美援朝战争。

此时，除中央任命彭德怀为志愿军司令员兼政治委员外，志愿军的组织指挥机构尚未组成，彭德怀也还没有指挥助手。为便于指挥志愿军作战，10 月 25 日，中共中央决定，将第十三兵团部改组为志愿军总部，任命邓华为志愿军副司令员兼副政治委员，洪学智、韩先楚为志愿军副司令员，解方为志愿军参谋长，杜平为政治部主任。同时决定，以彭德怀为书记、邓华为副书记，组成志愿军党委，完善了志愿军的组织领导机构。朝鲜还派出朴一禹负责联络工作。

第三章 出手即胜

3
★
力量悬殊
的对抗

已经站起来的中国人民是不好惹的，中国人民反抗侵略的决心和力量是不可小视的。中国人民志愿军的将士们，没有辜负祖国人民的殷切希望和重托，一开局就予无所顾忌疯狂向鸭绿江进攻的"联合国军"以迎头痛击，打得敌军措手不及。

一、志愿军以战斗姿态秘密出动

随着彭德怀司令员渡江去接洽金日成，1950年10月19日当晚，志愿军部队也开始分别从安东、长甸河口、辑安秘密渡江开赴朝鲜。

各部队出征前召开了出国誓师大会，向祖国和人民庄严宣誓。誓词是："我们是中国人民志愿军。为了反对美帝国主义的残暴侵略，援助朝鲜兄弟民族的解放斗争，保卫中国人民、朝鲜人民和全亚洲人民的利益，我们志愿开赴朝鲜战场，与朝鲜人民军并肩作战，为消灭共同的敌人，争取共同的胜利而奋斗。为了完成这一光荣、伟大的战斗任务，我们誓以英勇顽强的战斗意志，坚决服从命令，听从指挥，上级指到哪里打到哪里，决不畏惧，决不动摇，发扬刻苦耐劳的坚诚精神，克服一切艰苦困难，发扬革命的英雄主义，在战斗中创建奇功。我们要尊重朝鲜人民领袖金日成将军的领导，学习朝鲜人民军英勇善战的战斗作风，尊重朝鲜人民的风俗习惯，爱护朝鲜的一山一水，一草一木，和朝鲜人民、朝鲜军队团结一致，将美帝国主义的侵略军队，全部、干净、彻底消灭。上述誓言，如有违反，愿受同志们的指斥和革命纪律的制裁。谨此宣誓。"

炮兵第一师第二十六团五连指导

志愿军出征誓师大会

员麻扶摇写了一首出征诗，后经个别文字润色，由作曲家周巍峙谱曲，成了唱遍全军、传遍全国的《中国人民志愿军战歌》：

> 雄赳赳，气昂昂，跨过鸭绿江。
> 保和平，卫祖国，就是保家乡。
> 中国好儿女，齐心团结紧。
> 抗美援朝，打败美帝野心狼。

在 10 月 18 日彭德怀起草的以毛泽东名义给邓华、洪学智等人的电报中，明确指示："为严格保守秘密，渡河部队每日黄昏开始至翌日晨四时即停止，五时以前隐蔽完毕并须切实检查。"毛泽东和彭德怀还要求，部队在开进中，控制无线电台的使用，夜行昼伏，严密伪装，隐蔽行动。志愿军一律着朝鲜人民军军服。

志愿军出动当日，毛泽东致电中南、华东、西南、西北各中央局，指出："为了保卫中国支援朝鲜，志愿军决定于本日出动，先在朝鲜北部尚未丧失的一部分地方站稳脚，寻机打些运动战，支持朝鲜人民继续奋斗。在目前几个月内，只做不说，不将此事在报纸上作任何公开宣传，仅使党内高级领导干部知道此事，以便在工作布置上有所准备，此点请各中央局加以注意。"

志愿军出动后，毛泽东又指示："我各部派遣远出之侦察队均要伪装朝鲜人民军，而不要称为中国人民志愿军，借以迷惑敌人。"第三十九、第四十两军"侦察部队不要到定州、博川、宁边、球场去了，要注意避免和敌打响，要将熙川、温井、龟城一线以南地区让给敌人，诱敌深入，利于打击"。

志愿军的隐蔽行动，达到了预期目的。时任美国参谋长联席会议主席的奥马尔·布莱德雷在回忆录中说：10 月 14 日以后的两周半中，"约有 18 万中国部队跨过鸭绿江。尽管北京发出了所有警告，在麦克阿瑟管辖下进行活动的军事情报单位或侦察机构并未发现上述部队的行动。他们钻进了深山老林……隐蔽得十分巧妙。"后来先后任美第八集团军司令官和"联合国军"总司令的马修·李奇微在回忆录中也说："中国部队很有效地隐蔽了自己的运动，他们大都采取夜间徒步运动方式；在昼间，则避开公路，有时在森林中烧火制造烟幕来对付空中侦察。此外，他们还利用地道、矿洞或村落进行隐蔽，……中国人没有留下一点部队运动的痕迹。"

志愿军入朝时，就是以战斗姿态准备迎击敌军的。邓华司令员等第十三兵团的领导，在10月19日12时关于部队开进的命令中就指出："此次进入朝鲜作战，军委要求我兵团必须从前面顶住敌人，保持阵地，稳定形势，争取时间，加紧装备，准备反攻。因此，我们的战役指导方针是以积极防御，阵地战与运动战相结合，以反击、袭击、伏击来歼灭与消耗敌人有生力量。但根据目前敌人进展情况看来，敌未发觉我军行动前可能继续冒进。在我开进过程中可能产生三种情况：一是敌先我到达预定地区，一是我刚到敌人即来，一是行进中遭遇。这些情况都有利于我造成从运动中歼灭敌人的有利机会，因此各部在开进中应以战斗姿态前进，随时准备包围歼敌。如果敌发觉我行动后而停止前进，各部进至指定地区后，一方面迅速构筑工事，同时则应派遣小部队尽量向前伸出，插至敌后，袭击、伏击敌人，以达到消耗敌人迟滞敌人前进的目的。"

志愿军在出动前，由于没有空军掩护，高射炮又太少（当时只有一个团36门高炮），加之运输、供应及冬季来临的防寒准备工作均不足，因此，第十三兵团曾对出动后能否按中央要求完成任务有所担心，建议可否再准备两三个月，待苏联的新装备到达后再出动。然而，此时中央得到消息，美军北进速度加快，准备进攻平壤。朝鲜的形势已不允许志愿军再推迟出动时间。

既已出动，就要决心克服困难。志愿军开始出动的第二天，10月20日，邓华等第十三兵团的领导致电所属各军党委转各师、团党委并报军委总政治部，表示坚决拥护中共中央的英明决定，并要求所属全体官兵特别是共产党员和党员干部，坚决克服困难完成任务。电报指出："彭总和高岗同志亲自来此传达了中央对这次出兵的意图和决心。我们认为中央这一英明决定完全正确。我志愿军全体同志，首先是共产党员和干部党员，更应坚决执行，想尽一切办法去完成这一伟大而有历史意义的任务。中央指出这次任务是艰巨的，困难的，是很光荣的，必须克服一切困难，忍受一切痛苦，做到胜不骄傲，败无怨言，团结全军，上下紧紧团结在彭总的领导下，达成这一光荣任务。"同时指出："我们能在朝鲜北部控制一大块地区，这对今后十分有利。因此，我们必须不惜一切代价停止敌人的进攻，各级领导同志善于捕捉战机，很好防空隐蔽，求得能歼敌伪三几个师，战局即可改观。务必十分注意争取这胜利的取得和它的重大意义。兵团党委责成各军师团党委认真讨论这一指示，在全军上下坚决贯彻这一决心，并以实际行动来证明。"

志愿军各部遂按上述要求向朝鲜境内开进。

二、放弃原定防御计划，立即部署作战

美军地面部队越过三八线之初，美国对中国和苏联会作出何种反应，尚未有明确判定。因此，美军北进行动比较谨慎，至 10 月 15 日，仍在三八线以北的浅近纵深内。毛泽东和彭德怀根据战场的这种情况，于 10 月 14 日，为志愿军确定了第一时期只打防御战的方针，即在平壤—元山铁路线以北，德川—宁远公路线以南地区，构筑两道至三道防御阵线。如敌来攻，则在阵地前面分割歼灭之，只打南朝鲜军和孤立的美军。待订购的苏联装备到达、经训练装备完毕，空中和地上均对敌军具有压倒的优势条件之后，即 6 个月之后，再实施反攻。

然而，志愿军于 10 月 19 日向朝鲜战场开进时，战场形势已经发生了变化。

10 月 15 日，美国总统杜鲁门偕参谋长联席会议主席奥马尔·布莱德雷、陆军部长弗兰克·佩斯、太平洋舰队司令阿瑟·雷德福等，专程飞赴太平洋上的威克岛，与麦克阿瑟就中国和苏联出兵朝鲜的可能性等问题进行会晤。麦克阿瑟分析认为，如果中国人在朝鲜战争最初一两个月进行干涉，那将具有决定意义，现在时机已过，中国没有现代化的武器装备，没有空军，如果他们的地面部队敢于试图南下平壤，无异于大规模的自杀。麦克阿瑟的结论是，中国出兵的"可能性很小"。同时认为，苏联没有可以派入朝鲜作战的地面部队，虽然在西伯利亚有一支空军部队，并且素质很好，能够派出 1000 架飞机，但他们无法与美国的空军抗衡，即便苏联派出空军配合中国地面部队作战，也不足为惧，因为他们根本配合不起来。苏联人扔在中国人头上的炸弹将会同落在美国人头上的炸弹一样多。麦克

麦克阿瑟与杜鲁门

阿瑟信心满满地断定，整个战争将在感恩节前即可结束（感恩节是美国的节日，每年11月的第四个星期四，1950年的感恩节是11月23日）。对于麦克阿瑟的乐观分析和判断，无论是总统，或是参谋长联席会议主席，以及其他官员，都没有提出疑义。相反，却"都对朝鲜战争很快就要结束而感到如释重负"。11月17日，杜鲁门在旧金山就与麦克阿瑟会晤情况发表的演说中也说："麦克阿瑟告诉过我朝鲜的战斗情况。……我坚信这些部队不久将恢复全朝鲜的和平。"

由于麦克阿瑟对朝鲜局势乐观的分析和杜鲁门的认同，加之10月中旬以后，朝鲜人民军有组织的抵抗已减弱（此时金日成能掌握的人民军部队只有3个新组建的师），于是，美军加快了向北进攻的速度。10月17日，在东线北进的南朝鲜军第一军团指挥的两个师占领咸兴。19日，在中线进攻的南朝鲜军第二军团指挥的3个师，占领阳德、成川地区。在西线进攻的美第一军指挥的美军两个师、英军1个旅和南朝鲜军1个师进攻平壤。20日，攻占平壤。此时，麦克阿瑟认为，在朝鲜已经没有什么力量再可以和他们较量一下了，于是更加无所顾忌，放胆全速向中朝边境推进。命令美第十军登陆后，指挥东线美军和南朝鲜军共4个师，沿朝鲜东北部海岸和山区向江界、惠山镇和图们江进犯；命令美第八集团军指挥的美、英军和南朝鲜军共6个师1个旅和1个团，在西线向鸭绿江边的新义州、朔州、昌城、碧潼、楚山、江界地区进犯。

此时，东线的南朝鲜军已进占了志愿军预定组织防御的地区，中线、西线的南朝鲜军和美军，距志愿军预定防御地区仅90~130公里。而志愿军至20日仅有5个师入朝，距预定防御地区尚有120~270公里。战场情况的急速变化，使志愿军无论如何也不能按原定第一期作战计划在平壤、元山铁路线以北，德川、宁远公路线以南组织防御战了。

然而，无论美国的情报部门，还是东京的"联合国军"总部，以及战场上的美军和南朝鲜军，对中国人民志愿军的动向没有任何察觉。"联合国军"部队以师或团为单位毫无顾忌地疯狂向北冒进，并且东西两线进攻部队之间，纵卧着一条狼林山脉，将其部队东西相隔，两线相距80公里，难以相互照应，这对志愿军在运动中各个歼灭敌人是极好的机会。

鉴于战场形势的这种变化，毛泽东审时度势，果断决定放弃了原来的防御作战计划，决定采取在运动中各个歼敌的方针，立即发起反攻。10月21日2时半，毛泽东致电中国驻朝鲜大使倪志亮和政务参赞柴君武（柴成文），即转彭德怀并告第十三兵团首长及高岗，指出："截至此刻为止，美伪均未料到我志愿军会参战，故敢于分散为东西两路，放胆前进。""此次是歼灭伪军三几个师争取出国第一个胜仗，开始转变朝鲜战局的极好机会，如何部署，望彭邓精心计划实施之。"同日3时半，毛泽东又致电邓华并告彭德怀及高岗（当时，彭、邓不在一起，彭19日晚先过江与金日成接洽，邓率第十三兵团部按预定计划准备于23日过江），指出："现在是争取战机问题，是在几天之内完成战役部署以便几天之后开始作战的问题，而不是先有一个时期部署防御然后再谈攻击的问题。"

据此，志愿军按毛泽东的指示放弃了在平壤、元山铁路线以北，德川、宁远公路线以南地区组织防御的原定计划，而立即部署准备进行第一次战役。

三、揭开抗美援朝战争帷幕

10月23日，西线美第八集团军的部队越过清川江，以英军1个旅和美军1个师分头向新义州和朔州进犯，以南朝鲜军4个师沿宁边至楚山公路和价川至满浦铁路北进。

麦克阿瑟的部队从平壤、元山一线北进以来，仅遇到过朝鲜人民军的几次零星抵抗。于是在越过清川江以后，麦克阿瑟将他的部队以团或营为单位乘卡车分头沿公路大摇大摆地向鸭绿江边进攻，南朝鲜军第一线部队，都争先恐后以图抢夺打到鸭绿江的头功。他们无论如何也没有想到，厄运即将临头了。

1950年10月25日，志愿军在敌进我进中与敌军遭遇，打响了抗美援朝战争第一枪，一年后，这个日子被定为"抗美援朝纪念日"。

这一天，南朝鲜军第一师部队进至云山，并根据美第一军的命令，继续向鸭绿江畔的水丰发电站推进。上午8时30分左右，南朝鲜军第一师十五团由美军配属的坦克为先导，开始沿公路向北推进，当其进至云山城北玉女峰、朝阳洞一线时，已在这里占领阵地的志愿军第四十军（入朝时军长温玉成、政委袁升平）一二〇师三六〇团突然开火，予以迎头痛击。南朝鲜军第一师以为这是人民军的零星阻击部队，随即在密集炮火支援下，向志愿军第三六〇团阵地展开轮番攻击，企图抢占有利地形。志愿军第三六〇团官兵依托仓促构筑的野战工事，顽强抗击，坚守阵地两天三夜，未使云山之敌北进一步，有力保障了军主力在温井方向的作战。

第四十军一一八师在开进途中，23 日路过彭德怀司令员的临时指挥所大洞。彭德怀过江后，直至 21 日上午才在这里接洽到金日成。第一一八师到这里与彭德怀司令员不期而遇。此时，彭德怀身边仍是过江时随带的一名参谋、两名警卫员和一部电台车，尚不知附近是否有志愿军部队，只看到大批敌机掠空而过，听到隆隆的炮声由远而近，正在着急。第一一八师师长邓岳和政委张玉华率部队开进，不允许电台开机，此时也正处于地形不熟、敌情不明状态。彭德怀见到部队非常高兴，邓岳和张玉华见到彭总也非常激动。彭德怀向邓岳、张玉华交代："现在敌人到处乱窜，情况很危急，你师赶快去温井以北占领有利地形，埋伏起来，形成一个口袋，大胆把敌人放进来，然后猛冲猛打，狠狠煞一下敌人的气焰，掩护我军主力集结展开。"10 月 24 日晚，该师主力在温井至北镇公路以北的丰下洞、两水洞、富兴洞地区进入了阵地，另一个团作为预备队部署在北镇附近地区。

25 日上午，占领温井的南朝鲜军第六师二团先头第三营，以汽车搭载步兵开路，目标直指鸭绿江边的碧潼，第一、第二营在后面徒步跟进。第三营推进速度很快，其尖兵于 10 时 20 分左右，在两水洞附近与志愿军第一一八师侦察连接触，营主力也全部进入志愿军第一一八师预设的伏击圈。南朝鲜军还以为遇到的是人民军零星阻击部队，纷纷下车攻击。然而，他们错了。在弹药未及开箱、火炮未及架设的情况下，被志愿军第一一八师部队采取拦头、截尾、斩腰的战法，将南朝鲜军该营和一个炮兵中队悉数歼灭，并俘获一名美军顾问，取得了志愿军出国作战第一个歼灭战斗的胜利。

当夜 24 时，志愿军第四十军一一八、一二〇师各两个团对进至温井的南朝鲜军发起进攻，仅用两个多小时即攻占温井。

还是 10 月 25 日这一天，志愿军第四十二军（入朝时军长吴瑞林、政委周彪）部队在东线黄草岭地区与北进的南朝鲜军遭遇，展开了阻击。当日拂晓，第四十二军一二四师先头营——第三七〇团二营进至黄草岭，接替朝鲜人民军防御。此时，南朝鲜军第三师二十六团已占领黄草岭下的上通里、下通里等地。志愿军第三七〇团二营终于抢在南朝鲜军第二十六团之前进入黄草岭阵地，占据了有利地形。刚刚占领阵地，南朝鲜军第二十六团就向黄草岭发动连续攻击。志愿军第三七〇团二营及随后赶到的第三七〇团主力，将南朝鲜军击退。

从这一天开始，拉开了抗美援朝战争这场大戏的帷幕。

四、首战美军，重创其"王牌"部队骑兵第一师

彭德怀鉴于敌军以坦克汽车组成支队，以营团为单位到处乱窜，当即指示各部，以军或师为单位分途歼灭敌人，求得在第一个战役中数个战斗歼灭敌人一两个师，阻止敌人乱窜。据此，志愿军各部边开进，边分头歼敌。第五十军（入朝时军长曾泽生、政委徐文烈）、第六十六军（入朝时军长萧新槐、政委王紫峰）也奉命加入志愿军序列，于25日晚和26晚入朝，增强清川江以北地区歼敌力量。

26日，南朝鲜军第六师第七团先头营进占鸭绿江边的楚山镇，并向中国境内炮击，团主力于后跟进。这是南朝鲜军到达鸭绿江边唯一的一支部队。为歼灭这股敌军，彭德怀命令第四十军一一八师从温井地区调头北向，正在入朝的第五十军一四八师从辑安南进，会歼该敌。由于该敌孤军深入，担心被歼而后撤。29日晚，第一一八师不等第一四八师赶到，即乘敌动摇之机，将其大部歼灭在柳良洞、古场洞地区。李奇微在回忆录中说："中国部队当时就像从地下钻出来的一样，以很凶猛的近战几乎全歼该团。"美军战史说，南朝鲜军第七团3552人，有875人逃了出来，指挥官只有团长和两个营长逃了出来，其余指挥官包括美军顾问非战死即被俘。

28日晚至29日晨，第四十军主力在温井以东龟头洞地区歼灭南朝鲜军第六、第八两师前来增援的4个营大部。

到10月30日，志愿军在与敌交战中完成了战役展开。对于志愿军取得的胜利，毛泽东在10月28日和30日致彭德怀和邓华的电报中，两次表示祝贺。

11月初，号称美军历史最长、战斗力最强的"王牌"部队，美国独立战争时期由华盛顿组建的美骑兵第一师，也未能逃脱遭受沉痛打击的命运。该师号称"开国元勋师"，参加过两次世界大战，全部机械化装备，为了保持部队荣誉，仍保留了"骑兵师"的番号。该师第八团于11月1日进至云山，与南朝鲜军第一师部队换防。早在10月29日，即已对云山形成三面包围的志愿军第三十九军（入朝时军长吴信泉、政委徐斌洲），以为被围的南朝鲜军要跑，则立即发起攻击。攻击发起后，方知攻打的不是南朝鲜军，而是美军部队，则斗志更加昂

扬，攻击更为猛烈。

这是志愿军部队首次同美军交战。尽管美军这个团编有 20 余辆坦克、18 门 105 毫米口径榴弹炮，并且还有空军的飞机支援，但是在志愿军第三十九军的强大攻势面前，美军"王牌"部队中的这个团几乎全军覆没。至 11 月 3 日，战斗结束，第三十九军在云山共歼敌 2000 余人，其中美军 1800 余人，击毁和缴获坦克 28 辆、汽车 170 余辆、各种炮 119 门。布莱德雷和李奇微在回忆录中都讲到了美第八骑兵团被歼的情况。布莱德雷说："11 月 1 日，第八骑兵团的部队被分割歼灭了。"李奇微说："第八骑兵团在云山总共损失一半以上的建制兵力和很大一部分装备，其中 12 门 105 毫米榴弹炮、9 辆坦克、125 辆以上卡车和 12 门无坐力炮。"在讲到骑兵第一师遭到打击的原因时，李奇微说：在南朝鲜军遭到中国军队打击后，美第一军情报参谋警告刚调到云山接防的骑兵第一师，可能会碰上中国军队，而该师"采取不相信和不在乎的态度。第一骑兵师曾克服敌人的顽强抵抗向平壤推进，并且经过一夜激战拿下了这座城市。从那以后，北朝鲜人民军有组织的抵抗行动似乎已不复存在，只是偶尔有一些旨在阻滞第一骑兵师前进速度的零星行动……而且，他们也不想承认在北朝鲜还会有什么人能够同他们较量一下"。

云山战斗大大振奋了志愿军部队士气，增长了战胜美军的信心，也使美军这个"王牌"部队感到非常惊愕。

此时，志愿军第三十八军（入朝时军长梁兴初、政委刘西元）从清川江上游，沿江两岸已迂回，威胁到美第八集团军的侧后，同时，第五十军主力和第六十六军在距鸭绿江边十几公里的地方，阻住了英第二十七旅和美第二十四师的北进。美第八集团军指挥官沃尔顿·沃克，感到形势不妙，乃令所部向清川江以南收缩，至 11 月 5 日，已全部撤至清川江一线及以南地区。志愿军的西线作战结束。

志愿军主力在西线沉痛打击美第八集团军的同时，东线志愿军第四十二军两个师苦战 13 个昼夜，顽强阻击了美军和南朝鲜军 3 个师的北进，有力地配合了西线主力的作战。

至此，志愿军入朝第一次战役胜利结束，歼灭南朝鲜军第六师大部，重创美骑兵第一师，东西两线共歼敌 1.5 万余人，初步稳定了朝鲜战局，为尔后作战创造了条件。志愿军伤亡 10700 余人。麦克阿瑟在感恩节前结束朝鲜战争的计划成了泡影。

第四章 声威大震

4
★
力量悬殊
的对抗

傲视一切的美军，太小看了中国人。美军虽然对中国人民志愿军出现在朝鲜战场感到吃惊，但是并没把中国人民志愿军当回事，认为中国只是象征性出兵，中国没有本事，更没有胆量与美军进行较量，因而在战场上发动了圣诞节前结束朝鲜战争的总攻势，结果遭到美军历史上的惨败，从而中国人民志愿军声威大震。

一、美国军政当局陷入谜团，仍决定进攻鸭绿江

中国人民志愿军在朝鲜战场上的出现，完全出乎美国军政当局的意料。美国只相信他们是世界的霸主，只相信他们依靠现代化的武器装备可以在世界上称王称霸，不相信有谁敢太岁头上动土，不相信中国人民反抗侵略的决心和力量。对于中国人民志愿军已经参战这一事实，他们始则不信，继而不敢相信或不愿相信，直到"联合国军"遭到志愿军首次战役的沉重打击之后，于11月初才确信中国有军队参战了。11月7日，中国新华社首次公开报道了中国志愿部队在朝鲜作战的消息。中国人民志愿军的参战，引起了美国白宫和五角大楼不小的震动和各种猜测。

美国参谋长联席会议主席奥马尔·布莱德雷在回忆录中说："中国在北朝鲜使用正规军作战的消息在华盛顿比在东京引起了更大忧虑。"中国人的行动"在战略上意味着什么？这是单方面采取的行动，还是莫斯科命令中国人去干涉的？克里姆林宫会动用空海军力量，甚至可能使用潜艇去支援赤色中国人吗？苏联人会亲自出马公开在北朝鲜进行干涉吗？他们会攻占柏林，并随之征服整个欧洲吗？这是第三次世界大战的序幕吗？""我们既搞不清赤色中国向北朝鲜实际投入了多少部队，也不知道他们可能的军事目标是什么。"当时的美国国务卿迪安·艾奇逊，后来在回忆录中也写道："所有总统顾问，不论是文的还是武的，都知道出了毛病。但是什么毛病，怎样找出来，怎样处理，大家都没有主意。会议的频繁是没有先例的，可见大家感到十分困惑，感到有共同讨论的需要……我们的困惑集中在两个主要的问题上：中国军事力量在北朝鲜的实际情况究竟是怎样的，以及他们的企图是什么？……麦克阿瑟将军面对眼花缭乱和神出鬼没的军事行动怎么办？"一时间，白宫和五角大楼都无所适从。

布莱德雷要求麦克阿瑟对中国军队参战的形势作出判断。麦克阿瑟认为作

出确切的权威性的判断，条件还不成熟，还有待于进一步积累军事情报。11月4日，他估计了四种可能：一是中国以全部力量毫无顾忌地公开参战；二是出于外交上的需要，仅仅是对北朝鲜尽点义务，隐蔽地、秘密地参战；三是以"志愿军"名义在朝鲜保持一个立足点；四是设想在没有美国和其他外国军队到达中朝边境的情况下，而仅仅是对付南朝鲜军队。麦克阿瑟认为第一种可能性虽然存在，但是中国军队不敢同美国军队作战，最大的可能是后三种情况的综合，即中国只是象征性地出兵，并且进入朝鲜的中国志愿军只有几万人，最大的建制单位是师级。麦克阿瑟非常乐观地、充满信心地向参谋长联席会议表示，他的部队可以消灭进入朝鲜的中国志愿军，他准备于11月15日发起进攻，消灭这些部队，并一直打到鸭绿江边。

麦克阿瑟令人如此放心的估计，令参谋长联席会议松了一口气，以至于参谋长联席会议主席布莱德雷离开华盛顿，到康涅狄格州去打猎，回到华盛顿后也没有上班，在家里埋头撰写自己的第二次世界大战回忆录，直至11月6日才返回五角大楼。杜鲁门也放心了，他按照原定计划到了密苏里州的独立城，参加那里的国会中期选举投票。

然而，11月5日，麦克阿瑟又告知华盛顿当局，中国的大队人马和物资正自满洲通过鸭绿江上的所有桥梁进入朝鲜，这将使他指挥的"联合国军"陷入困境，甚至有全部被歼灭的危险。因此，他命令远东空军出动全部的90架B-29型战略轰炸机，轰炸鸭绿江上的所有桥梁，以阻止中国军队大批进入朝鲜，为他继续向鸭绿江边推进清除障碍。这一轰炸行动得到了杜鲁门的批准。从11月8日开始，美国远东空军指挥的几乎所有能执行轰炸任务的飞机，对位于新义州、朔州、楚山、满浦、惠山等鸭绿江上的大桥和这些城镇，进行了毁灭性的轰炸。11月8日轰炸新义州和大桥时，喷洒汽油，投掷炸弹和燃烧弹，使新义州成为一片火海，炸死烧死数千名居民，炸毁大桥数孔，同时轰炸了新义州对面的中国安东市。美军轰炸

长甸河口被炸鸭绿江桥遗迹

其他桥梁时也都同时轰炸了桥对面的中国城镇。这一轰炸行动至 12 月 5 日结束，鸭绿江上的这些大桥大部被炸毁。丹东和长甸河口等，至今仍残留着当年被美军炸毁的桥梁遗迹。

丹东北被炸鸭绿江桥遗迹

11 月 9 日，美国国家安全委员会根据参谋长联席会议的分析认为，中国军队参战的企图有三种可能：第一，只希望建立一个缓冲区以保护在鸭绿江沿岸和长津湖地区的电力设备；第二，同美国打一场长期消耗战，消耗美国的军事力量；第三，把"联合国军"全部赶出朝鲜半岛。但是第三种可能性极小，因为中国军队缺少苏联空军和海军的支援。会议对中国军队参战的企图没有作出确定的分析。鉴于志愿军于 11 月初脱离了同"联合国军"的接触，他们又认为"中国军队只是出动小部队进行干涉，当他们遭受惨重打击后，也许已经放弃了继续作战的企图"。李奇微在回忆录中说："少数几个中国'志愿军'的出现，仅仅被当成了中国在外交棋盘上的又一个小小步骤，不会马上对'联合国军'总部产生影响。"于是这次安全委员会会议决定：在军事上，麦克阿瑟继续执行占领全朝鲜的计划，发动一次进攻或威力侦察，矛头直指鸭绿江；与此同时，在政治外交上试探，与中国谋求在鸭绿江两岸各 10 英里的地带建立一个缓冲区，要求中国军队迅速撤出北朝鲜。

二、毛泽东决定根本扭转朝鲜战局

志愿军入朝第一次战役的胜利，对鼓舞朝鲜人民士气、稳定人心具有重要意义，但整个战场形势并未发生明显改变，志愿军在朝鲜也还没有站稳脚跟。东线阿尔蒙德美第十军指挥的美军和南朝鲜军，仍在继续猛烈进攻。西线沃克美第八集团军指挥的美军、英军和南朝鲜军，虽然个别部队遭到歼灭性打击和重创，但整体力量并未受到大的损伤，主力撤至清川江以南后，稍作整顿，便以侦察试探为目的恢复了进攻行动。此外，麦克阿瑟仍在向第一线增调兵力，并且其空军对鸭绿江地区开始了猛烈轰炸。因此，对志愿军来说，整个战场形势仍然是严峻的。根本问题是要粉碎麦克阿瑟的再次进攻和解决站稳脚跟问题。

对麦克阿瑟还要发动进攻，毛泽东和彭德怀都有准确判断。

彭德怀在第一次战役结束的前一天，即11月4日致电毛泽东，即指出："因消灭敌人不多，我军实力尚未完全暴露，美伪军还可能重新组织反攻。"同时，志愿军作战10天，已很疲劳，加之运输困难，冬寒到来和野外露营，不便于保持战斗力。据此提出"拟采取巩固胜利，克服当前困难，准备再战方针……如敌再进，让其深入后歼击之"，并着手部署再战的具体准备工作。毛泽东在未接到彭德怀这个电报之前，已经于11月4日致电彭德怀、邓华，指出："敌于收集各部略加整理后有向我军举行反攻之可能，请令我军各部注意，于其反攻时各个歼灭之，尤其注意德川方面。"真是英雄所见略同，战场上的彭德怀和北京的毛泽东，对敌情判断和拟采取的对策如出一辙。

毛泽东接到彭德怀4日的电报后，又进一步提出了根本扭转朝鲜战局的战略考虑。毛泽东在11月5日凌晨1时复彭德怀的电报中，同意彭德怀的部署，同时指出："德川方面甚为重要，我军必须争取在元山、顺川铁路线以北区域创造一个战场，在该区域消耗敌人的兵力，把问题摆在元山、平壤线的正面，而以德川、球场、宁边以北以西区域为后方，对长期作战方为有利。目前是否能办到这一点，请依情况酌定。"同时决定调以宋时轮为司令员兼政治委员的第九兵团（辖3个军共12个师）入朝，"全力担任"东线作战，也"以诱敌深入寻机各个歼敌为方针"。

根据毛泽东的指示，彭德怀与邓华、洪学智、韩先楚、解方、杜平等志愿军领导人以及朝鲜劳动党中央常委、内务相朴一禹，研究制订了下一次战役东西两线的部署方案，分别于11月6日和8日电告毛泽东，确定："我为以逸待劳，便于后方运输，拟仍以诱敌深入，各个歼敌方针。""为粉碎美伪再犯企图，决于东西两线均采诱敌深入，先歼其侧翼一路，尔后猛烈扩张战果之方针。"由先期入朝的6个军担负西线作战任务，由正在入朝的第九兵团3个军共12个师担负东线作战任务。

毛泽东于11月9日复电，同意志愿军的部署，指出："目前部署及下一步作战意图，均很好，请即照此稳步施行。"同时指示志愿军："要修几条（不只一条）宽大公路通达德川、宁远、孟山区域，这是极重要的战略任务，后面各路均须修好修宽，请抓紧办理。""争取在本月内至十二月初的一个月内东西两线各打一二个仗，共歼敌七八个团，将战线推进至平壤、元山间铁路线区域，我军就在根本上胜利了。"并告高岗、贺晋年（东北军区副司令员兼参谋长）："用一切可能方法保证东西两线粮弹被服（保障御寒）之供给。"

毛泽东这一战略考虑，是基于志愿军第一次战役后战场形势的变化，和志愿军作战的需要及可能而提出的，是对志愿军入朝前确定的在德川、宁远公路线以南，平壤、元山铁路线以北建立防线思想的进一步发展，不但要站稳脚跟，而且根本改变战场形势，使志愿军掌握战略上的主动。

毛泽东特别强调了"德川方面甚为重要"。这是由德川地区所处的地理位置决定的。德川位于朝鲜北部妙香山脉中部东麓，宁远、孟山在德川以东和东南，距德川各约20公里，位于朝鲜北部北大峰山脉的西北麓。这一地区恰好是朝鲜半岛蜂腰部东西海岸连线的中间位置，向南距元山、顺川铁路线约50公里，向东南距元山、向西南距平壤各约100公里，向东距咸兴、向西距安州各约80或70公里。控制了德川地区，朝鲜北部和西北部地区的巩固就有了保证，志愿军就有了一块巩固的立足之地；从作战上说，不仅这一地区山地地形有利，而且有利于运输补给，有利于部队东西调动，进攻有后方依托，可以迅速出击到平壤、元山一线，防御有空间余地，并且有利于东向元山、咸兴，西南向顺川、平壤截断东西两线进攻之敌的后路。因此，控制了德川、宁远、孟山区域，将战线摆到平壤、元山一线正面，就可根本扭转朝鲜战局，就使志愿军坚持长期作战在战略上获得了主动。

11月13日，毛泽东在致斯大林的电报中，对战局形势作了判断，指出："据我的观察，朝鲜的战局，是可以转变的。现在我志愿军十六个师在朝鲜西北战线方面已给了敌人第一个打击，已经初步地立稳了脚跟，只要能再给该线敌人（八个师）以一至二个较大的打击，就能将该线的防御局面改变为进攻局面，而这是有可能的。东北战线方面，我志愿军仅有两个师[①]，敌人（5个师）还很猖獗，现正增派八个师去[②]，准备给敌人一个打击，转变该线的战局。"

为贯彻毛泽东关于根本扭转战局的战略考虑，实现下一步作战任务，11月13日，彭德怀主持召开志愿军党委扩大会议，进一步研究了作战方针和部署。

---

① 指第四十二军之一二四、一二六两师。
② 指第九兵团二十、二十七两军各4个师。

会议根据当时敌我双方武器装备状况，进一步明确了志愿军在朝鲜作战的指导方针，确定"在我空军、炮兵、坦克尚未得到适当组成前，我们仍采取运动战、阵地战、游击战相结合，内线和外线相结合的方针"。

会议根据麦克阿瑟在朝鲜的地面兵力及其分布，认为"敌人气焰未打下去，还是想进攻。如果我们与其对峙，就不能得到休息整训。加之在狭小地区内，集居了志愿军和人民军四五十万人，当地人民是吃不消的"。因此决定，在1950年内"还必须要打一仗，将战场推到平壤、元山地区，再消灭敌人至少六七个团，使敌人由进攻转入防御，以便我军将来大举反攻"。

下个战役的打法是"内线作战，诱敌深入，各个击破和歼灭敌人"。主力后撤至第一次战役比较熟悉的地区休整和构筑反击阵地，以逸待劳；以小部兵力与敌保持接触，故意示弱，骄纵敌军和诱敌深入，将西线之敌诱至大馆洞、温井、妙香山一线地区，东线诱至长津湖地区，然后突然举行反击。如果敌军不进，志愿军就打出去。"打出去有两个办法：一是围点打援，调动敌人，准备包围永兴附近美三师一个团，让敌人来援，从运动中来歼灭敌人；二是集中三十八军、四十二军从德川打出去，直插顺川、肃川，如力量不够，再将四十军调过去。总之，必须集中力量作战。东线则完全由九兵团负责，首先求得歼灭美陆战一师两个团。""此役如能消灭美伪军二至三个师，则朝鲜战局将起基本变化。"

三、麦克阿瑟高兴得太早了

麦克阿瑟本来就没把中国军队放在眼里，对中国军队的出现，非但没有担忧，而且乐观地认为，他通过空军轰炸可以让中国的后续部队无法继续进入朝鲜，已经进入朝鲜的志愿军也"不能生存下去"。即便中国人真的大规模参战也不在话下，中国军队和北朝鲜军队一样不堪一击。在美国国家安全委员会批准他继续执行占领全朝鲜的计划之前，11月7日，麦克阿瑟在给参谋长联席会议的电报中说："联合国的基本政策是消灭朝鲜的所有武装抵抗力量，建立一个'统一和自由的国家'，现在根本不需要对美国在朝鲜的政策作丝毫变动。我正准备发动攻势，完全有取得胜利的把握。我计划11月15日发起总攻势，目标是进至鸭绿江，占领全朝鲜。在进攻发起之前，通过'威力侦察'尽可能准确地搞清在朝鲜的中国志愿军的实力。"

麦克阿瑟所确定的"总攻势"计划是：首先以地面部队进行试探性进攻，查明中国人民志愿军在朝鲜的实力和企图，同时以远东空军摧毁鸭绿江上的所有桥梁，摧毁鸭绿江以南尚未占领地区所有交通运输设施、军事设施、工厂、城镇和乡村，阻止中国人民志愿军后续部队进入朝鲜和进行物资运输，使在朝鲜的志愿军和人民军部队无法生存。然后集中所有的"联合国军"部队，以美第八集团军在西线、美第十军在东线，发起钳形总攻，全面向中朝边境的鸭绿江和图们江推进，消灭在朝鲜境内的所有志愿军和人民军，在圣诞节前全部结束朝鲜战争。麦克阿瑟对这一计划非常乐观，11月17日，他在同美国驻南朝鲜大使约翰·穆乔谈话时，狂妄地断言：在北朝鲜的志愿军不可能超过3万人，他将发动全线进攻，在10天之内完全"扫荡"在北朝鲜的志愿军和他们所占地区，然后把所有的中国战俘押到边界释放，把美第八集团军撤回到日本，只留美第十军、联合国其他部队和南朝鲜军队，负责占领。

11月6日，西线沃克的第八集团军就在麦克阿瑟的催促下，开始了试探性进攻。8日，东线阿尔蒙德第十军也开始向北进攻。

麦克阿瑟的两位战地指挥官均对重新发起进攻，向鸭绿江推进疑虑重重、信心不足，都在不同程度上采取了拖延的态度。但麦克阿瑟依旧坚持发动"总攻势"的决心不变，只是为让部队做好充分进攻准备，将总攻势的发起时间由11月15日推迟到11月24日。

美国陆军官方战史写道："驱使麦克阿瑟坚持向边境进军，而毫不顾忌中国人显然会动用相当可观的武装部队对付他的推进行动的可能性"的原因，主要有三条：一是麦克阿瑟认定"中国军队的集结和咄咄逼人的姿态，均属于一种虚张声势的恫吓行为。由于中国人承担不起一场与美国人进行战争的重负，所以他们是不会对他的部队发起进攻的"；二是即使麦克阿瑟估计错误，中国的确不是在进行恫吓，他的部队"也有能力对付中国人和北朝鲜人"，而且他坚信，他的空军能够切断中朝边境地区的联系；三是麦克阿瑟在下定"总攻势"决心时，"压倒一切的考虑是，他对他的任务是'消灭北朝鲜人的军事力量'这一点坚定不移。这一任务主宰着他的行动方针，而只有向边境进军方能完成这一任务"。

麦克阿瑟这位创造了仁川登陆奇迹的美国"英雄"，还在美滋滋地做着再创"英雄奇迹"的美梦。

四、彭德怀将计就计，示弱诱敌

麦克阿瑟从 11 月 6 日就开始了试探性进攻。在西线，美第八集团军先以南朝鲜军两个师，继则增加美军两个师和英军 1 个旅向北进攻，企图占领西起清川江口、东至宁远一线，作为其发动总攻势的攻击发起线，而后直指鸭绿江边。在东线，美第十军以美军两个师和南朝鲜军 1 个师继续北进，企图配合西线迂回到鸭绿江边的江界，南朝鲜军另一个师沿东海岸向图们江推进。

彭德怀则按计划命令西线部队主力后撤休整待机，以第三十八、第三十九、第四十军各 1 个师和第四十二军一二五师，实施节节抗击，边打边撤，作为诱饵，造成"怯战"的假象，诱敌深入。东线第四十二军主力奉命于 11 月 7 日放弃长津湖以南阵地，北撤诱敌。

"联合国军"由于遭到志愿军第一次战役的打击，特别是对志愿军的兵力和部署情况不明，在试探性进攻中行动非常谨慎，稳扎稳打，进展缓慢。志愿军为要实现战役企图，既要表现出与敌作战的决心，对敌人进行打击，又不能过分显示力量，而步步后撤，给敌人造成错觉，进而牵牢"牛鼻子"，把敌军诱入既定战场，创造出反击的有利战机。这需要有高超的指挥艺术。

在彭德怀的巧妙指导下，担任诱敌任务的志愿军各部，一开始即对进攻的敌军展开了顽强阻击，在飞虎山、德川等地还进行了激烈的争夺。

飞虎山位于清川江畔，俯瞰价川、军隅里，扼制平壤通往满浦公路，地势险要，是"联合国军"北进的桥头阵地，也是"联合国军"军隅里补给基地的北面屏障。志愿军第三十八军一一二师部队于 11 月 5 日攻占此地后，南朝鲜军第七师和美第二师一部立即进行反扑。南朝鲜军和美军在密集炮火和飞机的支援下，每日以 1~3 个团轮番进攻，炸弹将志愿军阵地炸成松土，凝固汽油弹将山丘烧成一片火海。志愿军第一一二师三三五团坚守阵地，以"人在阵地在"的精神，与敌反复争夺阵地，以顽强的防御顶住了敌军的猛烈进攻。附近的朝鲜群众自发组织起来，为志愿军送饭、送水。一位朝鲜老人赋诗一首："飞虎山上万虎飞，成仁取义英名垂。血洒朝鲜金碧土，中朝友谊共日辉。"盛赞志愿军官兵英勇作战的业绩。经过 5 天的激烈争夺，第三三五团共击溃敌军百余人以上的攻击 57 次，牢牢地守住了阵地。

与此同时，从 11 月 5 日开始，南朝鲜军第八师也对德川地区的志愿军第一二五师阵地展开攻击，力图占领德川，建立北进的出发阵地，每天投入进攻的兵力都保持在 2~3 个营。志愿军第一二五师根据志愿军总部的命令，以申山为核心，构成阵地防御体系，坚守大同江北岸阵地。

申山是志愿军 1 个排防御点，也是敌我双方争夺的要点。南朝鲜军每日均以 1~2 个营，在炮兵和航空兵火力的支援下，进攻志愿军阵地。志愿军第一二五师三七三团一营部队坚守阵地，击退了南朝鲜军多次进攻。13 日，南朝鲜军集中火力，掩护地面部队突入志愿军阵地，志愿军第三七三团三连三排在仅余十几人的情况下，坚守最后一个高地，营立即组织进行反击，冲破敌军火力的严密封锁，白天通过 800 多米的开阔地，经反复冲杀，驱逐敌军，收复了阵地。

在飞虎山战斗、德川战斗的同时，西线第三十九军一一七师、第四十军一一九师，也以一部兵力坚决阻击进攻博川、宁边的敌军，东线第四十二军部队则在黄草岭以北地区坚决阻击美陆战第一师北进。

第三十八军三三五团正在打得起劲的时候，特别是刚刚把被敌军占领的一个排阵地夺回来，突然接到上级命令：放弃阵地，后撤 30 公里。原本夺取飞虎山后准备继续进攻，因为第一次战役结束，而好好的攻势改成了防御，现在又要放弃阵地后撤 30 公里，当时团长范天恩很不理解："退？拼死拼活没让敌人前进一步，就落了个撤退，再退就到鸭绿江了。"其实范天恩不明白，这正是彭德怀要的效果。第三三五团这时就是"诱饵"，按彭德怀的意图，就是坚决顶住，顶到一定程度再后撤，撤到有利地形后还要坚决顶，不能让敌人看出我们诱敌深入的意图。

与此同时，西线的第一一二师于 11 月 9 日放弃飞虎山阵地，10 日第一一九、第一一七师又放弃了清川江以北宁边、博川阵地。

此时，麦克阿瑟的部队虽然全线向北推进，但是由于有 10 月底分兵向北冒进遭到打击的教训，此次行动比较谨慎，前进缓慢。至 11 月 15 日，东西两线只前进 9~16 公里，距志愿军预定歼敌地区较远。为了给麦克阿瑟造成更大的错觉，使他的部队放心前进，16 日，彭德怀指示担负诱敌的各部，从 17 日起，停止向进攻之敌反击，继续后撤，示弱于敌，将敌诱至预定地区举全力歼击之。

各部遵示，停止了反击，在敌进攻时，稍一抵挡就后撤，以示"怯战"，并故意遗弃一些装备和物资，制造"狼狈撤退"的假象。逐渐与敌军脱离了接触，而"神密地消失了"。

与此同时，为瓦解敌军，扩大志愿军的政治影响，彭德怀报请毛泽东批准，决定释放一批俘虏。利用释放俘虏的机会，向俘虏散布，志愿军武器装备太差，特别是冬寒已至，粮食弹药供应困难，准备撤回国内去。

志愿军的示弱果然奏效。就连美国五角大楼的官员也认为，在朝鲜的志愿军没有得到很好的补充，补给的困难和寒冷的天气可能是他们撤退的原因。麦克阿瑟则更加坚定了自己的判断，并口出狂言："中国在朝鲜的军队，绝不是不可侮的势力，志愿军是'怯战败走'了。"于是他催促部队加快了北进的速度。11 月 21 日，全部到达其进攻开始线，完成了战役展开。

这一天，在东线进攻的美第七师十七团 1 个营攻占了鸭绿江边的惠山镇（对面是吉林省长白县，当时归辽东省管辖），向中国境内开枪射击，美第十军军长爱德华·阿尔蒙德专程飞往惠山，同他的一群军官们庆贺"胜利"，并以中国为背景照相留影，麦克阿瑟也发来了祝贺的电报。此时，麦克阿瑟在西线进攻的部队共 8 个师又 3 个旅等，24 万余人，统归美第八集团军沃克指挥；在东线进攻的部队共 5 个师，10 万余人，统归美第十军阿尔蒙德指挥。也就是这一天，美国当局批准了麦克阿瑟宣称的圣诞节前结束朝鲜战争的"总攻势"。

麦克阿瑟掩饰不住就要"得胜"的内心喜悦，高兴得几乎达到了癫狂的地步。1950 年 11 月的第四个星期四，23 日，是美国感恩节。麦克阿瑟让他的士兵们，在朝鲜饱餐了感恩节的火鸡盛宴。24 日，麦克阿瑟下令发动了"总攻势"，并公开向新闻界宣布了他的总攻计划。同一天，他乘飞机从东京专程飞往设在朝鲜新安州附近的美第八集团军指挥部，听取了美第八集团军指挥官沃克关于进攻计划的汇报，并在沃克的陪同下视察了美军部队。随后，乘着吉普车，用 5 个小时的时间，去视察他的前线部队，内心的兴奋溢于言表，喋喋不休地与下属们交谈。他对美第九军军长库尔特说："你告诉官兵们，他们打到鸭绿江之后就可以回国了。我希望我的话可以兑现，就是他们可以回家过圣诞节。"接着余兴未消，又乘着他的专机，沿鸭绿江上空飞行炫耀了一番。麦克阿瑟真的相信，他的美梦就要实现了。他万万没有想到，彭德怀已经把他的部队装进了"口袋"。

此时，志愿军在东线的部队是宋时轮第九兵团的 3 个军 12 个师，在西线的部队是参加第一次战役的 6 个军 18 个师，东西两线共 9 个军 30 个师，38 万余人。

五、清川江畔，美第九军损失惨重

"出其不意，攻其无备"，"善守者，藏于九地之下，善攻者，动于九天之上。"彭德怀的守和攻，均大大出乎麦克阿瑟的预料。志愿军按照彭德怀的部署将麦克阿瑟的部队诱至指定地区后，西线于 25 日黄昏按预定计划突然发起了反击。

在第四十军一部的配合下，第三十八、第四十二两军抓住麦克阿瑟西线进攻部署的薄弱环节展开攻击，即攻击其右翼进攻的南朝鲜军第二军团的第七、第八两师，南朝鲜军这两师恰在德川、宁远地区，也就是毛泽东指出的，德川方面甚为重要。彭德怀专派志愿军副司令员韩先楚具体指挥该两军作战。

第三十八军第一次战役打得不理想，在志愿军党委会上受到彭德怀的严厉批评。全军上下憋着一股劲，决心打翻身仗。该军任务是歼灭德川的南朝鲜军第七师。遂兵分三路，各以一个师分从德川东西地区迂回插至德川以南，截断了进至德川的南朝鲜军第七师的退路，以 1 个师从正面攻击，经一昼夜激战，将南朝鲜军第七师大部歼灭于德川地区。

抗美援朝战争中著名的奇袭武陵桥一役就发生在这次战斗中。以军部侦察连、第一一三师侦察连及两个工兵排共 323 人组成的侦察支队，由军侦察科长张魁印率领，于战斗发起前隐蔽渗透敌军后方，沿途经数次小战斗，于 26 日 8 时进至德川西南的武陵里，炸毁公路大桥，击毁、截获敌军汽车 40 余辆，封闭了南朝鲜军南逃北援的通道。这次渗透奇袭战斗曾拍成军教片电影《奇袭武陵桥》，后又拍成电影故事片《奇袭》。

与第三十八军一起发动德川战斗的同时，第四十二军以 1 个师隔断宁远和孟山之间敌军的联系，以 1 个师迂回到宁远城南，以 1 个师从正面攻击，至 26 日拂晓攻占宁远城，歼灭南朝鲜军第八师大部。

第四十军 1 个师在该两军的右翼牵制了当面美军。

第三十八、第四十二两军的胜利出击，打开了战役反击的缺口。接着，彭德怀命令在西线反击的其他部队，积极作战，抓住当面之敌歼灭之。同时命令第三十八军以主力迅速向位于清川江边价川以南的军隅里攻击前进，以一部取捷径向位于价川、顺川之间的三所里前进，截断进至清川江以北的美第九军的南撤退路，并阻击平壤、顺川之敌经此北援；命令第四十二军西向顺川、肃川插进，截断在美第九军以西向北进攻的美第一军的南撤退路，以便志愿军正面主力追击和侧击溃逃之敌。

志愿军各部接到命令后积极行动，第三十九军利用俘虏喊话，争取美军1个建制连投降。第三十八军主力在向军隅里前进途中，击溃从价川急向德川增援的土耳其旅，第四十二军主力在孟山西南的北仓里歼灭南朝鲜军第六师一部，继向西南方向前进。第三十八军——三师昼夜兼程，经14小时70余公里的急行军，于28日晨先敌抢占了军隅里向南通往顺川的公路要隘三所里，在发现三所里以西几十公里处的龙源里也是一条南北通道要隘时，则派去1个团于翌日凌晨抢先占领，完全截断了美第九军南逃的退路（第一一三师穿插三所里战斗，作为典型战例，由该师副师长刘海清在1951年1月下旬的中朝高级干部联席会议上作了介绍）。至此，第六十六、第三十九、第四十、第三十八军已从北、东、南三面将美第九军指挥的美第二师、第二十五师、土耳其旅全部和美骑兵第一师、南朝鲜军第一师各一部，包围于价川附近的清川江南北地区。第五十军也攻进至博川以西地区，第四十二军主力歼灭阻击之敌1个营进至顺川以东新仓里地区。麦克阿瑟在西线的整个进攻布势被打乱。志愿军在西起安州、东至价川的清川江南北地区展开了勇猛的围追堵截战。

美军根本搞不清这么多志愿军部队是从哪儿来的，好像是神兵从天而降。在志愿军突然猛烈的反击面前，麦克阿瑟的美梦骤然变成了噩梦，已经不是如何歼灭志愿军打到鸭绿江边的问题了，而是他的部队如何从志愿军的包围中逃脱出去，免遭全军覆没命运的问题了。此时的麦克阿瑟已完全不是5天以前的模样了，成了霜打的茄子、泄了气的皮球，怎么也乐不起来了。他已从乐观的顶点坠入了沮丧的深渊，从信心百倍、胜利在握，转而惊慌失措、乱了方寸。一方面惊恐地向华盛顿报告他遇到了全新的敌人，一方面慌乱地将沃克和阿尔蒙德两位前线指挥官紧急召到东京商讨对策，决定全线向平壤、元山一线撤退。

要逃走？谈何容易！志愿军第一一三师已死死地卡住了三所里和龙源里美第九军南撤仅有的两条通道隘口。尽管美军的空军终日轰炸和扫射，美第九军也以上百辆坦克和数十门大炮进行轰击，南面又有美骑兵第一师主力和英第二十九旅的向北增援，仅美第二师、第二十五师和骑兵第一师就有400辆坦克、400余门大炮，可就是突不破第一一三师的阻击。而此时的第一一三师只有两个步兵团（另外1个团在德川打扫战场），携带的只有步兵轻武器，只有十几门迫击炮，对付美军的坦克只有地雷、炸药、手榴弹和爆破筒。这同美军的现代化装备形成了鲜明的对照。第一一三师就是凭着这样的装备和两个团的兵力，卡住这两个隘口，这是关系到志愿军此次作战能否取得胜利的关键。这支部队是一支具有红军"血脉"的部队，其中的第三三八团，是由徐海东指挥的红二十五军的一个建制团演变下来的红军团队，第三三七团也是以红军连队为骨干在抗日战争中组建起来的。第一一三师的官兵们，凭借着顽强的战斗作风，依托有利地形坚决阻击敌人。从29日至12月1日，让美军3天的攻击始终无功而返。彭德怀对第三十八军在这次战役中的表现非常满意，于12月1日亲自起草电报，以彭德怀、邓华、朴一禹、洪学智、韩先楚、解方、杜平联名的形式，专门通令嘉奖第三十八军（尤其第一一三师）全体官兵。电报是发给军长梁兴初、政委刘西元转第三十八军全体同志的，内容如下：

"此战役克服了上次战役中个别同志某些过多顾虑，发挥了三十八军优良的战斗作风，尤以一一三师行动迅速，先敌占领三所里、龙源里，阻敌南逃北援，敌机、坦克各百余，终日轰炸，反复突围，均未得逞。至昨三十日，战果辉煌，计缴仅坦克、汽车即近千辆。被围之敌尚多，望克服困难，鼓起勇气，继续全歼被围之敌，并注意阻敌北援。特通

❶ 在第二次战役中，威震天下的"万岁军"——中国人民志愿军第三十八军一部在龙源里追歼美军

令嘉奖，并祝你们继续胜利！中国人民志愿军万岁！三十八军万岁！"

此电对第三十八军，特别对第一一三师是巨大的鼓舞。从此，第三十八军有了"万岁军"之称。

第一一三师进行阻击的同时，彭德怀命令正面各军勇猛攻击，为减轻第一一三师的压力，命令第三十八军主力迅速向第一一三师靠拢。第三十八军主力向第一一三师靠拢过程中，在凤鸣里歼灭美第二十五师1个团大部，在松骨峰地区又歼灭美第二师数百人。

松骨峰战斗是一个小战斗，第三十八军一一二师三三五团一营三连奉命于11月30日拂晓抢占了松骨峰，堵截美第二师九团从北向南逃跑的部队。三连在这个阵地顽强阻击，始终未让美军前进一步。美军在屡攻不下的情况下，集中数十门火炮和近20辆坦克对志愿军该连阵地进行猛烈攻击，并以飞机投下了凝固汽油弹，将高地打成一片火海，步兵随后一拥而上。志愿军该连在人员伤亡较大，粮弹殆尽的严重情况下，毫不畏惧，所有能战斗的人员，包括伤员，带着满身的火焰，奋勇扑向敌军，用枪托、刺刀、石头，甚至牙齿与敌人展开了殊死肉搏。一直战到黄昏，最后只剩7个人，共歼敌300余人。后来著名军旅作家魏巍得知松骨峰战斗的惨烈情况后，写下了感人肺腑的战地通讯《谁是最可爱的人》，发表在1951年4月11日的《人民日报》上。从此祖国人民把一个崇高的称号——"最可爱的人"，送给了志愿军全体将士。这篇战地通讯被选入初中语文课本。魏巍在这篇通讯中写了松骨峰战斗14位烈士名字，在这14位烈士中，有三位是负了重伤，被收容到后方医院救治，原部队以为他们牺牲了，治愈后转业到地方工作。这三位"烈士"是胡传九、李玉安、井玉琢，他们都知道魏巍的这篇战地通讯，都知道里边写的牺牲烈士的名字就是自己，但他们一直隐姓埋名，连子女都没有告诉，默默为党和人民作贡献。胡传九在大连工作，于1985年9月去世，终年59岁，家人整理他的遗物时才得知，他就是魏巍《谁是最可爱的人》中写到名字的胡传九。李玉安和井玉琢是20世纪90年代初才被发现仍在世，并都在黑龙江省工作。后来两位从死亡线上被救活的、在同一连队战斗的老战友，于1990年在哈尔滨重逢。两人紧紧拥抱在一起，激动得热泪盈眶。魏巍先后会见了两位"最可爱的人"，称赞他们"永远是最可爱的人"。1990年10月，李玉安应邀参加中国人民友好代表团出访朝鲜。1997年去世，终年73岁。井玉琢1996年8月去世，终年78岁。

第四十军在军隅里地区歼灭美第二师1个营，而后主力西向安州方向攻击，第三十九军击溃清川江以北之敌后，南渡清川江，同第四十军主力在马场里与美军展开激战。第六十六军也继第三十九军之后渡过清川江，南进攻击。第五十军逼近清川江边。第四十二军主力由于迂回路途过远等原因，未能按时插到肃川。

战至 12 月 1 日，美第九军遭到惨重伤亡。鉴于从三所里、龙源里地区南突无望，被迫丢弃全部重装备，转而西向安州，而后向南经肃川退向平壤。此时，美第一军已经经安州、肃川退向了平壤。12 月 2 日，清川江畔的激战结束。此战志愿军歼灭美第二师 7000 余人、美第二十五师 5500 余人、土耳其旅 2200 余人，美第二师被打残，失去了战斗力（美军战史中说：美第二师战时编制 18000人，此战后收拢人员时仅剩 8662 人，重装备丢失殆尽，单兵装备丢失 40％）。美军溃逃时在清川江南北地区的公路上遗弃了大量的装备，据统计，各种炮 500余门、坦克 100 余辆、汽车 2000 余辆、各种枪 5000 余支。然而，非常遗憾的是，志愿军没有空军掩护、没有高射炮部队，能够驾驶坦克和汽车的人员寥寥无几，这些装备很快即被美军飞机炸毁。然而，这只是胜利中的遗憾，这是客观条件无力所及造成的遗憾，志愿军在客观条件所及的范围内已大获全胜，美军遭到了惨重的失败。

第二次世界大战时在太平洋战场威名赫赫的盟军总司令麦克阿瑟，在朝鲜战场指挥着完全现代化装备的陆海空军联合作战的以美军为主的"联合国军"，惨败在了仅有少量炮兵支援、基本是"小米加步枪"装备的中国人民志愿军司令员彭德怀手里。志愿军振奋了，中朝人民振奋了，苏联人民也振奋了。毛泽东于 12 月 5 日致电彭德怀等，指出"此次西线歼敌二万余，是个大胜利"。在此之前，斯大林获悉志愿军作战顺利的消息后，于 12 月 1 日致电毛泽东表示：中国人民志愿军在战场上抗击美军的重大胜利，不仅使苏联领导人而且使全体苏联人民感到高兴，向毛泽东和中国领导同志，向中国人民志愿军和全体中国人民"致以衷心的敬意"。

六、长津湖边，美陆战第一师险遭全军覆没

"联合国军"的进攻在西线遭到惨败的同时，在东线情况同样很糟，甚至比西线更惨。

宋时轮指挥的第九兵团，于 11 月中旬开始从吉林省的辑安渡江，隐蔽向长

津湖地区开进。直至志愿军在西线已发起攻击，在东线的美第十军仍未发现志愿军第九兵团部队已神不知鬼不觉地对他们进行了包围，仍在兵分数路向北前进中。美军说志愿军第九兵团的秘密开进是个军事奇迹。11月27日晚，第九兵团二十军（入朝时军长兼政委张翼翔）、二十七军（入朝时军长彭德清、政委刘浩天）完成了攻击准备，突然发起反击，一夜之间即将美第十军指挥的美陆战第一师师部和两个多团及美第七师1个多团，分割包围于长津湖东西两侧的新兴里、柳潭里及湖南的下碣隅里3个孤立的点上。美陆战第一师也是美军战斗力较强的"王牌"部队之一。

朝鲜东北部地区，冬季非常寒冷，最低平均气温达零下30~40℃。此时长津湖地区普降大雪，气温已降至零下20~30℃。志愿军第九兵团部队没有寒区生活、作战经验，不适应寒区的气候。此次入朝参战比较仓促，从山东乘火车北开时，部队穿的是华东地区的冬装，原计划到东北原边防军驻地整训一个时期，并换发寒区冬装，而后再入朝作战。但由于战场形势的急速变化，已不容许第九兵团在东北地区停留，所以部队直接开赴朝鲜作战，只是火车在沈阳等地短暂停留时，匆匆补充了有限的寒区服装。加之，当时志愿军的物资运输补给困难，跟进保障能力太弱，致使到战斗打响时许多官兵没有大衣，有的官兵甚至还穿着胶鞋、戴着单帽。就连穿着羽绒服装、配有羽绒睡袋并有空中运输补给的美军士兵，在这样的气候下仍冻得瑟瑟发抖，那么缺乏寒区服装的志愿军官兵的状况就更可想而知了。并且吃不上热饭，只能啃冻得和铁蛋一样硬的饭团、土豆和窝窝头。严寒的气候，是志愿军第九兵团遇到的第一个巨大威胁。许多官兵手脚被冻僵，面部、耳朵被冻伤，有的步枪被冻得拉不开栓、机枪打不响，个别的连、排呈战斗队形冻僵在阵地上。

第九兵团就是在这样的困难条件下，同被围的美第十军部队展开了激战。被围美军为免于被歼，则以坦克、装甲车和汽车组成环形防御，以坦克和大炮的火力掩护步兵拼死抵抗，并且空中有飞机支援。志愿军由于攻击火力太弱，加上作战和冻饿减员，各点攻击力量均显薄弱。战至29日，仅歼被围之敌1000余人。

第二十军五十八师一七二团三连连长杨根思，率该连三排，坚守在下碣隅里东南1071.1高地，阻击美军南逃。12月29日，连续打退数倍于己的美军的8次进攻。战至上午10时，美军发起第九次进攻，40多名美军爬上三排阵地，而三排弹药已打光，并只剩两名伤员，增援部队尚在途中。在此紧要关头，杨根思抱起仅有的一个炸药包，拉燃导火索，冲入敌群，与敌人同归于尽，以生命和鲜血守住了阵地，谱写了一曲革命英雄主义的壮丽赞歌。志愿军总部给杨根思追记特等功，授予"特级英雄"称号。

杨根思

宋时轮为集中优势兵力，逐点歼灭被围之敌，遂调整部署，首先集中第二十七军八十师和八十一师主力共 5 个团，于 30 日晚对被围于长津湖东侧、号称"北极熊团"的美第七师三十一团及三十二团 1 个营，发起猛烈攻击，战至 12 月 1 日拂晓，将敌压缩于狭小地域。是日中午，该敌在 40 余架飞机掩护下，以 10 余辆坦克为先导，拼命向南突围。志愿军 5 个团立即展开尾追和堵击，将其大部歼灭于新兴里及以南新垈里地区，其余残敌逃至后浦、泗水里地区，也被阻击歼灭。此战，志愿军共歼美军 3100 余人，缴获 60 毫米口径迫击炮以上火炮及火箭筒 266 门（具）、各种枪支 2455 把，击毁和缴获坦克 18 辆、汽车 345 辆，创造了一战全歼美军 1 个多团的范例，是抗美援朝战争中志愿军歼灭美军最大的建制部队，也是唯一一次整建制歼灭美军 1 个团。此战

缴获的美第七师三十一团团旗

缴获的"北极熊团"团旗存于中国人民革命军事博物馆。

新兴里美军被全歼，使美第十军的进攻全线动摇，12 月 1 日开始全线向南撤退，就连美军自称为只有进攻和胜利的陆战第一师，也不得不使用"撤退"这个字眼。

宋时轮立即调动部队，向被围于柳潭里的美陆战第一师两个团发起攻击。12 月 3 日，美陆战第一师的两个团，在 50 余架飞机的支援掩护下，集中数十辆坦克为先导，全力向南突围，在遭到志愿军第二十军阻击部队的重大杀伤后，丢弃大量重装备，突破志愿军阻击，同被围在下碣隅里的该师师部和另 1 个营会合。此后，一面空运伤员，一面继续准备突围。此时第九兵团预备队第

二十六军（入朝时军长张仁初、政委李耀文）正在向南开进，尚未赶到战场。当12月6日赶到战场时，下碣隅里的美陆战第一师已突围南逃。毛泽东和彭德怀早有预见，早在第九兵团在东线发起反击之前，就指示宋时轮作了部署。宋时轮据此已将第二十军的3个师部署在下碣隅里以南，在美陆战第一师逃跑的必经之路上，设下了数道阻击埋伏线。在美陆战第一师从下碣隅里突围南逃后，又以第二十六军和第二十七军紧紧追击。这样，在北起下碣隅里，南至上通里和下通里的数十公里的地段上，对南逃的美陆战第一师展开了层层堵截和步步紧追。在古土里以南，第二十军五十八师堵住了美陆战第一师的退路，截歼其800余人；在上、下通里以北地区，第二十军八十九师又截歼美陆战第一师600余人。

美陆战第一师从12月3日开始突围南撤以来，几乎是层层受阻、步步被截，李奇微曾说："这是一次漫长而曲折的撤退，一路上战斗不断，似乎是在一寸一寸地向后挪动。"美陆战第一师一路苦战，一路惊慌，遭受重大伤亡，损失过半，已溃不成军，直至12月12日，凭借着坦克、大炮的优势火力和空军的补给和支援掩护，其残部才在美第三师的接应下，艰难地突破志愿军最后的阻击，狼狈逃至五老里，幸免于全军覆没的灾难。这是美国这支"王牌"部队有史以来遭受损失最为严重、逃跑景象最为狼狈的一次败退。几十年后，当时的美军高级官员回忆起美陆战第一师在长津湖地区险遭全军覆没的境况时，仍觉不寒而栗。美国人写的战史中说，从10月26日至12月15日，美陆战第一师的战斗伤亡总数为4418人，另有7313人非战斗减员。美国陆军参谋长劳顿·克林斯在回忆录中说：美第十军在11月27日至12月10日的作战中，战斗伤亡约为11500人，此外尚有大量的冻伤亡，仅陆战第一师因冻伤等原因非战斗减员近6000人。

志愿军第九兵团此次长津湖地区的作战，在武器装备严重落后、运输补给严重不足、冻饿交加严重威胁的情况下，发扬人民军队的优良传统，灵活顽强作战，给予美陆战第一师和步兵第七师以沉重的打击，共歼敌1.39万余人，彻底扭转了东线战场的局面。毛泽东、彭德怀致电宋时轮，对第九兵团东线作战给予高度评价。毛泽东在12月17日的电报中指出："九兵团此次在东线作战，在极困难条件之下，完成了巨大的战略任务。"

七、中国人民声威大震

麦克阿瑟在遭到志愿军东西两线强大攻势突然猛烈的打击后，从根本没把中国军队放在眼里，转而对中国军队感到非常畏惧。继 11 月 29 日命令他的部队撤至平壤、元山一线后，12 月 3 日又命令他的部队全线向三八线撤退。美第八集团军司令官沃尔顿·沃克，于 12 月 23 日也死于慌乱撤退中的车祸。

毛泽东、彭德怀，则令志愿军抓住时机，迅速扩大战果。12 月 6 日，志愿军西线部队进占平壤，12 日开始向三八线攻进。23 日，西线各军逼近三八线，进至涟川、华川一线地区集结。朝鲜人民军一部收复了三八线以南延安半岛和瓮津半岛。在东线，朝鲜人民军一部于 12 月 9 日收复元山，截住了美第十军从陆路南撤的退路。志愿军第九兵团继续追击撤逃的美第十军部队，12 月 17 日进占咸兴，24 日进占兴南及沿海港口。阿尔蒙德指挥的美军余部和南朝鲜军，在近 300 艘海军舰船的接应下，从海路狼狈撤往釜山。志愿军没有空军、没有海军，也没有远程大炮，看到美军从海上撤逃，只能望洋兴叹。

至此，志愿军第二次战役以大获全胜而告结束。这次战役，是志愿军在抗美援朝战争运动战中打得最漂亮的一次战役，也是美军在整个朝鲜战争中遭到打击最严重的一次战役。彭德怀成功地利用了美国当局战略上的判断错误和麦克阿瑟恃强骄傲的心理，将计就计，示弱诱敌，而后采取迂回包围战术，截断美军退路，实行"关门打狗"，给予美军重创。志愿军予美第二师、第七师、陆战第一师和土耳其旅以毁灭性打击，重创美第二十五师，东西两线共歼敌 3.6 万余人，其中美军 2.4 万余人，取得了远远超过预想的胜利，把美国侵略军从鸭绿江边打回到三八线，根本扭转了朝鲜战局，奠定了抗美援朝战争胜利的基础。

志愿军此次战役打蒙了麦克阿瑟，打蒙了美国当局，也震动了全世界。中国如此贫穷落后，面临的困难那样多，竟然敢于出动如此大规模的军队同美国军队较量，志愿军仅仅依靠步兵作战和少量炮兵的支援，竟然打败了武器装备如此精良、陆海空军联合作战的美军，实在不可理解。直至几十年后，美国及其他西方国家的许多人仍觉得是个谜。

1950 年 11 月和 12 月，是美国当局最为难过的 60 天，从总统到政府和军队最高层的决策人都忧心忡忡、不知所措。布莱德雷在其回忆录中写道："这60天，是我职业军人生涯经历最严峻的考验的时刻……朝鲜战争出乎预料地一下子从胜利变成了丢脸的失败——我军历史上最可耻的一次失败。"

这次战役进一步证明，志愿军虽然武器装备与美军相比有较大差距，但是仍然可以同美军作战并且取得胜利。第三十八军总结了第二次战役作战经验，12月16日彭德怀将这一经验转发志愿军各部并报中央军委。毛泽东对这些经验极为重视，18日又将其转发各中央局、分局、省市区党委和各级军区、各兵团、各军及新组建的军事学院，指出："这是极重要的经验，望注意研究。在志愿军的作战经验中证明，我军对于具有高度优良装备及有制空权的美国军队，是完全能够战胜的。"

毛泽东曾说："这次战争，我们本来存在三个问题，一、能不能打；二、能不能守；三、有没有东西吃。能不能打，这个问题两三个月就解决了。敌人大炮比我们多，但士气低，是铁多气少。"周恩来也说："经过三个多月的时间，证明我们能够把敌人打退，我们把美帝国主义打回到三八线附近了。"

志愿军取得了这次战役的胜利，一下子使中国人民声威大震，改变了美国人对中国的看法，改变了西方人对中国的看法，甚至也改变了当时社会主义阵营对中国的看法。站起来的中国人民是不好惹的，中国人民反抗侵略的决心和力量是不可小视的。因为中国人打败了美国人，在国外的华人、华侨都被所在国和当地人高看一眼。美国人德鲁·米德尔顿在其所著的《用兵之道》一书中，评论这次战役时说："无论就军事还是政治而言，中国人都是胜利者。中国军队达到了出奇制胜的目的。……在政治上，这次胜利确定了中国在亚洲大陆上的主要军事强国的地位，因而增强了北京在整个地区的影响。"

在志愿军在战场上取得胜利的同时，中国政府特派代表伍修权，率中国代表团，于11月28日在联合国安全理事会会议上发表长篇演说，控诉了美国侵略中国台湾和侵略朝鲜的罪行，要求联合国安理会对美国予以制裁。这是中国人民第一次在国际讲坛上伸张了正义，使不可一世的美国当局处于被告的狼狈境地，是中国人民外交斗争的一个重大胜利。这个胜利同志愿军在战场上的胜利一样，在国际上造成了良好的影响。

第五章 趁热打铁

5

★

力量悬殊
的对抗

无论东京的麦克阿瑟，还是华盛顿的杜鲁门及军政当局的要员们，怎么也没想到，贫穷落后的中国，曾经是一盘散沙，居然有这么大的决心和力量，敢于同美国较量。一支以农民为主体武装的军队，仅靠落后的武器装备，居然把装备现代化武器、陆海空军联合作战的美国军队打得落花流水，真是大大地丢了美国这个世界霸主、自由世界"领袖"的颜面。美国当局担心，如果中国人继续发动进攻，是有可能将美军赶出朝鲜的。美国当局不甘心就此失败，开始玩弄"停火"伎俩，要求中国人民志愿军部队停止于三八线，为麦克阿瑟的部队争取喘息的时间。

一、美国当局玩弄"停火"伎俩

麦克阿瑟圣诞节前结束朝鲜战争总攻势的计划，变成了全线向三八线总撤退的事实。不仅麦克阿瑟惊慌失措，而且也引起了华盛顿当局的极大不安，美国的报刊纷纷报道美国已大难临头。

1950年11月28日，麦克阿瑟向五角大楼报告："中国在北朝鲜投入了大批军事力量，而且实力仍在增强。……我们面对的是一场全新的战争。"中国人的最终目标，无疑是要"彻底摧毁在朝鲜的'联合国部队'"。他在报告中为他在朝鲜的失败作了辩护，他说："显然，我们目前的实力不足以抗衡中国人发动的这场不宣而战的战争，他们在客观上拥有很多有利条件，促使形势发生了新的变化。……本司令部已在职权范围内作了力所能及的一切，但它目前所面临的局面已超出了它的控制和它的能力所及。"

11月28日下午，杜鲁门主持召开了美国国家安全委员会特别会议。会议对麦克阿瑟如何能阻挡住中国人的强力攻势、麦克阿瑟需要补充多少部队、美军在朝鲜能否守住一条防线、美国对中国人民志愿军的大规模出现该怎么办等议题进行了讨论。此外，他们认为"中国人和北朝鲜人的每一次行动都有苏联在后面支持"，美国"不得不把所有发生在朝鲜的事看作是世界性的事件"，美国不应忽视"在全世界各地都面对着苏联这个事实"。美国如何在"自由世界"中保全面子？包括总统杜鲁门在内，美国的最高决策层都不知道在朝鲜该怎么办。艾奇逊说："会议并没有提出任何由总统作出决定的建议，即告结束。"12月1日和3日，国务院和国防部在五角大楼召开联席会议，2日，总统杜鲁门、国防部长马歇尔、国务卿艾奇逊、参谋长联席会议主席布莱德雷又在白宫开会。但频繁的会议和"详尽而直率的讨论的结果"还是决定不了美国在朝鲜该怎么办。

杜鲁门和五角大楼已不相信麦克阿瑟的判断。为了了解朝鲜战场上的真实情况，以便作出决定，遂派陆军参谋长柯林斯前往东京。12月4日，柯林斯到达东京，与麦克阿瑟简短会晤后，即飞朝鲜，直接听取了在第一线的美第八集团军沃克和第十军阿尔蒙德两位指挥官对形势的判断。沃克和阿尔蒙德虽然对形势的判断不像麦克阿瑟那么严重，但也只认为可以在釜山长期坚守。柯林斯返回东京后，12月6日同麦克阿瑟及远东的陆、海、空三军的司令官们讨论了美国在朝鲜的对策。麦克阿瑟主张，如果中国人同意停火，联合国应接受停火，但中国和北朝鲜的军队必须停止在三八线附近的行动。否则，要么尽快增加"联合国军"的兵力，以恢复进攻，甚至封锁中国沿海，轰炸中国大陆的空军基地和城市，要么撤离朝鲜。

美国当局考虑，如果中国人继续投入兵力作战，有可能将美军赶出朝鲜，美国不大量投入军事力量，就不能实现全部占领朝鲜的目标，但又不可能立即增加力量。因此，当务之急，是要在朝鲜采取"抢救行动"。杜鲁门决定：不主动撤出朝鲜，一旦被迫撤离，要带上南朝鲜军队一起走。

11月30日，杜鲁门举行记者招待会发表声明说：尽管"联合国军"在中国军队的进攻面前被迫撤退，并且战局的发展，迫使"我们可能要节节败退"，"但联合国的部队不打算放弃他们在朝鲜的使命"。杜鲁门同时宣称，美国正积极考虑在朝鲜使用原子弹的问题，以此进行威胁恫吓。这一威胁恫吓没有吓倒朝鲜军民和中国人民志愿军，反而引起了英、法等国的恐慌。他们最担心的是，美国在朝鲜使用原子弹，将引起世界大战，美国若将主要力量投入朝鲜战场，则会大大减少对欧洲的力量投入，从而英国、法国等的利益和安全受到威胁。于是，12月4日，英国首相克莱门特·艾德礼率英国政府代表团匆忙飞到华盛顿，与杜鲁门进行紧急会谈。艾德礼强调，西方是反对共产主义阵线的主要据点，他希望在朝鲜避免大战，而通过谈判使中国停止于三八线以北，并主张正式承认北京的中国政府，接纳中国为联合国成员国，让台湾回归大陆。而后通过联合国向中国施加压力，用谈判解决朝鲜问题。美国坚决反对承认北京的中国政府，坚决反对接纳中华人民共和国为联合国成员国和把台湾交给中共。但向艾德礼说明：美国在东方和西方都有义务，虽然兼顾所有义务可能会有些困难，但并不打算偏袒哪一方。美国没有在朝鲜使用原子弹的打算，同意设法避免和中国进行大战，但"联合国军"不会自动撤出朝鲜，美国只是为了在军事上有利的需要，而设法在朝鲜安排停火，不是进行谈判，因为这个时候谈判，形势对美国不利，停火建议也不应由美国提出。为满足艾德礼的要求，决定建立北大西洋公约组织的统一军事机构，并尽快任命一名最高司令官和派出美国部队，后来美国决定在欧洲部署4个陆军师和其他部队，12月18日，任命美国五星上将德怀特·艾森豪威尔为北大西洋公约盟军最高司令官，1951年5月，派出了驻欧洲的第一批陆军部队。

杜鲁门和艾德礼的会谈于12月8日结束。这一天柯林斯从东京回到华盛顿，柯林斯报告说，沃克相信如不必死守汉城，美第八集团军可以在南朝鲜的大部分地区长期守下去。柯林斯本人也同意这种看法。美第十军的情况仍很糟，但可以从海上撤出。杜鲁门听后说，"情况令人鼓舞，目前形势不像会谈开始时那样暗淡"，美国不会被逐出朝鲜。布莱德雷认为"根据目前情况至少不必被迫进行谈判"，靠目前兵力加以正常的轮换，完全可以在朝鲜守住。美国虽然不愿意谈判，但是为了能使中国军队停止于三八线以北，不再南进，而使麦克阿瑟的部队得到喘息，则在会谈公报中表达了和谈的意愿。美国驻联合国代表积极活动，希望用"和谈"向中国施加压力。与此同时，美国还要求英国等盟友帮助美国达成停火目的。

正在美国当局为摆脱在朝鲜问题上的尴尬局面而寻找出路的时候，12月5日，出席联合国第五届大会的印度等13个亚洲国家代表，"呼吁北朝鲜当局和中华人民共和国中央人民政府立即声明它们没有意思使在它们控制下的任何部队前往三八线以南"。这恰好符合美国的意图。接着十三国又提出了为寻求停火而由本届联大主席伊朗代表及印度和加拿大代表组成"三人停火小组"，同时提出为解决远东其他问题举行谈判会议或组成谈判委员会。而美国只是为了给日后的军事行动争取喘息时间，因此，只同意寻求在三八线停火，反对为解决远东其他问题举行谈判会议或组成谈判委员会。即便实现停火，也不准备讨论停火以外的其他问题。12月11日，美国国家安全委员会作出了一个同意寻求停火的决定。12月14日，联合国大会在有美国投票赞成的情况下，只通过了组成"朝鲜停火三人小组"的决议，即先行实现停火，然后才能考虑其他问题。同一天，美国国家安全委员会决定，扩大征兵计划，加速军火生产，到1952年6月之前完成原计划到1954年6月完成的指标。12月15日，杜鲁门宣布"全国进入紧急状态"。

二、毛泽东决定必须打过三八线

与华盛顿美国最高当局对战场情况模糊、不知所措相反，身处北京的毛泽东、周恩来对美国当局的举动则明察秋毫、洞若观火。

12月8日，中国外交部亚洲司司长召见印度驻华大使馆参赞，11日周恩来召见印度驻华大使，针对十三国的呼吁指出：十三国的呼吁是不公平的，为什么十三国不反对美国侵略？不呼吁美国撤军？为什么十三国在美国军队越过三八线北进时不讲话？为什么十三国中还包括参加"联合国军"行动的菲律宾？

12月14日，联合国大会通过组成"朝鲜停火三人小组"的决议后，22日，周恩来外长代表中国政府发表声明，揭露了美国的真实意图，指出：自美国侵朝以来，美国当局一直拒绝撤出其侵朝军队，从来没有结束朝鲜战争的诚意。"不难了解，当着美国侵略军登陆仁川港、越过三八线或直逼鸭绿江的时候，他们不会赞成立即停战，也不会愿意举行谈判；只有在美国侵略军失败的今天，他们才会赞成立即停战，并在停战后举行谈判。很显然地，昨天反对和平，是为着美国可以继续扩张侵略；今天赞成停战，也是为着美国可以取得喘息时间，准备再战，至少可以保持现有侵略阵地，准备再进。他们关心的……是美帝国主义如何能在朝鲜保留侵略军队和侵略行动，如何能继续侵占中国的台湾……。这就是说，停战后一切照旧，准备好了再打，并且还借此先宣布紧急状态存在"。这就是美国的真正意图，中国政府对联合国大会的这个决议是不能接受的。

在志愿军第二次战役西线作战结束、美第八集团军向平壤撤退时，毛泽东等中国领导人对美国当局可能提出停战问题就有考虑。

1950年12月3日，金日成来到北京，毛泽东、刘少奇、周恩来等与金日成就朝鲜战争形势作了分析。毛泽东认为："战争有可能迅速解决，但也可能拖长，我们准备至少打一年。朝鲜方面也应作长期打算，并仍应以自力更生为主，争取外援为辅。敌人有可能要求停战，我们认为必须承认撤出朝鲜，而首先撤至三八线以南，才能谈判停战，最好我们不但拿下平壤，而且拿下汉城，主要的是消灭敌人，首先是全歼伪军，对促进美帝撤兵会更有力量。美帝如果承认撤兵，联合国有可能在同意中苏参加的条件下，主张全朝鲜人民在联合国监督下，选举自己政府。但美帝和蒋介石一样，诺言、协定都不可靠，故应从最坏方面着想。"

从当时战场形势看，志愿军虽然武器装备落后，在作战中也面临很多实际困难，但是参战仅仅两个月就打出了战争有利局面，鼓舞了中国人民的士气，鼓舞了朝鲜人民的士气，也鼓舞了民主阵营的士气。这时，志愿军的作战形势顺利，如果停止于三八线以北进行休整，则正好是美国所希望的。而这时在民主阵营内部，无论斯大林还是金日成都不希望看到中国人民志愿军就此停止。

12月4日，中国驻苏联大使王稼祥准备回国，向苏联副外长安·葛罗米柯辞行。王稼祥就朝鲜战场形势问道："从政治角度看，中国军队在成功地继续进攻的情况下，是否应该越过三八线？"葛罗米柯非正式地表达了苏联方面的意见："鉴于当前朝鲜的形势，提出'趁热打铁'这句古老的谚语是十分恰当的。"12月7日，苏联政府就中国征询对停火条件的意见作出答复时，也表明在解放汉城以后，再考虑停火问题。

12月中旬，彭德怀在与金日成和苏联驻朝鲜大使史蒂科夫会见时，史蒂科夫对彭德怀在第二次战役西线作战结束后未立即发起新的进攻提出了异议。

中国人民志愿军连打两次战役，已伤亡减员4万余人，还有一些非战斗减员，部队异常疲劳，急需休整补充。而二线兵团需待两个月后才能完成入朝作战准备，朝鲜人民军只有3个军团共约7万人完成休整，可以投入第一线作战。此时已进入冬令时节，朝鲜气候异常寒冷。同时志愿军向南挺进，供应线延长，再加美军飞机轰炸封锁，后方公路、铁路和桥梁遭受破坏严重，物资供给十分困难，志愿军部队经常缺衣少粮。

作为战场统帅，彭德怀对战场作战有考虑，在占领平壤后，12月8日13时，即电令志愿军西线6个军并报中央军委，指出："我为粉碎美伪固守三八线企图，第一步决以消灭伪一师、伪六师，美廿四师、骑一师为目的，限于十六日拂晓前到达战役攻击准备位置，拟于十七日开始战役进攻。"电报对各军集结和行动路线作了部署，令各部于12日晚开始由现地出发。同日18时，彭德怀致电毛泽东并高岗，提出下一战役考虑，指出："下一战役十六七号开进完毕，十八九号可开始攻击，估计月底可结束。如能歼灭伪一、六两师，美廿四师、骑一师，或给以歼灭性打击时，我即将进越三八线，相机取得汉城。如上述敌人不能消灭或给以歼灭性打击时，即能越三八线或取得汉城，亦不宜做。因过远南进，驱退敌人至大邱、大田一带，增加以后作战困难，故拟在三八线以北数十里停止作战，让敌占三八线。待我充分准备，以便明年再战时歼灭敌主力。但须派人民军二、五两军团南进，造成带战略性的断敌后路。"

毛泽东在接到彭德怀12月8日的电报后，于13日复电彭德怀，指出："（一）目前美、英各国正要求我军停止于三八线以北，以利其整军再战。因此，我军必须越过三八线。如到三八线以北即停止，将给政治上以很大的不利。（二）此次南进，希望在开城南北地区，即离汉城不远的一带地区，寻歼几部分敌人。然后看形势，如果敌人以很大力量固守汉城，则我军主力可退至开城一线及其以北地区休整，准备攻击汉城条件，而以几个师迫近汉江中流北岸活动，支援人民军越过汉江歼击伪军。如果敌人放弃汉城，则我西线六个军在平壤、汉城间休整一个时期。"

接到毛泽东13日的电报后，彭德怀对越过三八线作战作了部署。15日，彭德怀等致电各部并报军委，指出："为粉碎敌企图以三八线为界重整残部准备再战之阴谋，奉毛泽东主席命令，决心继续向三八线以南前进，求得在汉城、原州、平昌线以北地区歼灭美伪军一部，第一步以市边里、涟川为目标攻击前进。"18日，志愿军党委下达了关于完成第三次战役任务的指示。

19日24时，彭德怀再电告毛泽东并告高岗，针对民主阵营内部出现速胜乐观情绪和志愿军作战存在的实际困难，对战争形势提出了看法，指出："据我看，朝鲜战争仍是相当长期的、艰苦的。敌人由进攻转入防御，战线缩短，兵力集中，正面狭小，自然加强了纵深，对联合兵种作战有利。美伪士气虽然较前低落，现还有二十六万左右兵力。政治上，敌马上放弃朝鲜，对于帝国主义阵营说来是很不利的，英法也不要求美国这样做。如再吃一两个败仗，再被消灭两三个师，可能退守几个桥头阵地（釜山、仁川、群山），也不会马上全部撤出朝鲜。我军目前仍应采取稳进。"彭德怀对8日电报的考虑作了说明，指出：西线6个军连打两仗，两个月未得安全休息，物资不能及时补给，气候寒冷，相当疲劳，特别是对从山地运动战转为阵地攻坚没有进行普遍教育。"由于上述种种原因，我八日的报告中提到暂不越三八线作战，充分准备来年开春再战。得十三日复电，现已遵示越三八线作战。"同时对第三次战役的可能结果进行了分析，并本着稳进的方针确定了部署，指出："如无意外变故，打败仗是不会有的，攻击受阻或胜利不大的可能性是存在的。为避免意外过失，拟集中四个军（五十军、六十六军在两翼牵制敌人）首先歼灭伪一师，后相机打伪六师。如果战役发展顺利时，再打春川之伪三军团，如不顺畅即适时收兵。能否控制三八线，亦须看当时具体情况再行决定。"

毛泽东赞成彭德怀的分析和部署，于21日复电给彭德怀，进一步指出了越过三八线再打一仗的必要，指出："（三）你对敌情估计是正确的，必须作长期打算，此点我曾向金日成同志说了，……速胜观点是有害的，望设法给以克服。（四）美、英正在利用三八线在人们中存在的旧印象，进行其政治宣传，并企图诱我停战，故我军此时越过三八线再打一仗，然后进行休整是必要的。（五）打法完全同意你的意见，即目前美、英军集中于汉城地区，不利攻击，我应专找伪军打。就总的方面说，只要能歼灭伪军全部或大部，美军即陷于孤立，不可能长期留在朝鲜。如能再歼灭美军几个师，朝鲜问题更好解决。就此次战役说，如果发展顺利，并能找到粮食，则春川、加平、洪川地区可能寻歼较多伪军。（六）在战役发起前，只要有可能即应休息几天，恢复疲劳，然后投入战斗，在打伪一师、伪六师之前是这样，在打春川之前也是这样。总之，主动权在我手里，可以从容不迫地作战，不使部队过于疲劳。（七）如不顺利则适时收兵，到适当地点休整再战，这个意见也是对的。"

与此同时，在第二次战役期间因翻车负伤回国治疗的邓华，于20日致信彭德怀，对战争形势作了分析，也指出作较长期打算。22日，彭德怀将邓华的信转给毛泽东。12月26日，毛泽东致电彭德怀、朴一禹并告金日成和高岗，再一次强调了作长期打算的思想，指出："战争仍然要做长期打算，要估计到今后许多困难情况。要懂得不经过严重的斗争，不歼灭伪军全部至少是其大部，不再歼灭美英军至少四五万人，朝鲜问题是不能解决的，速胜的观点是有害的。"

29日毛泽东在给彭德怀28日来电的复电中，再次指出："所谓三八线在人们脑子中存在的旧印象，经过这一仗，也就不存在了。我军在三八线以南或以北休整，均无关系。但如不打这一仗，从十二月初起整个冬季我军都在休整，没有动作，则必引起资本主义各国甚多揣测，民主阵线各国亦必有些人不以为然，发生许多议论。如我军能照你们目前部署，于一月上半月打一个胜仗，争取歼灭伪军几个师及美军一部，然后休整两个月，准备春季攻势，则对民主阵线及资本主义各国人民大众影响甚好，对帝国主义则给以新的一击，加重其悲观失败情绪。"

　　毛泽东决定越过三八线再打一仗，是基于对当时战场内外军事、政治形势的分析作出的，这一决定符合当时战场内外的形势，是与中共中央决策"抗美援朝，保家卫国"的初衷相一致的。

三、"联合国军"成了惊弓之鸟

　　"联合国军"遭到中国人民志愿军第二次战役的沉重打击后，从东京的麦克阿瑟到战场上的美军官兵充满了悲观失望情绪。撤到三八线以后，仍然惊魂未定。

马修·李奇微

　　接替因车祸身亡的沃克任美第八集团军司令官的，是美国陆军助理参谋长马修·李奇微中将，这是麦克阿瑟早就拟定好的名单，但李奇微不知道。李奇微于 12 月 26 日到达朝鲜。他是美国西点军校的优秀生，麦克阿瑟任西点军校校长时，他是西点军校教官，第二次世界大战时曾任美军空降师师长和军长。

　　李奇微甫一上任美第八集团军司令官，麦克阿瑟就将"联合国军"地面部队，包括在大邱、釜山地区休整原由麦克阿瑟直接指挥的美第十军在内，全部交李奇微指挥。李奇微接任后本来想很快恢复进攻，但他用两天时间了解部队，发现第八集团军在过去的几周中，官兵在身体上和心理上都受到了严重的损害，部队士气极低，处在毫无进攻精神的萎靡状态。第八集团军的各级指挥官、参谋乃至士兵都已经丧失了信心。李奇微在回忆录中写道："我也发觉，部队在思想上、精神上可以说根本没有做好准备，无法实施我一直计划采取的那种进攻行动……我沿途遇到了一些士兵，与他们进行了交谈，听取了他们的不满意见。从他们的身上我也深深感到，这是一支张皇失措的军队，对自己、对领导都丧失了信心，不清楚自己究竟在干什么，老是盼望着能早日乘船回国。"李奇微在写给柯林斯的一封私人信函中说："这里确定无疑地有一种紧张不安、大难将临、动荡不定的气氛，一种惊恐未定的精神状态。"李奇微还对他的士兵们说，你们的"步兵老祖宗倘若真能看到这支军队目前的状况是会气得在坟墓里打滚的"。鉴于美军这种状况，李奇微只好放弃立即进攻的打算。

此时，"联合国军"在朝鲜的地面部队总兵力为36.5万人，其中作战兵力25万人。除遭受严重打击的美第十军（指挥美陆战第一师、美第七师和美第三师）位于大邱、釜山地区，美第二师主力位于三七线以北的堤川休整外，在第一线展开8个南朝鲜师，其余美英军主力均置于议政府至汉城以南的机动位置，在全线摆出了一种能守则守、不能守则随时准备撤退的架势。

此时，人民军已有5个军团完成休整或整训，准备与志愿军并肩作战。从志愿军入朝起，就有志愿军和人民军作战的统一指挥问题，彭德怀一直主张由金日成、苏联驻朝鲜大使兼军事总顾问史蒂科夫、彭德怀三人组成一个统一指挥机构。而史蒂科夫一直反对，金日成不好表示意见，直到第二次战役西线作战结束，统一指挥机构尚未建立起来。幸好这时人民军只有零星部队参战，没有统一指挥机构，尚未妨碍作战指挥的大局。应彭德怀建议，毛泽东将组建联合指挥机构问题反映给斯大林。斯大林态度十分明确，必须建立统一指挥机构，由中国同志为正、朝鲜同志为副组成志愿军和人民军联合司令部。于是，12月上旬，组成了以彭德怀为司令员兼政治委员、朝鲜金雄为副司令员、朝鲜朴一禹为副政治委员的中朝联合司令部，不久增加邓华为联合司令部副司令员。从此，志愿军和人民军在中朝联合司令部统一指挥下作战。

根据毛泽东必须越过三八线再打一仗的指示，彭德怀于12月22日确定了打过三八线的作战部署，集中志愿军西线的6个军和人民军3个军团，共约30万人，决心以歼灭临津江东岸迄北汉江西岸地区一线布防的南朝鲜军第一、第六、第二师及第五师一部为目的，部署是：以第四十二、第六十六军配属炮兵1个团为左纵队，统由第四十二军军长吴瑞林、政治委员周彪指挥，其中以5个师兵力担任攻歼东起春川西北40里之马坪里、西至永平地区之南朝鲜军第二师及第五师一部，另以一个师向春川以北地区之敌积极动作，配合主力作战；以第三十八、第三十九、第四十、第五十军配属炮兵第一师全部和炮兵第八师共6个炮兵团为右纵队，由志愿军副司令员韩先楚统一指挥，担任攻击东起永平

（含）西至高浪浦里地区南朝鲜军第六、第一师。另有人民军第一、第二、第五军团配合作战。

经过必要的作战准备后，1950 年 12 月 31 日 17 时，志愿军和人民军按照预定计划发起第三次战役。经过短促炮火准备后，在西起临津江口、东至麟蹄的200 多公里宽大正面上，向"联合国军"三八线防御阵地发起进攻。

此时，"联合国军"已成惊弓之鸟，在志愿军和人民军发起攻击后，稍作抵抗后就撤退逃跑。志愿军从 12 月 31 日 17 时发起攻击后，仅半小时至 1 小时，右纵队的第三十八、第三十九军和左纵队的第四十二军即先后突破"联合国军"的三八线阵地。18 时 30 分和 20 时 30 分，右纵队的第四十军和左纵队的第六十六军也先后突破三八线阵地，第五十军于 22 时南渡临津江，志愿军各部突破均较顺利。其中第三十九军一一六师突破临津江战斗组织得尤为出色，在1951 年 1 月 25 日至 29 日的志愿军和人民军高级干部联席会上，作为典型战例，由该师副师长张峰作了介绍。

经过一夜战斗，志愿军突入南朝鲜阵地最深达 10 余公里。为了阻止志愿军和人民军的进攻，美第五航空队倾巢出动，对沿开城到汉城和沿涟川到汉城的公路向南进攻的志愿军，进行了猛烈攻击。1 月 1 日出动飞机 564 架次，2 日又出动飞机 531 架次，平均每隔 10 分钟就有一批战斗轰炸机出动。然而，美国空军的轰炸扫射，阻止不了志愿军和人民军继续进攻，也阻止不了"联合国军"的撤退逃跑，"联合国军"的撤逃就像决了堤的洪水一般，连李奇微面对他的部队这种丢盔卸甲的败逃，也无可奈何。李奇微在回忆录中，对这种溃退的狼狈景象作了描述："元旦上午，我驱车由北面出了汉城，结果见到了一幅令人沮丧的景象。朝鲜士兵（指南朝鲜士兵）乘着一辆辆卡车，正川流不息地向南涌去。他们没秩序，没有武器，没有领导，完全是在全面败退。有些士兵是靠步行或靠各种征用的车辆逃到这里来的。他们只有一个念头——逃得离中国军队愈远愈好。他们扔掉了自己的步枪和手枪，丢弃了所有的火炮、迫击炮、机枪以及数人操作的武器。我知道，要想制止这些连我话都听不懂的吓破了胆的士兵大规模溃逃，那是枉费心机。但是，我还是得试一下。于是，我跳下吉普车，站到路当中，高举手臂，示意一辆迎面开来的卡车停下。开头的几辆没有减速便从我身旁绕了过去。但是不久，我还是拦住了一支载着南朝鲜军官的卡车队，头一辆卡车上的军官没有听懂我的意思，不服从我的示意。不久整个车队又开动了……美第十九步兵团的一个营在其友邻的南朝鲜部队崩溃之后，也被卷入了无秩序的退却。"

韩国陆军士官学校金阳明著《韩国战争史》中也描述了"联合国军"撤逃的狼狈情景："李奇微第一次目睹了韩国战争的实况：联合国军士兵扔掉所有重炮、机关枪等支援火器，爬上卡车向南疾驰，车上人挤得简直连个小孩子都不能再挤上去了，甚至携带步枪的人也寥寥无几，他们只有一念头，'把那些可怕的敌人甩掉'，拼命跑呀！控制不住的'后退狂'蔓延开了。"

然而，这些溃逃的部队还算是幸运的。志愿军在突入敌军纵深后，左纵队第四十二军一二四师截断了南朝鲜军第二师主力南逃的退路，战至 1951 年 1 月 2 日拂晓，左纵队第六十六军主力和第四十二军一二四师在济宁里以北的上南涤、下南涤地区，包围歼灭南朝鲜军第二、第五师部队共 3 个团大部 3200 余人，缴获各种枪 1500 余支、各种炮 60 余门，基本实现歼敌目的。右纵队在穿插迂回部队到达迂回终点时，南朝鲜军已经逃跑，第三十八、第三十九军在议政府以北的七峰山、仙岩里地区截歼南朝鲜军第六师 1000 余人。其他各军也各歼敌一部。"联合国军"在三八线既设阵地的防御彻底崩溃。

中国人民志愿军与朝鲜人民军突破美军的三八线，大步前进

四、志愿军和人民军逼近三七线

李奇微鉴于战场这种情况，不得不于 1 月 3 日晨下令，全线撤至汉城以南

组织防御，令美第二十五师（配属英第二十九旅）在汉城外围占领收容阵地。志愿军和人民军乘胜追击。

3日，第五十军向高阳追击，其第一四九师四四六团在高阳以北碧蹄里击退美第二十五师1个营，继续追击，在高阳以南佛弥地，截断了由议政府经高阳向汉城方向撤退的英第二十九旅的退路。经3小时激战，全歼英军皇家奥斯特来复枪团第一营及1个坦克中队。战斗中，第四四六团各连反坦克小组用集束手榴弹和爆破筒，一举击毁和缴获敌坦克31辆、装甲车和汽车24辆。此次战斗，第四四六团在第四四五团协同下，共毙伤俘英军700余人。

第三十九军向汉城方向追击，其先头第一一六师主力奉命插至议政府断敌退路。该师第三四六团在议政府西南回龙寺与美第二十四师二十一团遭遇，歼其一部。与此同时，该师第三四七团在议政府以西釜谷里歼灭英第二十九旅两个连，缴获坦克、汽车共30余辆。第三十八、第四十军追至议政府东南水落山地区，击溃美第二十四师1个团，歼其一部。志愿军左纵队第四十二军主力、第六十六军1个师分别由加平、春川渡过北汉江向洪川方向追击。人民军第二、第五军团继续向洪川、横城方向截击南逃之敌。

在志愿军和人民军的勇猛追击下，李奇微再次下令于1月3日下午即从汉城撤退。自1月3日下午3时起，汉城桥梁和来往要道除军队之外，民间车辆和行人一律禁止通行，采取一切必要措施，阻止难民通过桥梁和来往要道，以保证第八集团军源源不断地通过桥梁，李奇微甚至下令可以直接向不听招呼的难民开枪射击。1月3日下午，美第八集团军从汉城撤退，漫长行列的步兵、卡车、坦克以及各种运载工具缓缓地通过浮桥。

美第八集团军在撤离汉城的时候，用汽油、炸弹对汉城、仁川、金浦机场等地进行了疯狂破坏。汉城的学校、医院、图书馆、博物馆等遭到严重的破坏。路透社记者怀特搭乘飞机逃离汉城时，看到"汉城在浓烟中燃烧"，"大火在城南50英里处仍可看见"。在南朝鲜最大的国际机场金浦机场上，来不及运走的数万加仑航空燃料和3万加仑凝固汽油弹被点燃了，巨大的火焰和浓烟笼罩在汉城的上空。刚刚运到的各种军用物资堆积如山，本来的转运计划被志愿军的迅速推进所打乱，于是只有就地销毁。"没想到前沿阵地就维持了一支烟的工夫！"美第八集团军的后勤军官们抱怨说，"50万加仑的燃油烧起来是个什么情景？地狱一般！"这些可看出"联合国军"败退的狼狈相。

1月4日下午，志愿军第三十九军一一六师和人民军第一军团占领汉城。第五十军一四九师于当日晚进入汉城。第三十八军一一四师、第三十九军一一七师各有一部侦察分队于4日进入汉城。人民军第一军团进入汉城时与美军1个坦克营发生激战，毙伤俘敌约200人，缴获坦克2辆、汽车46辆。由于"联合国军"在撤离汉城时，对这座城市进行了疯狂的破坏，此时的汉城已面目全非，许多建筑物化为瓦砾。

第四十二军于4日除以一部向横城搜索前进，侦察敌情外，主力已进至阳德院里、东幕里一带。第六十六军已进至春川、洪川间地区。

战斗至1月8日，"联合国军"全部撤至三七线附近之平泽、安城、堤川、三陟一线及以南。彭德怀鉴于物资运输补给困难，追击战果有限，并为防止追击过远造成敌军可乘之隙和便于以后作战，遂结束了第三次战役。

这次战役，是中国人民志愿军和朝鲜人民军进行的一次大规模的、对预有防御准备之敌的进攻作战，志愿军和人民军并肩作战，克服艰难险阻，经过8个昼夜的连续进攻，突破了"联合国军"在三八线的防御，占领了汉城，将战线从三八线推进到三七线附近，向前推进了80~110公里，歼敌1.9万余人，粉碎了美国当局妄图据守三八线，争取时间，整顿军队，准备再犯的企图，打破了美国当局玩弄的在三八线一带"停火"的伎俩，加重了美国当局和"联合国军"的失败情绪，加深了美英统治集团和"联合国军"的内部矛盾，进一步扩大了中朝两国人民和军队在国际上的影响。志愿军和人民军在这次战役中共伤亡8500余人，其中人民军伤亡2700余人。

第六章 迎敌反扑

6
★
力量悬殊
的对抗

李奇微迅速整顿了他的部队，通过空中和地面侦察，判明了志愿军作战的困难和作战特点，遂发起全线反扑。志愿军在连打三次战役，部队未得休整、兵员未得补充、物资运输补给的困难未得到改善的情况下，被迫停止休整，与人民军转入防御作战，并掩护后续兵团完成作战任务。

一、华盛顿当局举棋不定

　　美国这个不可一世的世界霸主，在战场上竟然被他们看来"不足为患"和"不堪一击"的中国人民志愿军打得丢盔卸甲，狼狈溃退。虽然华盛顿当局为了保持其"帝国主义盟主"的面子，表示绝不主动退出朝鲜，但是他们玩弄的"停火"伎俩失败后，也不得不考虑中国人民志愿军一旦发动新的攻势，是有能力将美国军队赶出朝鲜的。同时，苏联也可能乘机而动，攻占日本本土。对于美国来说，日本的战略地位远远重于朝鲜，而能够用于维护日本安全的部队只有在朝鲜作战的美第八集团军。这样，一旦这种威胁出现，麦克阿瑟指挥的"联合国军"只好被迫撤出朝鲜。然而，如何判断形势，麦克阿瑟如何掌握撤出的时机？华盛顿当局很费了一番脑筋。国务卿艾奇逊、国防部长马歇尔、参谋长联席会议主席布莱德雷等，自1950年12月中旬以来就连日探讨磋商，终未寻得最佳计策。至12月29日，经杜鲁门批准，参谋长联席会议给麦克阿瑟发去了一个模棱两可的电报。这个电报说：

　　"现有的一切估计表明，中共如果打算采取行动，是有能力将'联合国军'赶出朝鲜的。可能阻止敌人发挥这种能力的方式之一，是使敌人在行动中付出高昂的代价，迫使他们放弃这一行动；方式之二，是向该区投入大量美军，而这样将危及我们在其他方面担负的义务，其中包括对日本安全承担的义务。要联合国其他成员国为朝鲜提供大批援军也是不现实的。我们认为朝鲜并不是打大仗的地方。而且，我们认为，在全面战争的威胁不断增长的情况下，我们不应将现有的剩余地面部队派往朝鲜，同中共作战。但是，如果不会招致严重损失的话，在朝鲜某个地区我们能成功地抵抗中共—北朝鲜的进攻，打击中共的军事和政治威信，这对我们的国家利益将具有重大意义。

　　"你的基本任务是为大韩民国提供必要的援助，击退武装进攻，恢复这一地区的国际和平与安全。但鉴于目前的形势，有必要对你的任务加以调整。

"事态的发展也许将迫使我们撤出朝鲜。特别是在日本面临的威胁不断加大的情况下，对于我们来说，十分重要的是要提前确定我们最终进行井然有序撤军的适当时机。在我们看来，你倘若被迫退到锦江附近及以东一线的阵地，中共集结大批部队对你们阵地发起进攻，而且显然是有将我们赶出朝鲜的能力，我们就将指示你开始向日本撤退。

"要求你对上述情况提出你的看法。这些情况将决定是否撤军，特别是考虑到你的主要任务仍然是保卫日本，而且只有第八集团军的部队能用于执行此项任务。

"接到你的意见后，我们将明确指示你在何种情况下开始撤军。"

麦克阿瑟接到这个电报后，一方面非常沮丧，感到"华盛顿对于应遵循哪一条途径，看来还是举棋不定，态度暧昧。这封电报似乎表明了在朝鲜'取胜的意志'已经丧失"；另一方面，他非但不愿看到从朝鲜撤出，而且主张对中共采取大规模报复行动。12月30日，他复电参谋长联席会议，提出：

1. 封锁中国海岸；

2. 以海空军轰炸摧毁中国进行战争的工业能力；

3. "联合国军"从台湾国民党的部队中得到援军；

4. 让台湾的国民党军对大陆发动牵制性的进攻，以减轻"联合国军"在朝鲜的压力。

布莱德雷曾说，麦克阿瑟所以如此主张，是"因为他那神话般的尊严被损害了。赤色中国人愚弄了这位一贯正确的'军事天才'……麦克阿瑟要恢复丢掉的面子和军事声誉，唯一能做到的就是彻底击败曾愚弄了他的那些赤色中国的将军们。为此，他这时很想促使我们同赤色中国、也许同苏联进行一场全面战争，挑起第三次世界大战和一场核屠杀"。

当中国人民志愿军和朝鲜人民军发起第三次战役，将"联合国军"打到三七线附近时，美国当局对中朝军队的攻势更加感到畏惧，他们把心都提到了嗓子眼上，李奇微平均后撤60英里，美军在"汉城这个重要的政治基地……连同仁川补给基地"全部丢失。李奇微还能经受得住中国军队的再一次进攻吗？华盛顿当局感到"心中无数"。于是，1951年1月9日，美国参谋长联席会议正式拒绝了麦克阿瑟的报复主张，再次指示麦克阿瑟："组织梯次阵地实施防御，在优先考虑你部队的安全和保卫日本的基本任务的情况下，最大限度地杀伤在朝鲜的敌军。一旦你判明必须撤退才能避免人员和物资的严重损失时，就从朝鲜撤往日本。"

1月12日，杜鲁门在给麦克阿瑟的信中，也表明了矛盾的心理状态：一方面让他坚持在朝鲜作战，另一方面又让他保证第八集团军的安全以用于保卫日本。究竟如何安排部队和作战计划，杜鲁门也不知道。为了掌握朝鲜战场的第一手情况，杜鲁门再次派人赴东京和朝鲜。1月15日，陆军参谋长劳顿·柯林斯和空军参谋长霍伊特·范登堡到达东京。

二、李奇微发动全线反扑

早在李奇微到朝鲜接任美第八集团军司令官时就表示，决不撤离朝鲜半岛，一旦集结好部队，便立即恢复攻势。当"联合国军"遭到志愿军连续三个战役沉重打击后，华盛顿当局对美第八集团军是否撤出朝鲜与何时撤出朝鲜举棋不定的时候，李奇微对已充满失败情绪的美第八集团军部队进行了整顿。

他一到任，就着手恢复"联合国军"部队的士气，命令第八集团军司令部的参谋人员制订进攻作战计划，并以此向他们灌输进攻的信念。要他的部队对指挥官树立信心，他对士兵们说，"你们将会看到我是全力以赴的，我期望你们也这样"。他还向第八集团军全体官兵发表了一封公开信，要他们"信任自己的领导，树立完成任务的信心，恢复斗志，恢复自己的信心"。他把第八集团军的前进指挥所从城市的大楼中搬到野外的帐篷里，并大大地精简了人员，在他的前进指挥所只有他和两名得力的参谋及几名勤务人员；把第八集团军司令部的参谋人员从大楼的办公桌前赶到战斗的前线去了解和处置情况。李奇微后来回忆说："我对第八集团军的参谋军官个别地和集体地批评过多次，迫使他们按我的想法去做，我对他们说，不执行我的命令，脑袋就要搬家。"李奇微同时告诉参谋人员，由于无法掌握准确的情报，他要通过进攻来搞清敌人到底在何处。他认为第八集团军的军、师指挥官不得力，在他上任一个月的时间里，就撤换了美军在朝鲜7个师中的美第二师、第七师、第二十四师、骑兵第一师和第二十五师5个师的师长。

从 1951 年 1 月 15 日开始，李奇微就开始试探进攻，以探明志愿军和人民军的实力和部署。他还坐飞机飞到志愿军和人民军上空亲自进行侦察。李奇微经过试探性进攻和空中侦察，判断志愿军和人民军第一线兵力不足，短时间之内不会发动进攻。他认为，志愿军的后勤补给困难，每次进攻只能维持一个礼拜的攻势（他们称为"礼拜攻势"），越过三八线以后，运输线延长，补给更加困难，已不可能进行有效的作战。因此，美军在朝鲜还可以坚持下去。

杜鲁门派来的特使柯林斯，于 1 月 17 日将李奇微的判断和行动向华盛顿作了报告，使白宫和五角大楼自 1950 年 11 月以来，第一次有了如释重负之感。布莱德雷后来说："那天，当消息在上层的圈子中传开时，你几乎可以听见人们如释重负般的叹息声。"华盛顿当局把柯林斯发来的这个报告看作是"标志着……对朝鲜战争看法的转折点"。柯林斯也说："从去年 11 月以来，华盛顿的有关负责人第一次不再因我们正被赶出朝鲜而持悲观态度了，尽管也承认我们面前还有艰难岁月，但却不再对撤军问题多加评论了。"高层们不再为是否撤出朝鲜问题而伤脑筋了。

1 月 25 日，李奇微便集中他指挥的"联合国军"所有地面部队 16 个师又 3 个旅和 1 个空降团，共 25 万余人，在空军支援下发起全线反扑。这次进攻部署与上次三八线防守截然不同，将美军和南朝鲜军混合配备，加大了兵力密度和加深了纵深配置，由美军担任主攻，进攻重点在西线。在战术上，改变了过去依赖公路、分兵冒进的做法，而改取抢占要点、互相靠拢、齐头并进、稳扎稳打的战法，力求东西呼应、互相支援，保持一条连贯的战线；实行所谓"磁性战术"和"火海战术"，始终同志愿军和人民军保持接触。

志愿军在部署休整时，已估计到了美国是不会甘心在战场上的失败的，不再经过几次激烈的大规模的战役打击，美军是不会退出朝鲜的，甚至会破坏志愿军的休整和春季攻势的准备。但是对美军如此迅速转入大规模反扑，则缺乏足够的估计。彭德怀在判明李奇微企图后，于 1 月 27 日立即命令各部停止休整，进行作战准备。

此时，志愿军前线各军部队减员没有得到任何补充。第三十八、第三十九、第四十、第四十二军在入朝时，每军实有人数达 4.5 万至 5 万人；第五十、第六十六军入朝时每军实有 3.5 万人左右。经过连续三次战役，这时除第三十九军尚有 4.5 万余人外，第三十八、第四十、第四十二军均减员至 3.5 万人左右，第五十军和第六十六军减员至 3 万人或不足 3 万人。部队疲劳未得休整，物资补给的困难状况没有得到任何改善，第九兵团因在第二次战役中冻伤减员较大，尚在咸兴、元山地区休整，暂时不能投入作战，第一线只有志愿军 6 个军和人民军 4 个军团，总兵力共 28 万余人，同李奇微地面部队相比已没有什么优势。作为后续部队的第十九兵团还未完成入朝作战准备，一时不能开到前线。因此，前线各军面临着巨大困难。

彭德怀针对李奇微的进攻特点，采取了西顶东反的方针。部署是：以韩先楚副司令员指挥第三十八、第五十军和人民军第一军团（韩集团），在西线汉城东西地区的汉江两岸，坚决阻击李奇微的进攻，牵制美军主力，掩护志愿军主力在东线集结，寻机歼敌。以邓华副司令员指挥第三十九、第四十、第四十二、第六十六共 4 个军（邓集团），向东线横城以北以西地区集结，寻机歼敌。以人民军前线总指挥金雄，指挥人民军第二、第三、第五军团（金集团），向横城以东以南迂回，断敌退路，配合邓集团作战。以志愿军第九兵团二十六军南开至汉城以北的议政府地区作为预备队。

2 月 4 日，金日成来到彭德怀的司令部，就进行第四次战役问题进行了会商，两人共同认为："经三次战役后，上下都产生轻敌思想，对敌人估计不足，以为敌人不可能这样快的向我反攻。"并认为仍要做充分准备，不能轻敌，确定第四次战役"力争停止敌人前进，稳步打开战局，并从各方面加紧准备，仍作长期打算的方针"。彭德怀和中央军委分析认为，如果我军反击得手，可能停止敌人进攻，甚至退回三七线，但如反击不得手，敌可能乘胜推进至三八线。

三、韩集团汉江南岸顽强阻击

从 1951 年 1 月 25 日开始，李奇微即集中美军 5 个师、英军 1 个旅、南朝鲜军 2 个师等部，以团和营为单位，在飞机、坦克、大炮支援下，从西起水原东至原州线，分多路向在该线警戒防守的志愿军和人民军阵地发动猛烈攻击，重点沿水原、汉城方向攻击。"联合国军"向志愿军 1 个连的阵地进攻，即使用兵力数百人、坦克数十辆，并有飞机支援，发射炮弹 2000~3000 发。韩集团指挥的第五十军和第三十八军一一二师，在第一线担任警戒防守，承受了巨大的压力。此时，韩先楚和第五十、第三十八两个军的军长、政委，尚在成川西南君子里志愿军司令部所在地参加中朝两军高级干部联席会议，该两军部队由军的副职首长直接指挥转入防御作战。

这个季节，天寒地冻，且严重缺乏作业工具和工程器材，志愿军部队只能依托一般野战工事，进行坚守防御作战，打击反扑之敌。粮弹供应十分困难，且随时防备美军飞机临空轰炸扫射，官兵们吃不上热食，喝不上热水，只能一把炒面一把雪维持生活。第五十军和第三十八军一一二师指战员，以人民军队一往无前的精神，克服困难，抗击美军的进攻。

1月27日，坚守七宝山阵地的第五十军一四八师四四二团四连，受到美军五路700余人在20余辆坦克、30余架飞机支援下的攻击。该连在副营长指挥下顽强作战，毙伤敌约200人。

29日，第五十军一四八师四四三团七连在谷沙里阵地，打退美军1个连至1个营的兵力在8辆坦克、8架飞机、10余门火炮支援下的8次进攻，毙伤敌200余人。同日，第五十军一四八师四四四团八连在速达里阵地，打退美军1个营兵力在5辆坦克、10余架飞机、10余门火炮支援下的4次进攻，该连在弹药耗尽时，同敌人白刃格斗，毙伤敌167人，守住了阵地。

30日，第五十军一四九师四四七团在东远里阵地，打退敌人3000余人在80余辆坦克、20余架飞机支援下的4次猛烈进攻。当夜，第五十军组织一四八、一四九两师共两个营又4个连进行反击，全部夺回被美军突破的前沿阵地。

从28日至31日，第一四九师连续抗击美军进攻4个昼夜，共毙伤敌700余人，守住了阵地。

第三十八军一一二师在部队伤亡减员较大的情况下仍顽强作战。该师各团，每日抗击美骑兵第一师等部1个团至1个师兵力在飞机、坦克支援下的猛烈攻击，守住了基本阵地。

第五十军和第三十八军弹药告急，手榴弹基本打光。

志愿军总部于1月31日致电第五十军全体指战员，通令表扬了第五十军全体指战员，特别表扬了第一四八师，并令后勤第三分部速将弹药前运，同时发出了战术指示。同日彭德怀、邓华、金雄、朴一禹联名致电第九兵团、志愿军各军、人民军各军团等，通令表扬了第四四四团八连、第四四三团七连、第四四七团。2月1日，志愿军总部将第一四九师作战情况向志愿军各军作了通报，并报中央军委和东北军区。

至 2 月 3 日，第五十军和第三十八军一一二师已连续进行了 10 天的顽强阻击作战，部队伤亡较大，志愿军总部遂令该两部转至第二线阵地继续防御。为保持汉江南岸阵地，继续牵制美军主力，以利于邓集团集结在东线实施反击，彭德怀遂决心加强纵深防御力量，缩小第五十军防御正面，以减轻该军压力，令人民军第一军团接替第五十军右翼 14 公里正面防御，令第三十八军主力进至汉江南岸，并在汉江南北两岸构筑阵地，加强第一一二师的防御。此时，韩先楚已到达前线，统一指挥第三十八、第五十军和人民军第一军团作战。

从 3 日开始，美两个师和土耳其旅，全力向志愿军第五十军和人民军第一军团阵地猛烈进攻，4 日、5 日战斗更为激烈，集中坦克 100~200 辆、飞机数十架至 100 余架，实施轮番攻击。第五十军和人民军第一军团许多阵地进行了反复争夺，弹药打光后即与敌军展开肉搏，予敌军以重大杀伤后，于 5 日晚逐次向后作了有限度的转移。与此同时，美军两个师向志愿军第三十八军阵地猛攻，该军第一一二、第一一三两师顽强阻击，歼敌 600 余人。

此时，汉江已开始解冻，为避免背水作战，根据韩先楚的建议，2 月 5 日晚，彭德怀和朴一禹令第五十军主力和人民军第一军团主力，向汉江北岸转移，在江南留一部，置于要点上，节节阻击，迟滞敌人的进攻。第三十八军仍留汉江南岸坚守原阵地。

自 2 月 8 日起，美军 3 个师、英军 1 个旅和南朝鲜军 1 个师等，在大量炮兵、坦克、航空兵的支援下，昼夜轮番猛攻志愿军第三十八军阵地，企图攻占汉江南岸桥头阵地。第三十八军防守部队在缺少工事依托、缺少炮火支援、粮食弹药严重不足的异常艰苦条件下，以"人在阵地在，誓与阵地共存亡"的决心，前仆后继，顽强奋战，许多阵地弹药打光后，用铁锹、石块为武器同敌人战斗。战至 13 日，汉江南岸基本阵地仍屹立未动，中朝联合司令部和志愿军总部予以通报表扬。

从 2 月 8 日至 18 日，第三十八军及第五十军、人民军第一军团留在汉江南岸的部队，又顽强坚守 11 个昼夜，于 2 月 16 日和 18 日，按中朝联合司令部统一部署，汉江南岸志愿军和人民军部队全部撤至汉江北岸。

在汉江南岸阻击敌军进攻的第五十军，是 1948 年 10 月在长春起义的国民党第六十军改编的人民解放军部队，1949 年 1 月 2 日授予番号，至 1951 年 1 月刚刚改编两年。但这支部队在汉江南岸的防御作战打得很出色，彭德怀很满意、很感动，也很感慨。洪学智在回忆录中说："五十军和第一一二师都打得很顽强，五十军是长春起义的国民党第六十军改编的。这次正好和三十八军这样的主力配在一起，不甘示弱，打得非常英勇。军长曾泽生一直跟着部队在前线指挥。每一个点都要同敌人进行反复争夺，使敌人付出重大代价。"彭德怀对第五十军在汉江南岸防御作战打得如此顽强、如此之好，大为感动。他曾说，这样的起义部队，在今后军队的精简整编中要长期保留在解放军的序列中。

韩集团部队，在汉江南岸顽强防御作战 23 天，歼灭敌人 1 万余人，钳制了"联合国军"主要进攻集团，使敌未能进占汉城，完成了艰巨的任务，有力地配合了邓集团在东线反击，但也付出了重大的代价。

这就是人民军队，无论多么艰难困苦，无论敌军多么强大凶狠，都压不垮这支人民军队。就是因为"这个军队具有一往无前的精神，它要压倒一切敌人，而决不被敌人所屈服。不论在任何艰难困苦的场合，只要还有一个人，这个人就要继续战斗下去"。

四、邓集团取得横城大捷

邓集团经紧张准备，匆匆解决了雪地行军不打赤脚问题，补充了弹药和每人 5 斤粮食后，其第三十九军、第四十军和第六十六军主力，于 2 月 5 日、6 日相继出动，向距离 80~130 公里的洪川、横城地区进发。

2 月 7 日，以原州、横城、洪川为轴线向北进攻的南朝鲜军第五、第八师和美第二师两个营，进至横城以北 10 余里及东西一线；美第二师二十三团及法国营、美第二十一团 1 个营被志愿军第四十二军阻于砥平里，并有继续向北推进之势，砥平里地区和横城地区两处敌军都已突出，有利于志愿军歼击，而邓集团最早于 2 月 10 日才能全部到达上述地区集结。那么是先打横城以北之敌，还是先打砥平里之敌然后再打横城之敌？还是打砥平里之敌同时也打横城之敌？2 月 7 日 14 时，彭德怀致电邓华、韩先楚并向有关各军征询意见。2 月 8 日，第三十八军、第四十二军、韩先楚和邓华两位副司令员先后回电，表明了各自的意见，但仁者见仁，智者见智，主张各异。韩先楚主张先打砥平里之敌，邓华主张先打横城以北之敌。

以志愿军现有兵力尚不能同时攻歼两敌。先打何处则各有利弊：如先打砥平里之敌，可直接震撼"联合国军"在西线的主攻集团，有利于减轻西线第三十八、第五十军的压力，并可缩短行军距离，减少疲劳。但砥平里是美军5个营，比较集中，战斗力较强，并修筑了工事，不易迅速将其分割歼灭，攻击发起后，如一昼夜不能解决战斗，有美军1个师、英军1个旅和南朝鲜军两个师可支援。如两个昼夜不能解决战斗，则可能另有美军2~3个师支援。这样，态势将对志愿军极为不利。横城之敌虽多，但战斗力弱，又处于运动中，两翼暴露，有利于志愿军主力在人民军配合下围歼。经过权衡利弊，彭德怀决定：首先歼灭横城之敌，如攻击得手，再向原州、平昌及该线以南扩张战果，万一不利时，也可控制洪川地区，有利于以后作战。11日黄昏至迟12日黄昏开始攻击，由邓华依据情况具体部署实施。

2月9日14时，邓华决定集中第三十九、第四十、第四十二、第六十六军中的9个师，歼灭横城以北地区南朝鲜军第八师和美军1个团，要求各部于10日前集结完毕，11日17时发起攻击。

2月11日17时，邓集团按计划发起了横城反击作战，以第四十二军两个师和由该军指挥的第三十九军一一七师在西，第四十军在北，第六十六军在东北，向南朝鲜军第八师发起了攻击。当夜即对敌军形成了包围。第一一七师由西向东，迅速横插，截断了南朝鲜军第八师的退路；第四十二军一二五师在第一一七师南面展开，阻击横城以南美军的增援，并歼灭从横城出逃之敌一部；第四十二军一二四师和第四十军一一八、一二〇师从西和北三路插进，将南朝鲜军第八师各部间的相互联系完全切断，分割成数块；第六十六军从东北方向南进，歼敌一部。人民军第三、第五军团也在横城以东和东南阻击了南朝鲜军第三、第五师的北进增援。至12日凌晨，完成了对横城以北南朝鲜军第八师3个团的全部包围分割。南朝鲜军第八师已完全陷于四面楚歌的重围之中。12日至13日晨，志愿军各部对分割包围之敌纷纷展开攻歼。战至13日晨，横城反击作战结束，将南朝鲜军第八师3个团悉数歼灭，击毙其第十团上校团长，并歼美第二师1个营、美军和南朝鲜军4个炮兵营，另歼南朝鲜军第三、第五师各一部，共歼敌1.2万余人，缴获60毫米口径迫击炮以上各种炮139门、火箭筒122具、各种枪6200余支、坦克7辆、汽车550辆。志愿军损失各种炮21门、各种枪1232支，作战减员4141人，敌我伤亡对比为3.72：1。这是志愿军连打三次战役后，未得任何休整和补充的困难情况下的又一个大捷。

中国人民志愿军战士冒着炮火进入阵地

李奇微在他的回忆录中对于横城作战也作了描述，他说："我们被迫又放弃一些地区，在中共军队的进攻面前，美第二师又一次首当其冲，遭受重大损失，尤其是火炮的损失更为严重。这些损失主要是由于南朝鲜第八师仓皇撤退所造成的。该师在敌人的一次夜间进攻面前彻底崩溃，致使美第二师的翼侧暴露无遗。南朝鲜军队在中国军队打击下损失惨重，往往对中共士兵怀有非常畏惧的心理，几乎把这些人看成了天兵天将，……脚踏胶底鞋的中共士兵如果突然出现在南朝鲜军队阵地上，总是把许多南朝鲜士兵吓得头也不回地飞快逃命。"

横城地区反击作战的胜利，使"联合国军"在东线后撤26公里，打击了其反扑的锋芒，对减缓其在全线的反扑起了一定的作用。

为扩大战果，2月13日，邓华根据彭德怀的指示，以两个军又一个师向原州方向发展，以6个团兵力于当晚包围了砥平里之敌，并发起攻击。

横城以北战场上的中国人民志愿军某部机枪阵地

此时，砥平里之敌为美第二师二十三团全部，另指挥法国营和1个炮营、1个坦克中队，总兵力6000余人，火力较强，并且预有防御准备。而志愿军6个团，因连续作战减员未得补充，仅有1万余人，兵力优势不大，并且只有3个炮兵连支援作战，每门炮又只有20~30发炮弹，攻击火力太弱，加之部队建制多，协同困难，致经过13日、14日两个夜晚的攻击，虽予美第二师二十三团等部以重大杀伤，重伤其团长，并曾攻入镇内，但未能将其全歼。15日，美骑兵第一师第五团前来增援。志愿军支援部队歼灭其增援步兵，但有20余辆坦克突破志愿军阻击，进入砥平里，同美第二师二十三团等部会合，这更增加了志愿军攻击的困难。

李奇微知道志愿军后续兵团未到，攻击没有后劲，因此，他部署了纵深防御，并准备发起反击。所以志愿军即使攻克砥平里，李奇微也不会后撤。

鉴于这种战场态势，彭德怀为了避免同李奇微拼消耗，争取主动，遂果断决定撤出对砥平里的攻击，而全线转入运动防御，掩护第二番作战部队向战场开进集结。

五、全线运动防御掩护后续兵团开进集结

李奇微上任发现志愿军运输补给困难，每次进攻作战只能持续7~10天，他们称作"礼拜攻势"，遂针对志愿军的"礼拜攻势"而采取了"磁性战术"。从第三次战役开始以后，李奇微依靠武器装备和后勤补给的优势，在遭到志愿军打击时快速组织撤退，而在志愿军停止攻击后再快速组织反扑，不允许志愿军在战场充分休整。这样，志愿军如何解决休整和补充问题，便成了能否坚持长期作战的战略性重大问题。

早在志愿军组成前，周恩来在检查东北边防军作战准备时就考虑过边防军出动参战后的补充问题，"一种是从各部队抽出十万人来补充，一种是用建制补充，后一种办法较好。另一种是采用换班的打法，进行补充，即准备第二线部队作为后备，待第一线部队一个军或一个师作战后需补充时，可以开第二线整补，而以第二线一个军或一个师调前线作战，用这种办法整补为最好。"在第一次战役结束后，东北军区副政委李富春也曾提出采取以兵团或军或师轮番作战办法的建议。但当时在后方的二线部队均尚未做好出动准备。经过三次战役，特别是第四次战役开始以后，战场形势表明，轮番作战已势在必行。

2月7日，周恩来即根据毛泽东的指示，开始制订军委关于轮番作战的计划，决定编组三番作战部队，轮番作战，轮番休整。同日，毛泽东对参战部队提出

了具体意见。轮番作战计划于8日拟好，9日用电报传送给各大军区。电报指出："从目前朝鲜战场上正在进行的战役中，可以看出，敌人不被大部消灭，是不会退出朝鲜的。目前敌人的作战意图是，在站住阵地之后，经过休补，寻找机会，向前反攻，一方面可扩大其侵占地区，另方面不容我在前线作较长期的休整，同时，对朝鲜沿海的袭扰、运输线的轰炸，也正为配合这一意图……为粉碎敌人之意图，坚持长期作战，以达大量消灭敌人，完全解决朝鲜问题之目的，决定在朝鲜采取轮番作战的方针……如此轮番作战，我既有生力军，又能得到切实整补，既不致陷于被动，又能保持旺盛的机动性与持久性，又使更多的部队学会和美国侵略军作战。"电报还具体规定了每番作战的部队、到达朝鲜接替作战的时间、轮番和休整的具体组织等。

这个计划中，正在朝鲜休整的第九兵团作为第一番作战部队，因已完成第一番作战，调回国内担任防务。第九兵团司令员兼政治委员宋时轮得知这个计划后，坚决要求第九兵团留在朝鲜作战，而不同意回国内担任防务，获得彭德怀的同意并报告毛泽东。于是2月18日，中央军委对轮番作战的部队又作了部分调整，最后确定的轮番作战计划如下：正在朝鲜作战的第三十八、第三十九、第四十、第四十二、第五十、第六十六军和在朝鲜休整的第九兵团第二十、第二十六、第二十七军（该3个军各4个师）共9个军30个师，为第一番作战部队；以第一番作战的第九兵团3个军（各整编为3个师），和准备从国内调赴朝鲜的第十九兵团第六十三、第六十四、第六十五军3个军，从西南军区抽调第十二、第十五、第六十军3个军（入朝前，西南军区这3个军编为第三兵团），共9个军27个师为第二番作战部队，4月上旬前后到达三八线地区，接替第一番部队作战；以第一番作战的第三十八、第三十九、第四十、第四十二军和准备从国内调赴朝鲜的第四十七军，第二十兵团第六十七、第六十八军两个军，及西南军区第二批入朝的第十、第十一、第十六军3个军，共10个军30个师为第三番作战部队，6月中旬前后接替第二番部队作战，第五十、第六十六军回国担任防务。

2月16日，第十九兵团在司令员杨得志、政治委员李志民率领下开始入朝；3月18日，第三兵团在副司令员王近山率领下开始入朝（兵团司令员陈赓在部队入朝时腿伤复发，留国内治疗）。

战场上，志愿军和人民军从2月17日起全线转入运动防御，以掩护第二番作战的第十九军、第三兵团共 6 个军入朝。彭德怀决定，以空间换取时间，在南起汉城、横城东西一线，北至三八线，部署三道防线，每道防线纵深 20~30 公里，采取"兵力前轻后重，火力前重后轻"的部署原则，坚持防御 20~25 天。第一道防线部署志愿军 4 个军和人民军 4 个军团，坚持防御 25 天；第二道防线部署志愿军 3 个军和人民军 1 个师，坚持防御 20 天；而后全部转移至三八线南北地区，再坚持防御 20 天左右，争取在三八线以南组织两个月左右防御，掩护第二番作战部队到三八线地区完成集结，发起第五次战役。

为实现上述决心，同一天，志愿军党委给各军党委发出指示，指出：

"由于我军在朝鲜努力的结果，取得了四个战役的胜利，使朝鲜局势起了基本变化。也就是说，形势对敌人是很不利的。但就朝鲜战场目前的具体情况来说，要取得最后胜利还须经过一段艰苦路程。

"靠我在朝鲜的现有兵力很难一下解决朝鲜问题。为了缩短朝鲜战争时间，全部解放朝鲜，我中央军委已决心再派十九、二十两兵团①及西南三个军入朝轮番作战，加紧改善装备，动员新战士补充第一番作战部队，和努力武装技术兵种，这些措施无疑能保证朝鲜正义战争的胜利。但要使第二番部队能分批赶上还需要有两个月的时间才行，而敌人不可能给我们这样长的时间。

"因此，志司二月十七日命令部署，主要是争取时间，使我后续兵团能按预定计划赶到……总之，争取两个月时间，对我们是迫切需要的。时间就是胜利，望各级干部党员深体此意，率领部队坚决完成此一艰巨任务。"

在志愿军撤出砥平里战斗后，李奇微并不了解志愿军和人民军的实力以及在三八线以南的部署，甚至对在第一线的志愿军和人民军的部署也不清楚，不知道在西线的志愿军和人民军部队于 18 日已全部撤至汉江北岸。砥平里的战斗，是中国人民志愿军出现在朝鲜战场以来美军防御的第一次成功。美军对中国人民志愿军的畏惧感和神秘感开始发生变化。2 月 21 日起，先后连续发动了代号为"屠夫行动""撕裂者行动"和"狂暴行动"的进攻，最终目标是他确定的"堪萨斯线"——西起临津江口南岸，沿江而上，经积城、道城岘、华川湖南岸、杨口至东海岸襄阳一线，并且认为铁原、金化、平康地区是志愿军和人民军指

---

① 中央军委在制定轮番作战计划时，最初将第二十兵团确定为第二番作战部队。2 月 18 日中央军委对原轮番作战计划作了调整，第二十兵团改为第三番作战部队。

挥和补给的中枢地带，因此要夺取这一地区（"联合国军"称这一地区为"铁三角"）。而彭德怀在不了解李奇微进攻的最终目标时，也将最后的阻击线也是第五次战役发起线确定为李奇微的"堪萨斯线"以北的从西至东为金川、渭川里、朔宁、场巨里、文惠里、山阳里一线。

志愿军和人民军按彭德怀的预定计划，采取兵力部署前轻后重，火力部署前重后轻的部署原则，依托地形，节节阻击。从 2 月 17 日至 3 月 9 日，第一道防线实现了阻击 20 天的计划任务，加之部队疲劳，彭德怀、邓华、朴一禹遂联名下达指示，决定以第二线部队接替第一线部队，继续采取运动防御方式进行阻击。从 3 月 12 日起，第二线部队接替第一线部队继续组织防御，至 31 日，按预定计划，完成了第二道防线阻敌 20 天的任务，主力全线撤至三八线及以北附近地区。李奇微的部队除东海岸南朝鲜军越过三八线进占襄阳外，其他均在三八线以南并接近三八线的地区。至 4 月 7 日，志愿军第二番作战部队的第十九兵团已到达前线，个别部队已开始担负第一线的防御任务。为下次战役有力出击，彭德怀命令第一线部队从 17 日起，主力撤出阵地，"只留少数部队监视敌人，侦察情况，敌进则退，不必阻击"。

据此，志愿军各部主力于 17 日晚主动后移，由原来的节节阻击变成了节节诱敌。至 4 月 21 日，"联合国军"已被志愿军和人民军遏制在开城、高浪浦里、三串里、文惠里、华川、杨口、元通里、杆城一线，李奇微未能实现其占领铁原、金化地区的目标。志愿军第二番作战部队已完成战役展开，第四次战役遂告结束。

整个第四次战役是在极为困难的条件下进行的，但志愿军发扬了特别能吃苦、特别能战斗的精神，和人民军一起连续奋战，在战役指导中灵活地运用坚守防御、战役反击、运动防御等多种作战样式，把运动战与阵地战紧密地结合起来，因而从被动中争取了主动，共歼敌 7.8 万余人，歼灭敌人的数量超过前三次战役的总和。志愿军和人民军共伤亡 5.3 万余人（其中志愿军伤亡 4.2 万余人、人民军伤亡 1.05 万余人）。李奇微依靠其部队优势的武器装备，实施"火海战术"进行猛烈的进攻，尽管志愿军和人民军采取的是运动防御，但李奇微的推进也是很艰难的，从 1 月 25 日开始进攻，到 4 月 21 日为止，历时 87 天，才从三七线以北地区推进到三八线地区，平均每天付出 900 人的伤亡代价，才能前进 1.3 公里。

第七章 打出相持

7

★

力量悬殊
的对抗

1951 年 3 月底、4 月初，"联合国军"再次越过三八线。志愿军和人民军则发起第五次战役，经过此战，战争形成了相持局面。

一、彭德怀火线回京商讨战略

第三次战役结束后，在志愿军部队中和在民主阵营内部，较普遍地产生了轻敌速胜的思想。毛泽东和彭德怀也曾设想，在第三次战役结束后，志愿军和人民军进行休整补充，准备春季攻势，然后连续作战，一气呵成，全部解放朝鲜。然而就志愿军部队的连续作战未得补充休整的情况来说，第三次战役的作战即带有一定的勉强性，第四次战役的作战则更为勉强。第四次战役开始以后，部队中的速胜情绪已不复存在。

早在志愿军参战之前，中共中央和中央军委对抗美援朝战争的长期性、持久性就有较充分的认识，在战争指导上，进行了长期作战的准备，同时也尽量争取速战速决。经过三次战役，在第四次战役开始以后，中共中央和中央军委对战争的艰苦性和长期性有了进一步的认识，并针对长期作战确定了采取轮番作战的方针。

此时，在民主阵营内部，尽管对战争艰苦性有了认识，但对战争长期性的认识并不一致，甚至在部队打完第三次战役未得休整的情况下，就要求彭德怀紧接着部署第四次战役。《彭德怀年谱》记载，在第三次战役结束后，1月10日、11日，金日成和朴宪永由中国驻朝鲜大使馆政务参赞柴成文陪同，至君子里志愿军司令部，与彭德怀商谈以后作战问题。在11日晚的商谈中，朴宪永根据苏联驻朝鲜军事顾问的观点，提出志愿军不应休整，而应继续发动进攻，这样美军就肯定会退出朝鲜。对美军的部署和志愿军的实际情况以及下一步作战行动进行研究，由于认识不一致，双方发生了较为激烈的争论。

彭德怀在第四次战役第一阶段作战结束时，决定利用志愿军和人民军全线转入运动防御的时机返回北京，向中共中央和毛泽东主席当面汇报朝鲜战场的情况，以听取进一步指示。

2月16日，彭德怀致电毛泽东：拟趁作战间隙利用月夜回中央一次，面报各项。如同意，拟19日晚由此起程，21日到安东。毛泽东很快回电同意。2月18日夜，彭德怀到平壤附近的朝鲜人民军总部与金日成会谈，讨论了战场形势、志愿军和人民军的作战方案和朝鲜人民军整编、朝鲜东西海岸防御、修建机场和铁路、后勤保障等问题。返回志愿军总部后，彭德怀又致电在前线指挥作战的志愿军副司令员邓华、韩先楚，以及第九兵团司令员宋时轮、第十九兵团司令员杨得志和政治委员李志民、朝鲜人民军前线指挥官金雄，对运动防御作战再次提出了要求，同时确定：志愿军总部前推至金化地区，在他回京期间由邓华主持志愿军工作。

2月20日，彭德怀离开朝鲜，在安东乘专机于21日下午到达北京，随即直接前往毛泽东住所，向毛泽东汇报了朝鲜战场的情况。他着重汇报了志愿军在朝鲜作战所面临的各种困难，说明朝鲜战争不能速胜的理由，并与毛泽东讨论了战略方针和空军入朝作战、朝鲜机场修建、朝鲜铁路的抢修、志愿军后方供应等问题。

此后几天，彭德怀与周恩来、聂荣臻、杨立三等人，共同研究了特种兵部队的参战计划和加强志愿军后勤保障的措施，并同聂荣臻一起与苏联驻中国军事总顾问沙哈罗夫，商谈了苏联出动空军掩护朝鲜平壤以北交通线安全的问题。

2月25日，周恩来主持召开中央军委扩大会议，军委各总部、各军兵种及政务院有关部门主要负责人出席会议，专门听取彭德怀介绍朝鲜战场的情况，讨论研究了如何更有力地支援前线、保障志愿军物资供应的问题。讨论到具体问题时，有人强调国内机构刚刚建立，许多问题难以落实。彭德怀本来就为前线供应不济焦急不满，加之此前同苏军顾问谈苏联空军掩护交通运输问题未获允诺，而会议又出现这种情况，于是火冒三丈，猛地站起来，把桌子一拍，说："这也困难，那也困难，难道就你们爱国，志愿军不爱国？！你们去前线看看，战士们吃的是什么，穿的是什么？！伤亡那么多人，他们为谁牺牲？！现在没有飞机，火炮又很少，后方运输根本没有保障，粮食服装运不上去，又饿死、冻死了很多战士，难道国内就不能克服困难吗？！"

随后，周恩来又连续主持召开中央军委会议，就加强志愿军兵力和后勤供应问题作出了一系列重要决定，包括：国内部队都要准备到朝鲜轮番作战，这样既可替换一线部队休整，又可锻炼部队，提高部队现代作战指挥能力；将刚改装的空军和高射炮兵部队开赴朝鲜北部，掩护后方交通线；向苏联购买几十个师的武器装备，改善志愿军的装备状况；调用国内各种物资，大力支援朝鲜前线；部署国内几个大城市为志愿军制作炒面和罐头食品；号召全国各行各业增产节约和向志愿军捐献武器等。

在此期间，周恩来、彭德怀两次在玉泉山与毛泽东共同研究了抗美援朝战争的指导方针，部队轮番作战，空军、炮兵、坦克等军兵种部队参战，以及请求苏联空军掩护志愿军后方运输线等问题。

关于战争方针问题，毛泽东明确指出："战争准备长期，尽量争取短期，要准备以几年时间，消耗美军几十万人，使其知难而退，至少我们应做两年的准备。"他同时指出："1951年全国军队准备补充60万人，全国以国防建设为主，经济建设也围绕国防建设进行。志愿军实行轮番作战，要改善志愿军武器装备，改善供应运输，加强后勤机构，努力准备空军、装甲兵参战。"

彭德怀建议，将他这次回京讨论确定的问题通报给斯大林，使他了解志愿军在朝鲜战场作战的困难，这有利于民主阵营内部统一对朝鲜战争长期性的认识，有利于战争的指导。毛泽东表示同意，并委托周恩来起草给斯大林的电报。

周恩来完成电文的起草后，经毛泽东审定，于3月1日以毛泽东的名义发给斯大林。电报指出："彭德怀同志最近从前线回抵北京，我们商讨的意见，特告如下：

"一、从目前朝鲜战场最近进行的战役中，可以看出：敌人不被大部消灭，是不会退出朝鲜的，而要大部消灭这些敌人，则需要时间，因此，朝鲜战争有长期化的可能，至少我应做两年的准备。目前敌人的作战意图是企图与我进行消耗战。在过去一个月当中，敌人当站住阵地之后，经过调整补充，便寻找机会向我作试探性的进攻，其目的在一方面不容许我在前线作必要的休补，另方面则利用其技术条件消耗我军。同时，敌人对朝鲜沿海的袭扰、运输线的不间断轰炸，均甚为积极。我军补充物资只有百分之六十至七十能达前线，有百分之三十至四十在途中被炸毁。在目前一个半月内，因我新军未到，老军未补充，敌人有重新进出三八线南北地区的可能。

"二、为粉碎敌人意图，坚持长期作战，达到逐步消灭敌人之目的，我中国志愿军拟采取轮番作战的方针。中国志愿军已决定编组三番轮流的部队，即将现在朝鲜作战的九个军三十个师作为第一番志愿部队；将正从国内调去的六个军及现在朝鲜即将补充的三个军（有两个军现在元山、咸兴地区休整）共九个军二十七个师，作为第二番志愿部队，约四月上旬可全部到达三八线地区，接替现在汉江前线的六个军的任务；将准备从国内调去的六个军及第一番志愿部队中的四个军共十个军三十个师，作为第三番志愿部队，准备六月中旬调用。上述十个军中的四个军，因打了五个月，必须补充休整；在第二番志愿部队接替前线任务后，即调至平壤、元山地区整补，兼顾海防。第一番志愿部队中其它两个军，则调回国内整补。在过去四个战役中，中国志愿军战斗的与非战斗的伤亡及减员已超过十万人，正将补充老兵新兵十二万人；今明两年准备再有伤亡三十万人，再补充三十万人，以利轮番作战。关于朝鲜人民军方面，根据您的主张，彭德怀同志曾向金日成同志建议，朝鲜现有八个军缩编为六个军，最好每军组成三个充实到一万人的师；另外，组成五个警备旅，担任沿海及中心城市的守备。金日成同志已原则同意。如此，朝鲜人民军六个军亦可采用轮番办法，协同中国志愿军作战。

"三、根据一、二两个月份的作战经验，我因有三个军在咸兴以北战役中损伤较大，从事休整，致现在前线作战的只有六个军，减员甚大，未获补充，因之我无后备力量，在战役胜利时不能扩张战果，在敌人增援时不能打敌援兵。同时，我军南进，后方线长，供应很困难，还须留兵守备。故在敌人未被大量消灭前及我尚无空军掩护条件下，我如过早逼敌南退，反不利我分割歼敌。鉴于此种情况，在我第二番志愿部队九个军于四月上旬到达前线以前，敌之陆军还较我占优势，我应避免进行战役性的出击，而以第一番志愿部队六个军及朝鲜人民军四个军在南汉江以北地区进行防御，迟阻敌人。但必须估计，在今后一个半月内，敌人有可能寻机进攻，逼我应战。在此种情况下，我军拟让敌人进至三八线南北地区，在我第二番志愿部队九个军到齐后再进行有力的新的战役。我们计划，在我第二番部队到达后，在四月十五日至六月底两个半月内，在三八线南北地区消灭美军及李承晚军建制部队数万人，然后向南汉江以南推进，最为有利。此点彭已面告金。唯在政治上，敌人再占汉城，再过三八线，当不免有一番波动，必须预做准备。

"四、目前朝鲜作战的困难，仍为敌人火力强，我方运输力弱，有百分之三十至百分之四十的物资被炸毁，敌军将逐步获得补充，有六七万人将于六月底到朝鲜，而我方则尚无空军掩护。预定四五月中，我可出动空军十个团参战，但截至现在止，我在朝鲜境内，尚无一个可用飞机场，此因过去地未化冻，尚未开始大修，而更主要的则是若无可靠的空军掩护，亦将无法修成。彭德怀同志十分希望苏联空军能在平壤、元山之线及其以北机场担负掩护任务，并希望苏联空军使用的机场能移入朝鲜境内。据称若不如此，则朝鲜机场无法修成，中国空军亦将无参战可能，而坦克、炮兵的运转亦将增加极大的困难。但此事须从整个国际形势的利害出发来考虑，未知许可这样做否？其次，运输汽车在今年下半年我们仍望从苏联增加贸易订货六千辆，不知有无可能？总之，在美国坚持继续作战，美军继续获得大量补充并准备和我军作长期消耗战的形势下，我军必须准备长期作战，以几年时间，消耗美国几十万人，使其知难而退，才能解决朝鲜问题。"

斯大林于 3 月 3 日复电，同意毛泽东在电报中对战争形势的分析和志愿军在朝鲜作战的方针，并表示：假如你们能在安东地区留下两个空军师掩护电站和该交通线的话，我们同意派遣两个歼击机师，即第一五一师和第三二四师在别洛夫将军指挥下进入朝鲜境内作战，以掩护志愿军和人民军的后方。我们可给一些高射武器掩护机场，并再供应你们一些高射炮。增订的 6000 辆汽车可在下半年交货。3 月 15 日，斯大林再次致电毛泽东，表示将再增派 1 个歼击机师到中国安东。

彭德怀于 3 月 1 日离开北京，3 月 9 日返回志愿军总部。11 日，他致电中国驻朝鲜大使馆政务参赞柴军武转金日成，将回京与毛泽东讨论有关战争问题的结果向金日成作了通报。电报说：毛泽东和中央政治局的同志均认为，朝鲜战争带有长期性，中国应积极增加在朝鲜的志愿军部队作战力量，尤其加紧修建机场，以便空军参战。除已经决定的志愿军轮番作战部署外，中国准备再抽 5 万老兵入朝，以便随战随补。志愿军和人民军的作战方针应以消灭敌人为主，不必顾虑城市之暂时得失。

在彭德怀离开北京之后，周恩来连续主持召开了一系列会议，部署和落实已经确定的各项措施，迅速形成了具体的落实方案。

"战争准备长期，尽量争取短期"方针的明确提出，使志愿军在战场上的作战指导更加具有灵活性。敌我双方武器装备强弱悬殊给志愿军作战造成很多困难，难以在短期内歼灭美军大量兵力，迅速解决朝鲜问题，因此必须在思想上和其他各种准备上作长期打算，但同时在可能的情况下必须尽量争取缩短战争时间，早日结束战争。可以说，这是对"在稳当可靠的基础上争取一切可能的胜利"这一战争总方针的进一步具体化。正如彭德怀后来所评价的那样："这次主席给了抗美援朝战争一个明确的指示，即'能速胜则速胜，不能速胜则缓胜。'这就有了一个机动而又明确的方针。"同时，在对战争长期性的认识问题上与斯大林取得了一致，并通报给金日成，可更有利于作战的指导和部署。

二、三八线再次摆在美国当局面前

1951年3月下旬，三八线再次摆到美国军政当局面前，无论美国当局与盟国之间，还是美国统治集团内部，对"联合国军"是否再次越过三八线作战，均存在严重的分歧和争论。

英国、法国等欧洲国家虽然跟随美国派遣部队投入了朝鲜战争，但除英国之外，其他国家只是象征性出兵。英、法等国在朝鲜没有直接的利益，对于朝鲜的前途和命运也不甚关注，希望尽早结束战争，而不愿陷入一场旷日持久的局部战争甚至是扩大化的战争。就英国而言，无论在朝鲜问题上，还是在台湾问题和中国在联合国的席位等问题上，与美国都存在着重大分歧。随着中国人民志愿军入朝参战，"联合国军"在战场上遭到严重失败，英国的顾虑更为加重，尽管在国际舞台上，英国仍然是美国最忠实的伙伴，但其在对朝政策上与美国的分歧也越来越明显。

英国当局认为，尽管"联合国军"在朝鲜战场重新恢复了攻势，但是中国人民志愿军的参战已经使朝鲜战场形势发生了根本性的变化，依靠"联合国军"目前的部队根本无法再次打到鸭绿江边，占领全朝鲜，改变朝鲜战争政策的时机已经来临。以英国为代表的欧洲国家政府公开声明反对"联合国军"再次越过三八线，反对扩大朝鲜战争。他们认为，此时正是结束朝鲜战争的"心理时机"，主张在三八线停火，以谋求同中朝一方通过谈判解决朝鲜问题，甚至在必要时可以对中朝一方做些让步。

在中国人民志愿军和朝鲜人民军将"联合国军"打退到三七线附近后，李奇微在志愿军连打三个战役未得休整，第一线兵力不多，并且后勤补给困难的情况下，于1951年1月下旬开始全线反扑，用了两个月的时间，付出了重大伤亡代价，才将战线推进到三八线附近。这使美国当局看到，不用说再打到鸭绿江边，就是从三七线向三八线每推进一步都十分困难，并要付出重大的伤亡代价。

此时，对于"联合国军"是否继续向北推进，美国国务院和国防部之间互相推诿，国防部要求国务院先确定"联合国军"在朝鲜的政治目标，国务院则要求国防部先确定"联合国军"实际力量能打到什么地方。对美国来说，如果再次跨越这条线，不但大大增加把战争扩大到中国的可能，美国把军事资源耗费在亚洲的非决定性作战中，而且还会大大增加引起苏联干涉的可能及爆发全面战争的危险。在这种情况下，美国当局才开始认真考虑，是否调整1950年9月27日以来"联合国军"所执行的占领全朝鲜的军事目标，是否通过谈判结束这场战争。

美国当局迟迟不能作出决定。麦克阿瑟则极力主张在朝鲜扩大战争，甚至不惜冒引起世界大战的危险。用布莱德雷的话说，麦克阿瑟是想以此挽回他曾被中共将军们愚弄了的面子。麦克阿瑟建议：对中国沿海进行封锁；通过海军炮击和空军轰炸，摧毁中国大陆的工业基地；从国民党台湾守备部队中得到援军，以加强联合国军在朝鲜的地位；以台湾蒋介石的军队对中国大陆进行牵制性进攻。麦克阿瑟的建议遭到参谋长联席会议的否决。但参谋长联席会议决定："在政府就这一问题作出决定之前，对麦克阿瑟指示中的有关部分不应改变，即只要确保其部队的最大安全，允许他在三八线以北或以南部署部队。"美国军方和麦克阿瑟均认为三八线没有军事上的价值。

美国当局最后确定，在不扩大战争范围的前提下，稳步向朝鲜北部推进，待占据有利地位后，即"以实力政策为基础"，或与中朝进行外交谈判，或继续其军事行动，以保持美国在亚洲的地位。

3月23日，李奇微向麦克阿瑟呈报了越过三八线向北推进的基本设想，即进至"堪萨斯线"，主要目的不在于夺取地盘，而在于通过作战行动最大限度地消耗和削弱志愿军和人民军的兵力与物资，从而破坏志愿军和人民军新的攻势准备。麦克阿瑟立即批准了李奇微的计划。同时为了防止华盛顿节外生枝，他根本没有把这个作战计划呈送参谋长联席会议。

于是，李奇微指挥"联合国军"地面部队于4月2日至5日，再次越过三八线。

三、彭德怀发动攻势，将李奇微再次打回到汉江一线

从地图上看，朝鲜半岛的形状酷似马蜂的腰身，而平壤、元山一线是马蜂的蜂腰，并在北纬 39° 线上。

当李奇微指挥地面部队重新逼近和越过三八线的时候，美国统治集团部分要员和各种舆论公开宣称，"联合国军"将继续北进，并计划以侧后登陆配合正面进攻，把战线推进到北纬 39° 线及其以北地区，在"朝鲜蜂腰部建立新防线"。认为朝鲜蜂腰部正面狭窄，只有约 170 公里，在此建立防线，地形有利，进可攻，退可守，又是朝鲜北部的腹地，并占据着平壤等重要城市。占据这条线不仅在军事上，而且在政治上都可取得有利地位。

战场上的"联合国军"空军部队对志愿军和人民军后方交通线、物资囤积地、军队集结地域进行了空前猛烈的轰炸；海军部队加紧对元山、新浦、清津等港口的炮击、封锁和对东西沿海岛屿的侦察、袭扰活动。同时，加紧补充和增强地面部队。

志愿军总部从有关方面获悉，自 2 月起，驻日本的美军就在日本举行大规模的陆海空军联合登陆作战演习，南朝鲜军至少有两个师在日本整训；3 月底起，美国又将转为现役的两个国民警卫师调往日本；3 月中旬和 4 月初，李奇微和麦克阿瑟先后视察了春川地区和襄阳地区；4 月初李奇微指挥的"联合国军"地面部队再次向北越过了三八线。从许多迹象和各方情报分析，判断美国的企图是，以侧后登陆配合正面进攻，占领朝鲜的蜂腰部，在平壤、元山一线建立新防线，为其以后或进行政治谈判，或继续军事进攻，占据有利地位。

4 月 6 日，彭德怀主持召开了志愿军党委扩大会议。会上传达了中共中央和毛泽东主席确定的"战争准备长期，尽量争取短期"战争指导方针。会议判断"联合国军"再次越过三八线北进，下一步的行动和目标极有可能以侧后登陆配合正面进攻，在朝鲜蜂腰部建立新防线。如果"联合国军"这一阴谋得逞，志愿军和人民军主要供应线会被切断，将造成极大威胁，因此，对"联合国军"登陆企图要做切实的估计，做好充分准备。

为了粉碎"联合国军"从侧后登陆配合正面进攻的企图，迅速夺回主动权，

会议决定，抢在"联合国军"登陆之前发起第五次战役。彭德怀在会议上的讲话中指出，"我军反攻时机以现在为最好，因为敌很疲劳，伤亡还未补充，部队不甚充实，且后备部队尚未来到"，但考虑到我第二番作战部队尚未集结完毕，因此，决定将敌大体放至金化、文登里、杆城一线，然后实施反击。"如敌进展较快，则决于四月二十日左右发起反击战役；如敌进展较慢，则拟于五月上旬开始反击。若再推迟，待敌登陆和增援到来后再打，可能增加我军的困难。"

第五次战役的主要目的是"消灭敌人几个师，粉碎敌人的计划，夺回主动权"，实施反击的主要地域为西线汶山至春川间，主要攻击目标为美军部队，即美军第三、第二十四、第二十五师，南朝鲜军第一、第六师和英第二十九旅、土耳其旅，共5个师又2个旅。

鉴于"联合国军"战役布势纵深小，基本上只有战术纵深，其援兵主要来自横向，志愿军决定采用实行战役分割与战术分割相结合、战役包围迂回同战术包围迂回相结合的方针。具体部署是：以第四十军从金化至加平线劈开战役缺口，将敌东西割裂，并以第三十九军牵制华川和春川间之美军不使其西援，该两军归第九兵团指挥；以第三兵团从正面突击，第九、第十九兵团分由两翼突击，并实施战役迂回，首先集中力量歼灭南朝鲜军第一师、英第二十九旅、美第三师（欠一个团）、土耳其旅、南朝鲜军第六师，而后再集中力量歼灭美第二十四、第二十五两个师。

为防止"联合国军"实施侧后登陆和空降，以第四十二军位于元山、阳德地区，第三十八军位于肃川地区，第四十七军（4月11日入朝，军长曹里怀、政委李人林）位于平壤地区；另建议朝鲜人民军以两个军团分别位于淮阳、华川地区，沙里院、载宁地区，准备消灭登陆之敌。

志愿军党委把这次战役看作是决定战争是长期或短期的决定性战役。4月19日，彭德怀、邓华、朴一禹等联名发出第五次战役政治动员令，指出："这次战役的意义十分重大，因为它是我军取得主动权与否的关键，是朝鲜战争的时间缩短或延长的关键。如果我们在这次战争中能大量歼灭敌人的有生力量，不仅使敌人在朝鲜战场上丧失主动权，且会更加深敌人内部的矛盾与混乱，使全世界人民争取和平民主的斗争取得有力的配合，并有可能缩短美帝罪恶的侵朝战争，反之战争主动权不能取得，战争时间就会拖长，今后困难也就会增多。我们要力争战争时间缩短。"号召全军动员起来，发扬艰苦奋斗的精神，以无比的勇敢和智能，成建制地消灭敌人，争取每战必胜。志愿军政治部也发出《第五次战役政治工作指示》，指出："第五次战役即将开始，战役任务为大量的歼灭敌人几个整师，具体要求每个军歼敌一至两个团，战役的目的是取得主动权，争取缩短战争的时间。"

4月21日，彭德怀、邓华、朴一禹联名正式下达了第五次战役作战命令，歼敌目标在原定的5个师2个旅基础上增加了英第二十七旅。4月22日黄昏，志愿军和人民军各突击兵团以排山倒海之势，对"联合国军"展开全线反击，发起第五次战役。

此时，李奇微的地面作战部队共17个师又3个旅和1个团共34万余人。其第一线兵力为12个师另2个旅；第二线及后方共有5个师另1个旅、1个团。志愿军第一线作战兵力为3个兵团共11个军33个师和3个地面炮兵师、1个高射炮师，另人民军3个军团，共68万余人，敌我兵力对比为1：2，志愿军方面占有优势。

战役发起后，担任战役割裂任务的第四十军，打退敌人进攻之后，第一梯队第一一八、第一二〇两师向敌纵深插进，当夜即突入敌纵深20多公里，打乱了南朝鲜军第六师的部署。经过两天的激战，至24日，该军歼灭南朝鲜军第六师、美第二十四师、美陆战第一师各一部，缴获各种火炮20余门、坦克12辆、汽车50余辆，深入敌纵深50余公里，胜利完成了战役割裂任务。

同时，第三十九军到华川以南之满月岘、原川里一线，与第四十军部队协同，将美陆战第一师隔于北汉江以东，不得西援。

至此，志愿军在加平方向打开战役缺口，将东西线敌军分割于北汉江两岸，实现了战役割裂的目标。

担负战役左翼主要突击任务的第九兵团主力，在实施30分钟的火力准备之后，迅速突破当面之敌的防御。至23日夜，各军均完成了第一步作战任务，前出15~20公里，歼灭美第二十四师、南朝鲜军第六师各一部。美第二十四师和南朝鲜军第六师开始向南逐步退却。第九兵团部队多路猛进，于24日逼近三八线，曾分别包围美第二十四师营、连建制单位5个，但因包围兵力单薄、炮兵支援不及时，敌军凭借着强大的火力大部分得以突围。

担任中央突击的第三兵团突破后，在涟川以北受到美第三师、土耳其旅顽固抵抗，一度进展较缓。经激战，23日午后，土耳其旅和美第三师部队开始撤退。于 24 日晨前出至三八线附近的花峰村、炭洞、板巨里之线。第三兵团先头6 个师先后突破汉滩川，展开追击作战，并在炭洞、栗隅地区包围了美第三师第三十五团，但由于敌有大量航空兵、炮兵、坦克掩护，志愿军部队久攻不下，敌突围南逃。

担负右翼突击任务的第十九兵团之第六十三、第六十四军和朝鲜人民军第一军团在扫清临津江西岸之敌后，第一梯队师于 23 日凌晨突过位于三八线附近的临津江。

第六十三军（入朝时军长傅崇碧、政委龙道权）突破临津江后，进展顺利，24 日 4 时，第一八七师完成了对雪马里英第二十九旅格罗斯特营及配属炮兵等共 1000 余人的包围。

杨得志（右一）、李志民（左一）、郑维山（左二）等在指挥部队渡过临津江

格罗斯特营是英军的王牌部队，已有 150 多年的历史，早在 1810 年远征埃及的殖民战争中，就曾因突出重围，转败为胜，英皇授予全营官兵刻有"皇家陆军"字样帽徽，因此该营官兵均佩戴两枚帽徽，被称作"皇家陆军双徽营"。该营被围后，李奇微曾组织美军、南朝鲜军、菲律宾营及两个坦克营、1 个炮兵营前往救援，均被志愿军第一八七、第一八九师部队击退。4 月 25 日 8 时，第一八七师部队对被围的英军部队发起最后攻击，经激战，全歼守敌，缴获各种火炮 26 门、坦克 18 辆、汽车 48 辆及大批作战物资。其中第五六一团二连战士刘光子，看到一个山沟里挤了不少英军士兵，他只身绕到敌后方，突然用冲锋枪扫射，又投出一颗手雷，趁着烟雾冲入敌群，大吼一声"缴枪不杀"。这些英国兵，虽然听不懂他喊的是什么，但被他的枪弹声和吼声所震慑，吓得乖乖举手投降。刘光子一人俘虏 63 名英军士兵，荣立一等功，被志愿军总部授予"二级孤胆英雄"称号。

第十九兵团担负战役迂回任务的第六十四军（入朝时军长曾思玉、政委王昭），突破后受阻于临津江南岸地区，未能完成向汉城以北议政府地区战役迂回的任务。该军先遣支队勇猛穿插至议政府以西的道峰山，威胁了"联合国军"侧后，受到志愿军总部的通令表彰。

到 25 日晚，志愿军各突击集团已经全部越过三八线，占领汶山、东豆川、抱川、华川等地。同时在加平方向打开了战役缺口，并对敌军翼侧造成了严重威胁。但由于担负侧后战役迂回的部队前进受阻，而敌军凭借坚固阵地、优势火力和机能动力，节节抵抗，逐步后撤，志愿军部队未能对敌军形成战役上的钳形合围，也难以达成战术上的分割包围，即使包围了敌军，也因其有强大的航空兵、炮兵、坦克的火力支援，而屡屡突围成功，因此整个战役发展形成了平推。

28日，李奇微的部队已撤至汉城及北汉江、昭阳江以南地区继续组织防御，同时将美骑兵第一师西调汉城，在汉城周围地区集中部队，组成了绵密的火制地带。彭德怀遂令各部于4月29日停止了进攻。

至此，第五次战役第一阶段作战结束，共歼敌2.3万余人，并再次突破三八线，逼近汉城。虽未实现预定歼敌目标，但保持进攻态势，掌握战场的主动权。

四、彭德怀声东击西取得县里大捷

在志愿军第五次战役第一阶段进攻的打击下，"联合国军"节节后撤，在汉城、杨平、洪川、襄阳一线构成新的防线，整个战线形成西南东北态势，以美骑兵第一师、美第二十四师、美第二十五师、美第三师、英第二十八旅、英第二十九旅、土耳其旅、南朝鲜军第一师在汉城周围及汉江南岸地区重兵布防，准备应付志愿军对汉城的攻击，而在东线自隐里至东海岸一线地区，则均系南朝鲜军部队，并且态势明显突出。

彭德怀鉴于这种战场态势，为了继续歼灭"联合国军"有生力量，多歼南朝鲜军，以孤立、分散美军，创造今后消灭美军的有利战机，遂于4月28日决定，志愿军主力转兵东进，以歼击东线南朝鲜军为主要目标，发起第五次战役第二阶段作战。

同日，以彭德怀、邓华、朴一禹等中朝联合司令部首长名义，令志愿军第三兵团、第九兵团，稍事整补后即隐蔽东移，协同东线人民军部队，在杨口、麟蹄一线发动新的进攻，求得歼灭南朝鲜军两三个师及美第七师一部，以利以后作战。5月6日下达了第五次战役第二阶段作战预令，决定首先集中力量歼灭县里地区的南朝鲜军第三、第五、第九师，而后视情况继续歼灭南朝鲜军首都师、第十一师。为了迷惑李奇微，达到出其不意之效，彭德怀瞒天过海、声西击东，部署是：以第三十九军两个师归第三兵团指挥，夹昭阳江南北岸，由东起龙沼项向西至加平地区运动，并于加平地区积极准备渡河材料，力争控制桥头阵地，迷惑吸引对面美军，掩护第三兵团、第九兵团东移；第三兵团主力在第三十九军以东，以一部抓住正面美军两个师，力求集中绝对优势力量，消灭一部；另以一部与第九兵团并肩攻歼沿途之敌，割裂美军和南朝鲜军的联系，阻击西面美第十军东援。

第九兵团指挥本兵团第二十、第二十七军和第三兵团第十二军（入朝时军长曾绍山），由西南向东北，在东面人民军协同下攻歼县里地区之敌。

人民军第三军团留一个师钳制正面南朝鲜军，主力由东及东南向西北配合志愿军第九兵团攻歼县里及以南地区之敌；第五军团从东面穿插迂回到县里以南，切断县里南朝鲜军退路，截歼南逃或东逃之敌。

第十九兵团并指挥人民军第一军团，于汉城以北高阳经议政府向东至清平川之宽大正面内，寻找敌军营级左右目标2~3个，集中绝对优势兵力和炮火，彻底消灭之，在汉城以东实施渡江佯动，造成进攻汉城的假象，以钳住美主力于西线。

限定各部于10日前带足粮弹，于9日或10日夜间向攻击准备位置开进，14日拂晓前集结完毕，预定15日或16日黄昏开始攻击。

随后，彭德怀又特别强调，各部切实严密封锁消息，保障此次作战行动和战斗的突然性。尤其注意如下几个关键：一是钳制方向上的第十九兵团和第三十九军部队，要认真积极地实施佯动，展开积极的袭击、捕俘活动，并公开调查汉城和汉江情况与准备大批渡河材料，从而将美军主力吸引于西线；二是第三兵团、第九兵团和东线人民军部队，要很好地组织开进，切实隐蔽企图，封锁消息，绝不能事先被敌人发现志愿军大军东移；三是达成全歼县里地区几个南朝鲜师的关键，在于几把合围的钳子必须按时到达预定的合钳位置，迅速达成两翼迂回，多路切断，层层包围，必须选择坚强部队、得力干部担任钳击先锋任务，要敢于使用主力猛插，在猛插途中，不恋小战，不为小敌所迟滞前进，勇于向前卫看齐，赶赴指定地点。

据此，5月8日和9日，第九兵团和东线人民军前线指挥部，在第九兵团指挥部驻地召开了联合作战会议，研究确定了歼灭县里之敌的具体部署，提出了明确具体的要求，并确定整个县里地区的围歼作战，由第九兵团司令员兼政治委员宋时轮、副司令员陶勇和人民军前线指挥部司令员金雄共同指挥。

与此同时，第三兵团、第十九兵团也确定了各自部队作战的具体部署。

在志愿军和人民军第五次战役第一阶段进攻停止后，美第八集团军司令官范佛里特，对志愿军和人民军的行动迷惑不解，虽判断志愿军和人民军可能发起新的进攻，但对进攻方向和时间捉摸不定。为查明志愿军和人民军的动向，破坏志愿军和人民军进攻准备，并掩护其调整部署，范佛里特从4月30日开始，以小部队在高阳、议政府、清平川、加平、春川、麟蹄、杆城一线进行侦察袭扰活动。至5月8日，"联合国军"先后进占高阳、水落山（议政府东南）、禾也山（清平川南）、原昌里、富坪里至襄阳以北之龙浦里一线。

5月9日，志愿军主力开始东移。第十九兵团和人民军第一军团即开始向汉城方向和汉江北岸实施佯动，展开了积极的战斗活动，不断袭击敌人。至5月16日，挺进到东起清平川、西至磨石隅里及汉城以西的汉江以北一线，公开调查汉江以南兵要地志，摆出迂回汉城及渡江南进的姿态。人民军第一军团并以一部在汉城以西渡江。

第十九兵团和人民军第一军团的佯动行动，达到了迷惑敌军的目的，有力地牵制了美军。5月12日，李奇微判断，志愿军和人民军随时可能发起新的进攻，"尤其是在72~96小时之内"。他判断，志愿军可能以5个军为主要攻击力量，在中西部战线发动新的进攻，目标直指汉江下游地区。同时以志愿军3个军和人民军1个军团在汉城方向实施助攻。除此，志愿军和人民军可能以5个军在东部战线向春川、洪川一线实施小规模的进攻。据此，李奇微命令范佛里特：停止一切进攻行动，全线转入防御。范佛里特遂调整部署，将6个美军师、3个南朝鲜军师和英军、土耳其各1个旅集中在西线和中线，而东线布置6个南朝鲜军师，全线均成一线配置，另有1个美军师和1个空降团、1个英军旅为预备队。

志愿军第三、第九兵团在第十九兵团和人民军第一军团于西线佯动和第三十九军掩护下隐蔽东进，至15日全部到达指定地区，第九兵团和人民军进攻部队完成了战役展开。

5月16日18时，在经过短暂的炮火准备之后，志愿军和人民军突击集团采取多路穿插迂回、多层包围的战术，按预定计划全线发起进攻。

至18日1时，第二十军1个师与人民军第五军团1个师合钳，构成了对县里地区之敌合围的对内正面。与此同时，第二十七军部队与第二十军另 1 个师构成了合围县里地区之敌对外正面，并在上南里地区会歼南朝鲜军 5 个营 3000 余人。县里地区的南朝鲜军在志愿军和人民军的猛烈突击下溃不成军，四处逃散。战至 19 日，南朝鲜军第三、第九师大部被歼灭在县里及其以南地区，并重创南朝鲜军第五、第七师，缴获了南朝鲜军大量装备，将战线向南推进 50~60 公里，圆满实现了战役预期。李奇微在回忆录中说："对退却的南朝鲜军所丢弃的这些装备不可等闲视之。这些武器足可装备好几个完整的师。"由于南朝鲜军此次惨败，李奇微撤销了南朝鲜军第三军团的建制，解除了南朝鲜军第三师师长的职务。

本来，志愿军和人民军在东线还有很好的歼敌机会，但由于部队粮弹告罄，曾停止两天等待补充，但后勤补给能力弱，粮弹仍供应不上。5 月 21 日，彭德怀结束了第五次战役第二阶段作战，此阶段又歼敌 2.3 万余人。

五、李奇微再次全线反扑，彭德怀将其阻止于三八线

志愿军和人民军第五次战役经过两个阶段的作战，取得了重大的胜利，大量消耗了"联合国军"的有生力量，粉碎了"联合国军"在平壤、元山一线建立新防线的企图，志愿军新入朝部队得到了锻炼，取得了在现代化战争条件下对美军作战的经验。但志愿军和人民军在一个月之内连打两仗，部队已很疲劳，并且第一线部队粮食、弹药供应极为困难。

5 月 21 日，彭德怀下达主力转移休整的命令："为争取主力休整，总结作战经验，造成尔后有利战机，以便更多地歼灭敌人，决将各兵团主力转移至渭川里、朔宁、文惠里、山阳里、杨口、元通里之线及其以北。"指示志愿军各兵团"留一个师至一个军的兵力，从现在位置起，采取机动防御，节节阻击杀伤消耗敌人，争取时间"。从西向东，具体部署要求：第十九兵团留 1 个军或 4 个师从议政府、清平川之线，利用东豆川、抱川、机山里线南北有利地形，采取纵深配备，阻击敌人；第三兵团留 1 个军于加平、春川（不含）线开始布防，利用华川以北山区节节阻击敌人；第九兵团留 1 个师利用昭阳江及华川湖节节阻击敌人；金雄指挥的人民军，以 1~2 个师在于论里、县里、西林里线及以南采取

机动防御，阻击敌人。同时明确了兵团与兵团、兵团与人民军之间机动防御部队的战斗分界线。规定各部主力统于 23 日晚开始向指定地区移动。并要求"各担负机动防御阻敌进犯的部队，必须确实掌握前轻后重、纵深配备的原则，特别加强工事以减轻自己的伤亡，尤须严密组织与发挥炮火的威力，予进犯之敌以最大杀伤，对突出之敌或有利我出击的情况下应即行组织反击，每次以消灭美军一个连至一个营、伪军一个营至一个团为目标，以滞止敌人的进攻，争取更多的时间，以利我主力部队休整"。

23 日晚，志愿军和人民军主力开始向北转移。预定担负掩护任务的部队也开始向指定防御阵地移动。然而，志愿军和人民军主力的北移行动尚未开始，部署调整也未完成，战场形势突然发生变化，李奇微利用志愿军和人民军补给困难的弱点，集中其第一线 14 个师又 1 个旅和两个团的兵力，全线展开大规模猛力反扑，并采取了新的战术，以摩托化步兵和坦克、炮兵组成"特遣队"，在大批航空兵和远程炮兵支援下，沿公路寻找志愿军和人民军防线空隙，多路突击，快速推进，并空降营连规模的兵力抢占志愿军和人民军后方要点，阻止志愿军和人民军主力转移，割裂志愿军和人民军防线。

志愿军和人民军对李奇微的反扑虽有估计，并作出了迎击其反扑的部署，但是，由于对其如此迅速、如此大规模和如此形式的反扑估计不足，以致转移的计划不够周密。特别是担任掩护的部队，有的需要两天行程，作横向运动方能进入防御地区；有的需要在 26 日方能交接防务，承担预定掩护任务；有的掩护部队虽然进入了防御地区，但尚未形成防线，尤其没有很好地控制要点和公路。志愿军和人民军防线出现多处空隙，致使美军"特遣队"得以乘隙而入。

本来志愿军和人民军停止进攻，主力向后转移，是胜利回师的主动行动，却由于对"联合国军"反扑估计不足、部署不周，导致转移初期十分被动的局面。

西线第十九兵团留置第六十五军（入朝时军长萧应棠、政委王道邦）在第一线展开阻击，彭德怀和杨得志要求该军阻击 15~20 天，该军许多阻击战斗打得英勇顽强，但由于"联合国军"攻势太猛，且阻击地域左翼暴露，阻击四昼夜，主力于 5 月 26 日夜至 27 日晨，撤至阻击的底线，没有完成阻击 15~20 天的任务。进攻的美英军部队直逼铁原，位于铁原以北的志愿军重要后方基地，面临严重威胁。

中线第三兵团留置第六十军（入朝时军长韦杰、政委袁子钦）担任阻击掩护任务，但只有第一八〇师 1 个师展开阻击，该军其余两个师分别配属第十二、第十五军作战尚未归回建制。东线第九兵团留置第二十七军八十师担任掩护任务。至 26 日，第六十军一八〇师被围，后遭受严重损失。东线第二十七军被隔断，第十二军三十一师九十一团被隔在敌后最远。第二十七军和第十二军三十一师九十一团均保持完整建制，灵活摆脱了险境。

27 日，彭德怀部署原计划休整的第六十三、第十五、第二十军等部队停止休整计划，转入阻击作战。

其中，第六十三军接替第六十五军防御任务，展开于涟川、铁原之间，东起古南山、西至临津江畔，正面 25 公里地区阻击敌军进攻，彭德怀和杨得志要求该军"不惜代价，坚守阵地，阻止敌人进攻，无上级命令不得撤退"。该军于 5 月 30 日接防，顽强苦战至 6 月 10 日，历时 12 个昼夜，克服种种

中国人民志愿军某部坚守在铁原城地区某高地痛击美国强盗

困难，顽强抗击美军 4 个师的轮番进攻，共歼敌 1.5 万余人，圆满地完成了阻击任务，有力打击了美军的嚣张气焰，粉碎了美军占铁原的企图，为稳定战场局势作出了重大贡献。

彭德怀对第六十三军圆满完成阻击任务十分满意，战后专门看望该军指战员，看到这些衣不遮体、灰头土脸，虽然疲惫但个个都挺精神的勇士，疼爱地夸奖说："同志们，你们打得好，打得很好！你们吃了不少苦，我们牺牲了不少好同志。祖国人民忘不了你们，祖国和人民感谢你们！"彭德怀问该军军长傅崇碧有什么要求，傅崇碧说："部队减员太严重了，有的连队只剩下一两个人了。"彭德怀说："给你补。给你补些老兵，能打仗的老兵。"还要"给你们发新衣服，新装备"。不久，从祖国西北地区调来 1.3 万名老兵补充进第六十三军。

除此，第十五军（入朝时军长秦基伟、政委谷景生）展开于芝浦里地区，第二十军展开于华川地区。该两军阻击也很出色。第二十军在顽强阻击的同时，还多次组织小反击，歼敌数百人。朴达峰阻击战斗中，第十五军四十五师

一三四团八连班长柴云振，带领 4 名战士反击敌人进攻，连续攻下 3 个山头，缴获机枪 5 挺，毙伤敌 200 余人。当敌人反扑时，柴云振子弹打光了，与敌展开肉搏，被敌人咬去一个手指，头部也被砸伤多处，被转入后方医院治疗。部队以为他牺牲了，在朝鲜的一个纪念馆里还挂有他的"遗像"（画像）。志愿军总部为他的英雄表现记特等功，授予"一级英雄"称号。柴云振在后方医院伤愈后，复员回到四川老家，对志愿军总部给予他的表彰一无所知，一直在家乡默默奉献，先后担任过生产大队大队长、公社党委副书记、乡长等职。直到 30 余年后，经中央军委批准，总政治部组织全军有关单位编写"当代中国丛书"国防和军事的若干卷本，军事科学院负责编写《抗美援朝战争》卷，拟在附录中附上志愿军英雄模范名录，向英雄原所在部队征集资料。柴云振当时所在部队军史办公室开始寻找他的下落，在报纸上登载了寻找战斗英雄"柴云正"的寻人启事。柴云振的儿子看到了，问他是不是"柴云正"。他觉得事迹很像，但名字不对。在他儿子和乡亲们劝说下，他找到原所在部队，经反复细致核实，确认"柴云正"就是柴云振。1985 年，经中央军委批准，柴云振作为中国人民志愿军战斗英雄代表团的成员，应金日成的邀请前往朝鲜参加中国人民志愿军赴朝作战 35 周年纪念活动。经请求金日成同意，柴云振将"遗像"（画像）拿回作为纪念。柴云振于 2018 年 12 月去世，终年 92 岁。

直至 6 月 10 日，李奇微的部队已无力再发动攻势，遂停止在三八线南北地区，战线基本稳定，志愿军和人民军再次歼敌 3.6 万余人，第五次战役结束。

第五次战役，是抗美援朝战争中也是朝鲜战争中敌我双方投入兵力规模最大的一次战役，双方投入战场兵力的总和达到 100 万人，整个战役历时 50 天，志愿军和人民军共歼敌 8.2 万余人，自身作战减员 8.5 万余人。这次战役是继第二次战役之后，对美军的又一次重大打击，更为重要的是经过这次战役的较量，粉碎了美国在平壤、元山一线建立新防线的企图，战争双方在三八线南北地区形成了战略相持局面，迫使美国当局不得不调整朝鲜战争政策，谋求停战谈判。

第八章 8 唇枪舌剑

★
力量悬殊
的对抗

尽管美军拥有强大的海军和空军，武器装备优势明显，但是正如毛泽东所说的："敌人大炮比我们多，但士气低，是铁多气少。"1950 年 10 月，从东京"联合国军"总部的麦克阿瑟，到华盛顿白宫和五角大楼的美国总统杜鲁门及军政要员们，都毫无悬念地认为，朝鲜人民军已无力进行抵抗，美军将迅速占领整个朝鲜半岛。然而中国人民志愿军的参战，打碎美国迅速占领整个朝鲜半岛的美梦，并且打到三八线以南后，美军每向北推进一步都很艰难，经过几个月的反复较量，美国当局已清楚地认识到，仅仅依靠战场上"联合国军"的力量，无论如何也实现不了再打到鸭绿江的目标了，于是，美国当局不得不调整朝鲜战争政策，谋求通过谈判实现所谓"光荣停战"。

一、麦克阿瑟成了替罪羊

当 1950 年 7 月至 8 月间麦克阿瑟计划实施仁川登陆的冒险行动时，因为仁川的潮汐和地形对登陆不利，遭到美国参谋长联席会议的所有参谋长，以及几乎所有海军高级官员的反对。虽然麦克阿瑟的雄辩才能曾打动了这些官员，但是参谋长联席会议一直疑虑重重，直到杜鲁门批准了这个名为"铬铁行动"的仁川登陆计划之后，参谋长们的疑虑仍然未消。

然而，麦克阿瑟的仁川登陆行动幸运地成功了，成了美军有史以来最走运的行动。美国白宫和五角大楼的官员们说他创造了"辉煌"的"军事奇迹"，是"当之无愧的'军事天才'"，是美国的"大国宝"。麦克阿瑟在美国、在西方的声誉，达到了他几十年军事生涯的巅峰。由此，参谋长联席会议的参谋长们也很惭愧：对麦克阿瑟仁川登陆计划"持怀疑态度，简直像一群胆小怕事的娇小姐"。就是这样一个"大国宝"，这样一个"当之无愧的'军事天才'"，在几个月之后却威信扫地，跌入了他几十年军事生涯的最低谷。1951 年 4 月 11 日，美国总统杜鲁门竟然"深感遗憾"地解除了这个美国"伟大司令官"的远东总司令、"联合国军"总司令的职务，而任命李奇微接替他的上述一切职务。同时任命詹姆斯·范佛里特接替李奇微的第八集团军司令官职务。

对麦克阿瑟被解除职务的原因，美国官

当时报纸上发表的麦克阿瑟下台的消息

方的解释是，这位司令官在亚洲和朝鲜的政策问题上，同华盛顿决策当局之间存在分歧，并且发展到公开对抗，侵犯了总统的权力。杜鲁门解除他职务的直接原因，是他在1951年3月24日，不经批准擅自发表了与美国政府的考虑相抵触的、企图继续扩大朝鲜战争的政策性声明。然而，美国的一些学者对这种解释怀有疑问，时隔几十年之后，麦克阿瑟被解除职务的真正原因还是一个"谜"。

美国学者们的怀疑是有道理的，尽管他们没有说出究竟是什么原因。其实，麦克阿瑟被解除职务的根本原因，是美国在朝鲜战争中的失败。麦克阿瑟同美国决策当局之间在亚洲政策问题上确有分歧，但并非始于朝鲜战争，而在第二次世界大战期间就是如此，他不同意美国"欧洲第一、亚洲第二"的政策，主张把亚洲放在第一位；麦克阿瑟确实是一个自恃狂傲、桀骜不驯的家伙，对他的上司，甚至总统都不是很恭敬。对此，参谋长联席会议和杜鲁门一直很恼火，甚至评论认为，杜鲁门早在两年前就应解除麦克阿瑟的职务。事实上，两年中杜鲁门非但没有解除他的职务，而且在朝鲜战争爆发后，美国侵朝时，杜鲁门还居然任命他为统帅侵朝"联合国军"的总司令。

在麦克阿瑟仁川冒险取得登陆成功，创造了"军事奇迹"的时候，麦克阿瑟和华盛顿当局都被兴奋冲昏了头脑。当时，美国国务院和军方官员诸如艾奇逊、马歇尔、布莱德雷等，都极力主张越过三八线，武装占领整个朝鲜半岛。这种计划最终得到了杜鲁门的批准，于是才有1950年9月27日参谋长联席会议发给麦克阿瑟越过三八线北进的指令；于是才有10月15日，杜鲁门、布莱德雷等在威克岛与麦克阿瑟分析中国出兵可能性时，完全赞同麦克阿瑟的错误分析和判断；于是才有麦克阿瑟遭到志愿军第一次战役的打击以后于11月9日，美国国家安全委员会批准麦克阿瑟发动直指鸭绿江边的圣诞节前结束朝鲜战争总攻势的错误决策。

这一系列的错误造成了美国在朝鲜战争中"一下子从胜利变成了丢脸的失败"，美军"历史上最可耻的一次失败"。这一失败，使美国这个自由世界的"领袖"在全世界丢了脸。美国当局为了摆脱这种难堪的窘境，则尽量同那些错误决策摆脱干系。麦克阿瑟是具体执行美国这一政策的战场统帅，美国在朝鲜战场的失败，麦克阿瑟有不可推卸的直接责任。于是，麦克阿瑟便成了美国在朝鲜战争中失败的替罪羔羊。从1950年12月"联合国军"败退到三八线后，美国军政当局即逐渐对麦克阿瑟失去了信任和信心，麦克阿瑟的被解职只是个时间问题了。李奇微接替已死的沃克出任美第八集团军司令官后，使美国在朝鲜战场上的不利局面出现转机，这使华盛顿当局发现了接替麦克阿瑟职务的合适人选。麦克阿瑟于1951年3月24日不经批准公开发表与华盛顿当局意图相抵触的政策性声明，使华盛顿当局有了公开解释解除麦克阿瑟职务的极好理由。

尽管美国官方在解释麦克阿瑟被解除职务的原因时闪烁其词，尽量避免将其同朝鲜战争的失败联系起来，但也能从其中嗅出一些味道。布莱德雷在其回忆录中公开讲过，从1951年1月中旬，李奇微发动试探性进攻，使美国在朝鲜的不利局面发生转机起，"我们就撇开麦克阿瑟，从李奇微那里得到可靠的军事估价和启发性的意见。尽管我们把参谋长联席会议的电报和指示发给麦克阿瑟，但给人的感觉是，麦克阿瑟已'明升暗降'了，成了董事会主席式的人物。在军事行动上，他成了一个我们不得不敷衍一下的象征性的司令官。"加之麦克阿瑟桀骜不驯，对总统、国务院和五角大楼一直不恭，使美国高层决策当局大为光火。艾奇逊更是不加掩饰地把美国军队越过三八线北进的责任全部推到麦克阿瑟身上。1951年5月至6月，他在美国参议院军事和外交两个委员会举行的关于美国对朝政策的听证会上，以及他后来写的回忆录中都说："'联合国军'司令部的战争目的（指恢复三八线以南的和平）和联合国的长远的政治目的（指建立统一的、独立的、民主的朝鲜）二者之间的区别，本来是很明确的。但是，在1950年10月到1951年4月这段时间里，却被麦克阿瑟这位将军的能言善辩搞得含混不清了；当时，这位将军置杜鲁门总统的命令于不顾，一再发表言论和采取行动。"

麦克阿瑟被罢免，这是中国人民志愿军抗美援朝战争胜利的一个结果，美国当局已经认识到，无论如何再也难以打到鸭绿江边，把向鸭绿江边推进的责任全部推到麦克阿瑟的身上，为美国下一步不得不调整朝鲜战争政策找到了一个"替罪羊"。

二、杜鲁门政府被迫谋求和谈

1950年10月中国人民志愿军入朝参战后，连续进行五次战役，与朝鲜人民军一起，将美国为首的"联合国军"从鸭绿江边打回到三八线，一度打到三七线附近，至 1951 年 6 月，战线稳定在三八线南北地区，战争形成相持局面。

经过志愿军入朝后 7 个多月五次战役的较量，敌我双方战场力量已趋于均势。此时，"联合国军"投入战场上的总兵力达 69 万余人（地面部队 55 万余人，其中，美军 25.3 万余人，另有 1.2 万余南朝鲜人在美军中服役，南朝鲜军 26 万人，其他国家军队 2.8 万余人）；志愿军和人民军总兵力达 112 万余人（志愿军 77 万余人，人民军 34 万余人），志愿军和人民军同"联合国军"以 1.6：1 占优势，但在武器装备上仍是敌我优劣悬殊。志愿军和人民军没有海军和空军参战，志愿军共有轻迫击炮以上火炮（连同火箭筒）8500 余门（具），有两个坦克团共 80 辆坦克刚刚入朝尚未来得及参战，有 1 个歼击机航空兵师在苏联空军带领下完成了实战练习，尚未正式参战；人民军有轻迫击炮以上火炮 2500 余门（具），1 个坦克师约 100 辆坦克，1 个航空兵师约 40 架飞机。而"联合国军"方面坦克已达 1130 余辆、装甲车 490 余辆、轻迫击炮以上火炮 3720 余门、3.5 英寸口径火箭筒 7080 余具，空军和海军作战飞机增加到 1700 余架，另有炮兵校正机 120 架、海军舰艇 270 余艘。

"联合国军"方面虽然占有武器装备的绝对优势，但美国陆军自己也承认其"最大的弱点在地面"，步兵战斗力弱，并且部队士气低落，士兵厌战情绪严重。至 1951 年 5 月，美国已为这场战争付出 10 万余人的伤亡（美国公布的伤亡数字为 7.88 万余人），军费 100 多亿美元。美国投入朝鲜战争的有 6 个陆军师和 1 个空降团，已占其全部陆军 18 个师的三分之一，此外还有 1 个海军陆战师在朝鲜作战，美国海军将其近半数的作战力量投入了朝鲜战场，美国空军也已将其作战力量的五分之一投入了朝鲜战场。投入如此巨大的力量，付出如此巨大的消耗，并没有取得战争的胜利。1951 年春季的较量表明，仅仅依靠"联合国军"在战场上的力量，不但根本不可能再打到鸭绿江边，而且在被打回到三八线以南后，每向三八线推进一步都十分困难，都要付出重大的伤亡代价。

美国陆军参谋长柯林斯在回忆录中讲到这时的朝鲜战场形势时说，虽然美国第八集团军向共产党发动了反攻，但把敌人逐出三八线以南并不容易，共军"仍有很强的战斗力。这一点在 6 月中旬联合国军试图夺取'铁三角'^①地区所受到的激烈抵抗中得到了证明"。此外，成千上万的中国部队正从东北地区开过

---

① "铁三角" 铁原、金化、平康地区。

来，在那里集结着比可用于战斗的"联合国军"多得多的预备队；北朝鲜地形崎岖，公路和铁路已被联合国军的炸弹、炮弹摧毁破坏了，不便于高度机械化的美国第八集团军行动；第八集团军越向北推进，离釜山和仁川补给基地越远，补给就越困难。相反，中国军队的补给会越来越容易。

美国在朝鲜战争中的失败引起了美国人民强烈不满，也增加了美国统治集团内部的矛盾。由于战争相持局面出现，这场战争还要打多久，美国还要付出多大的消耗才能结束这场战争，则无法估量。这些情况促使美国当局不得不考虑朝鲜战争该如何收场。

美国当局曾经试图再向朝鲜增调部队，以打破双方在战场上的军事平衡，但美国自身兵力不足，再没有机动力量可调往朝鲜，在朝鲜的美军部队的兵员补充也不是易事。为解决兵源不足问题，美军在朝鲜实施仁川登陆之前，就征招 8600 余名南朝鲜人补入美第七师，另有 2100 余名南朝鲜人分别补入美第二、第二十四、第二十五师和骑兵第一师。后来华盛顿当局核准，在朝鲜作战的每个美军师可以编入 2500 名南朝鲜人。

美国当局也曾寄希望于他们的盟国能为在朝鲜作战的"联合国军"提供更多部队。1951 年 1 月至 5 月，美国多次向盟国寻求增加部队，而这些盟国有的根本就未向朝鲜派出部队，有的虽然派了部队，但也是象征性的，迟迟才将部队部署到位。这些国家已看到，美国在朝鲜没有取胜的希望，因此对美国要求增加部队均表示冷淡，予以拒绝。有的国家还宣称，将已派到朝鲜的部队召回一部分，以加强本国防务。美国陆军参谋长柯林斯说，这时"联合国的盟友在开始时支持联合国在朝鲜采取行动的决心，正在消失"。

虽然南朝鲜李承晚集团认为南朝鲜尚有充分的人力可以利用，并一再要求美国扩编南朝鲜军队，但扩编南朝鲜军队既需要时间，也需要由美国提供所有装备和训练，而"联合国军"总司令李奇微和美第八集团军司令官范佛里特对南朝鲜军队的战斗力一直不满意。

蒋介石国民党集团曾经多次表示愿派部队参加"联合国军"在朝鲜的作战行动，并做了准备。麦克阿瑟被解职前也曾多次建议使用蒋介石的国民党军，但李承晚和参加"联合国军"行动的英国等国家，坚决反对在朝鲜使用蒋介石的军队，并且蒋介石的军队已是中共军队的手下败军。

美国五角大楼也考虑过麦克阿瑟曾提出的各种主张，即轰炸中国东北军事基地和工业体系，封锁中国海岸和允许蒋介石军队攻击中国大陆，以迫使在朝鲜作战的中国人民志愿军从三八线撤回到中国境内。五角大楼认为，这些都难以达到预期目标，并且苏联有可能根据《中苏友好同盟互助条约》公开参战，甚至引起第三次世界大战，同时美国为进行朝鲜战争而一手撮合的、本来就勉强维系着的联盟就会遭到损害。

此时，对美国来说，如果在朝鲜继续打下去则无力取胜，寻求盟国的军事增援则得不到响应，长期僵持则徒增消耗，寻求在朝鲜以外开辟战场则既无力量也担心引起世界大战，就此撤出朝鲜则太丢面子。美国在朝鲜战场上企图依靠军事手段解决问题已到了走投无路的境地。

美国全球战略重点在欧洲，美国的主要对手是苏联。美国武装侵略朝鲜，打着联合国的旗号组成"联合国军"在朝鲜作战的主要考虑，就是在与苏联为代表的共产主义势力抗衡。然而，美国在朝鲜打了一年，遇到的主要作战对手并非苏联军队，而是中国的志愿军。美国军队被牵制在朝鲜与中国军队作战，不断消耗，而苏联则只是隔岸观火，连一个士兵也无须投入战争中去。美国在朝鲜大量消耗军事力量和战略物资，而苏联则养精蓄锐积蓄力量，这些与美国以欧洲为重点、以苏联为主要对手的全球战略严重冲突。杜鲁门在其回忆录中说："我从来没有使自己忘记：美国的主要敌人正端坐在克里姆林宫里；或者忘记：只要这一敌人还没有卷入战场而只在幕后拉线，我就绝不能将我们再度动员起来的力量浪费掉。"艾奇逊、马歇尔、布莱德雷等美国军政要员，也担心美国在朝鲜长期陷进去，欧洲有失于苏联之手的危险。

这些说明，美国绝不会为了南朝鲜而不顾其在欧洲的利益，更不愿为了打败中国人民志愿军而不是苏联军队不惜冒引起第三次世界大战的风险。既然仅仅依靠军事手段不可能解决朝鲜问题，既然将主要军事力量长期陷在朝鲜与美国以欧洲为重点的全球战略相矛盾，那么美国当局不得不重新考虑其在朝鲜的政策。

那么美国在朝鲜究竟应实行何种政策？4月11日，杜鲁门在解除麦克阿瑟职务时发表一个广播演说，第一次明确提出了美国在朝鲜"打一场有限战争"。

随着麦克阿瑟被解除职务，美国统治集团内部对此展开了激烈辩论争吵，分歧矛盾达到白热化和公开化。由美国参议院军事委员会和外交委员会联合主持，从5月3日至6月25日举行了所谓"麦克阿瑟听证会"，讨论朝鲜战争政策问题，先后有麦克阿瑟、国防部长乔治·马歇尔、参谋长联席会议主席奥马尔·布莱德雷、陆军参谋长劳顿·柯林斯、空军参谋长霍伊特·范登堡、海军作战部长福雷斯特·谢尔曼、国务卿迪安·艾奇逊、前美军驻华总司令魏德迈、前国防部长路易斯·约翰逊等共13个美国军政要员出席作证。

　　麦克阿瑟是第一个出席作证的对象。他在5月3日作证时，仍然主张以军事手段彻底解决朝鲜问题，即：将战争扩大到中国境内，发挥海空军的优势作用，以海军封锁中国海岸，加强军事禁运；以空军轰炸中国的机场、车站和工业基地；让台湾的蒋介石集团进行反攻大陆的活动，采取这些行动，不必担心会引起苏联参战。麦克阿瑟认为只有采取这些行动，才是迅速结束朝鲜战争的最好办法，他甚至主张，如果联合国其他国家不愿协助，而由美国单独采取行动。

　　艾奇逊、马歇尔、布莱德雷、三军参谋长和前国防部长约翰逊等，在出席作证时，均支持解除麦克阿瑟的职务，认为麦克阿瑟的主张既难以达到目的也冒巨大风险，反对将战争扩大到中国，相反，他们均主张在朝鲜打一场有限战争。布莱德雷在5月15日出席作证时，有一段闻名的言论，他认为中国不是一个足以寻求世界霸权的强盛国家，如果把战争扩大到中国，"参谋长联席会议认为，这一战略将使我们在错误的地方，错误的时间，同错误的敌人打一场错误的战争"。"进攻共产党中国并不是一个能起决定作用的行动，不能保证朝鲜战争的结束，也不会使中国屈服。"（布莱德雷这段话，无论在中国还是在美国长时间被许多人作了与布莱德雷原意完全相反的错误理解和引用。布莱德雷在其回忆录中作了澄清。1951年5月中国《参考消息》的报道与布莱德雷在回忆录中的澄清是一致的）

　　随着参议院关于朝战政策问题"麦克阿瑟听证会"的开始，美国国家安全委员会于5月2日至16日也召开会议，系统地分析了美国的朝鲜战争政策，认为美国无法在朝鲜赢得一场决定性的胜利，仅凭军事手段不可能解决朝鲜问题。国家安全委员会于16日通过了一个有关朝鲜问题的政策备忘录，将美国在朝鲜的终极目标和当前目标作了明确区分，确定美国在朝鲜的当前目标是在三八线地区建立一条有利的防线，寻求缔结停战协定，结束朝鲜战争。李奇微在回忆录中曾说："我们在确定军事目标时，首先需要认识到，世界上大多数最基本的令人苦恼的问题是并不适宜用纯军事的办法来解决的。"

　　美国国家安全委员会这个备忘录，确定了美国在朝鲜的军事行动政策指导路线，指出："终极目标是通过与军事手段同样卓著的政治途径，去探求解决朝鲜问题的办法，最终建立一个统一、独立、民主的朝鲜。当前目标是通过适当的联合国机器，去寻求一个美国能接受的解决朝鲜冲突的办法，最低限度要达到：（1）依据停战协定结束战争行动；（2）建立北部边界以南的大韩民国政权，该政权起码应满足三八线以南地区行政和军事防务的需要；（3）保证非朝鲜的武装力量在合适的时机撤离朝鲜；（4）应允大韩民国建立足够的军事力量，以抵御或击退复兴后的北朝鲜之进攻。在实现上述目标之前，要一以贯之地反对、严惩侵略者。

"美国始终将建立统一、独立、民主的朝鲜作为其最终政治目标。北朝鲜发动侵略以来，美国在联合国的军事目标是抵御侵略、建立维护国防和地区安全。中共军事力量介入后即改变了局势，通过政治途径建立统一、非共党化的朝鲜，军事上似乎已不可能。因此，我们在绝对不放弃对朝鲜所坚持的终极政治目标的同时，当务之急是找到解决朝鲜问题的办法，既要拒绝承认共产党对朝鲜三八线以南地区的统治，又要依据军事需要让非朝鲜军队分阶段地撤离朝鲜。"

5月17日，杜鲁门总统批准了这个文件。这是自1950年9月美国当局命令麦克阿瑟越过三八线北进以来第一次调整了朝鲜战争政策，第一次明确了"联合国军"的作战目的，不再实现军事占领全朝鲜的目标。事实上，也是美国当局承认朝鲜战争失败的一种表现。

此后，美国当局如艾奇逊所形容的，"就像一群猎狗一样到处寻找线索"，以便同北京进行接触。中华人民共和国成立时，美国不但自己不承认新中国政府，而且联合西方国家不承认新中国政府；中国政府警告美国，美军越过三八线中国不能置之不理，美国当局认为这是虚声恫吓，认为中国没有胆量更没有能力管，就是真的管，中国军队也不堪一击，不足为患。就是这样一个不被美国人看在眼里的国家，这样一个不被美国人看在眼里的军队，真的派出军队同美国人进行了较量，而较量的结果却大大出乎美国人的预料。美国这个不可一世的世界霸主，虽不情愿，但也不得不主动向中国求和了。世界强权向弱国穷国求和，这在美国历史上没有先例，在世界上也是没有先例的。

美国国务院通过驻巴黎的代表向驻德国的苏联管制委员会政治顾问、通过美国驻联合国的代表向苏联代表、通过美国和瑞典通往莫斯科的渠道、通过国务院政策设计办公室派人前往香港等进行试探，寻找与中国接触的线索，但均无结果。艾奇逊想起了一个人。5月31日，曾任美国驻苏联大使的乔治·凯南，受美国国务卿艾奇逊委托，以个人身份同苏联常驻联合国代表雅格夫·马立克举行了会晤。凯南拐弯抹角地表达了美国当局愿意通过谈判，沿三八线一带实现朝鲜停战的意图。凯南表示：美国准备在联合国任何一个委员会，或是以其他任何方式与中国共产党人会面，讨论结束朝鲜战争问题，并表明只是战场上双方的司令官派出代表讨论结束朝鲜战争的军事问题。美国还通过其他渠道作出了表示。

根据杜鲁门5月17日批准的美国国家安全委员会48/5号文件，参谋长联席会议于6月1日给李奇微发去了新的训令，规定了"联合国军"的战场行动方针。这个训令的内容是："作为联合国军最高司令官，你要始终以你的部队的安危为重，迫使在朝鲜境内及其附近水域作战的北朝鲜军队和中共军队在人员和物资上付出重大牺牲，至少完成下列几项任务，而为解决朝鲜冲突创造有利条件：1.缔结合理的停战协定，终止敌对行动。2.在适于行政管理和军事防卫的北部边界线以南地区，建立领导整个朝鲜的大韩民国政权，而这条边界线不得划在三八线以南。3.为分阶段从朝鲜撤出所有非朝鲜籍武装部队做好准备。4.强化南朝鲜武装力量，使之足以阻止或击退北朝鲜的再度侵略。"

根据这些训令和方针，在战场上"联合国军"于1951年6月上旬全线转入战略防御。

三、毛泽东、金日成决定边打边谈

在敌我双方武器装备强弱悬殊的情况下，中国人民志愿军在完全没有海军和空军支援配合的情况下，依靠落后的武器装备连续作战7个多月，同朝鲜人民军共歼敌23万余人，缴获了大批装备物资，打出了战争的有利形势，把完全现代化装备、实行陆海空三军联合的、全方位立体作战的以美国为首的"联合国军"从鸭绿江边打回到三八线以南，并经反复较量将战线稳定在三八线地区，粉碎了美国武装占领朝鲜半岛的企图，迫使"联合国军"由战略进攻转入战略防御，取得了了不起的伟大胜利，奠定了抗美援朝战争最后胜利的基础。

然而，志愿军在作战中遇到了很多实际困难，加上朝鲜特殊地理环境也使志愿军的作战受到许多限制。这主要是：第一，作战空间和时间受到严重限制。在作战空间上，美国空军控制整个战场，可以攻击志愿军后方，其海军可以控制志愿军侧后海岸，志愿军前线和后方，昼间和夜间，都要严密组织防空袭，否则就会遭到不必要的损失。而志愿军没有能力攻击美军后方和海岸。在作战时间上，美国空军可以全天候作战，而志愿军白天没有行动自由，部队行动和物资运输主要靠夜间进行。志愿军整个作战机器运转受到严重限制。

第二，攻防作战受到限制。进攻作战，可以突破美军的防线，每次战役可以包围美军一个师甚至几个师，但难以歼灭一个整师或一个整团，歼灭南朝鲜军要容易些。当美军突围逃跑后，志愿军徒步追击速度根本无法与美军的摩托化和机械化运输工具相比，难以实现追歼，不能扩大歼敌战果。防御作战，可以挫败美军的进攻，依托一般野战工事，难以抗御美军以飞机、坦克、大炮猛烈火力攻击，组织坚守防御困难。因严重缺乏反坦克武器，无论进攻还是防御，均难以对付美军集群坦克。

第三，物资运输补给严重困难。志愿军所需作战物资几乎全由国内运送，并且物资消耗量大，然而运输手段和运输工具有限，没有空中和海上运输手段，主要靠火车和汽车陆路运输，整个运输能力低下，加上没有制空权，在美国空军轰炸封锁下，道路常遭破坏，物资和运输车辆在运输过程中，因美军飞机轰炸扫射损失严重，物资损失达30%~40%，远远不能满足作战需要，弹药只能保证重点供应，粮食供应在前三次战役时，只能达到需要量的25%~30%，在第四、第五次战役时，也只能达到需要量的50%左右。作战中的跟进补给能力更弱，基本只靠部队本身携带，带几天打几天，一般只能维持7~10天。所以被美军称为"礼拜攻势"。这种运输补给状况，严重影响了作战计划实施，也限制了战役的规模和持续作战的时间，而且也影响作战士气，志愿军不得不放弃了许多有利战机。

第四，朝鲜半岛地理特点，限制了志愿军兵力优势的发挥。朝鲜半岛面积小，三面环海，南北狭长。志愿军兵力多了无法施展，兵力少了不足以达成作战任务。特别是不能像在国内战场上那样实施大规模的广泛机动作战，也无法开辟多处战场。而这种地理特点，则有利于美军发挥其海空军优势实施登陆进攻。志愿军向南推进越远，侧后的东西海岸暴露得越多，海岸防御任务越重，同时，随着运输线的延长，造成的运输负担也越大。

此外，在朝鲜作战，不像在国内那样，没有敌后游击战的配合。美军没有后顾之忧，可以集中90％以上的兵力用于正面作战。这样就增加了志愿军正面作战的压力。

经过连续五次战役的反复较量，特别是第五次战役的较量，中共中央和志愿军总部更加充分地认识到，依靠志愿军现有装备和条件，短时间内不可能迅速歼灭敌军有生力量，根本解决朝鲜问题。

志愿军作战困难的核心问题是武器装备落后。而当时中国工业基础薄弱、技术落后，没有像样的军事工业。虽然有些兵工厂，但只能制造一些简单的步兵武器和弹药，不能制造大炮，不能制造汽车，更不能制造飞机和坦克。志愿军武器装备的改善和加强，主要从苏联购买。而苏联当时尚处在第二次世界大战后的恢复时期，迅速提供志愿军作战所需要的武器装备也有困难。当时，中国本身经济实力有限，即使购买了装备，也还需要一定的时间进行训练，以掌握装备性能、操作技术和随之出现的新的战术。特别是空军和海军的训练需要时间更长。因此，在短时间内志愿军武器装备不可能得到根本改善，于是，武器装备无法满足长期战争的需求这一局限性更加充分地显露出来了。

同时，中国的经济力量薄弱，支援战争的财力、物力有限。本来中国大陆基本解放后，以毛泽东为主席的中共中央和刚刚成立还不到一年的中华人民共和国中央人民政府，就计划用三年左右时间恢复国民经济，然而，于1950年6月刚刚开始部署，美国当局就将这场战争强加在中国人民头上，中国人民不得不迎击美国的战争挑衅。1950年中国工农业总产值为574亿元人民币，按与美元2.5：1的比值计算，尚不足美国1950年7月1日至1951年6月30日财政年度军事预算拨款480余亿美元的二分之一，更无法与美国的国民生产总值相比了。1950年中国财政收入为65.2亿元人民币，相当于26亿美元，仅是美国在朝鲜战争第一年中直接战费100多亿美元的四分之一。因为支援战争，1950年中国军费支出占财政决算的41.1％，用于国民经济恢复的费用只占财政决算的25.5％，而1951年财政预算军费拨款在数量上和比重上比1950年都有增加。这样，战争长期打下去，国民经济恢复和国家长远建设均会受到影响。朝鲜人民已打了一年，支持长期战争的财力、物力和人力困难更大。

当然，中华人民共和国中央人民政府具有极高的威望，有强大的号召力和组织力，全国人民团结一心、同仇敌忾，全力支援战争，并且有朝鲜政府、朝鲜人民的支援，有朝鲜人民军与志愿军并肩作战，志愿军作战中的困难是可以克服的，经过持久作战定能取得战争最后胜利。

如果美国放弃武装侵占朝鲜半岛的企图，停止侵略，愿意以三八线为界，通过谈判公平合理解决朝鲜问题，则于中国人民和朝鲜人民更有利。和平解决朝鲜问题是中国政府和中国人民的一贯主张，志愿军参战的目的就在于同朝鲜军民共同反抗侵略，恢复朝鲜和平，为中国争取和平建设的环境。中共中央在决策组成中国人民志愿军入朝参战时考虑的基本目标，就是争取使美国在遭受打击后知难而退。

但是，在志愿军参战后直至第五次战役结束之前，美国当局执意继续扩大侵略，使和平解决朝鲜问题成为不可能。第五次战役后，战线已稳定在三八线南北地区，美国当局因"联合国军"在战场上遭到失败而被迫调整了朝鲜战争政策，放弃了军事占领整个朝鲜半岛的目标，并且作出了愿意通过谈判沿三八线一带实现朝鲜停战的表示。这说明，此时通过谈判解决朝鲜问题已经具备了基础和可能性。

得知美国当局作出愿意通过谈判沿三八线一带实现朝鲜停战的表示后，6月3日，金日成来到北京，与毛泽东等中共领导人分析了战争形势，讨论了战争方针问题。毛泽东、金日成研究决定，实行边打边谈方针，政治斗争和军事斗争双管齐下，一方面准备同美国方面举行谈判，争取以三八线为界实现停战撤军；另一方面对谈判成功与否不抱幻想，在军事上必须作长期持久打算，并以坚决的军事打击粉碎美军的任何进攻，以配合停战谈判的顺利进行。据此，中共中央确定了"充分准备持久作战和争取和谈达到结束战争"的指导方针。在军事上则确定了"持久作战，积极防御"和"在作战上，我们也应与谈判的要求相配合、相适应"的方针。

此前，5月26日，毛泽东致电彭德怀，总结志愿军运动战五次战役经验，对志愿军作战提出了"打小歼灭战"的方针，指出："历次战役证明我军实行战略或战役性的大迂回，一次包围美军几个师，或一个整师，甚至一个整团，都难达到歼灭任务。这是因为美军在现时还有颇强的战斗意志和自信心。为了打落敌人的这种自信心以达最后大围歼的目的，似宜每次作战野心不要太大，只要求我军每一个军在一次作战中，歼灭美、英、土军一个整营，至多两个整营，也就够了……我军入朝以来五次战役，已完成这种小歼灭战的一段路程，但是还不够，还须经过几次战役才能完成小歼灭战的阶段，进到大歼灭战的阶段。"

根据这些方针，彭德怀在第五次战役结束后，一方面对志愿军部队全面进行了持久作战的思想政治教育，并进行了持久作战的各种准备，另一方面做了同"联合国军"进行谈判的准备。

根据彭德怀和邓华的建议，志愿军领导也做了调整，中央军委任命陈赓和宋时轮分别为志愿军第二、第三副司令员，仍兼第三、第九兵团司令员，甘泗淇为志愿军副政治委员。

同时，调杨成武为司令员、张南生为政治委员的第二十兵团（辖第六十七、第六十八军）入朝，坦克部队有4个团完成参战准备入朝。第五十军第二次入朝。

四、停战谈判开始

1951年6月23日，苏联驻联合国代表雅格夫·马立克，应联合国秘书处新闻部邀请，在"和平的代价"广播节目中发表演说，就和平解决朝鲜问题提出了建议，他说："为和平解决朝鲜问题，第一个步骤是交战双方应谈判停火与休战，而双方把军队撤离三八线。"马立克的这个建议，实际上是经过中、朝、苏三国领导人商议的共同意见，是以外交途径对美国谋求和谈的一个回应。

6月25日朝鲜战争爆发一周年这一天，中国《人民日报》发表社论，表示"中国人民完全支持马立克的建议，并为其实现而努力"。也可能是一种偶然的巧合，同是这一天，美国总统杜鲁门在发表政策演说中也称："我们现在愿意参加朝鲜问题的和平解决。"

美国当局通过其驻苏联大使柯克，从苏联政府探明马立克6月23日发表的演说代表的是苏联政府的观点后，指示李奇微于6月30日，在东京时间上午8时，以"联合国军"总司令的名义，通过广播向朝鲜人民军司令官发布了要求举行停战谈判的通知。通知中说："在接到你们愿意举行会谈的通知后，我将指派我的代表，并提出双方代表会晤的日期。我提议这样的会议在元山港内一艘丹麦的医疗船上举行。"

在李奇微发出广播通知之前，美国驻联合国代表即向苏联外交部通报了即将由李奇微发出的通知的内容，金日成获得这个通知内容后，于6月30日致电毛泽东，认为应通过广播答复李奇微，同意与其代表进行关于停战谈判的会晤，并拟制了答复通知的文稿，要求这个文稿由金日成和彭德怀两个人共同签署，如果没有彭德怀的签署，美国人可能会认为这个答复没有任何意义。李奇微的广播通知发出后，同一天，毛泽东致电斯大林，发去了与金日成拟制的答复文稿大致相同的内容，征求意见，并请斯大林将意见直接电告金日成并通报给毛泽东。7月1日，以朝鲜人民军总司令金日成[1]和中国人民志愿军司令员彭德怀的名义，对李奇微的广播通知作了答复："我们同意为举行关于停止军事行动和建立和平的谈判而和你的代表会晤。会晤地点，我们建议在三八线上的开城地区。"

❶ 协助志愿军代表进行谈判工作的李克农（前）、乔冠华（后中）与志愿军谈判代表邓华（后左）、解方（后右）合影

6月底和7月初，毛泽东与金日成、彭德怀通过电报协商，就谈判人选及组织领导问题达成一致意见。中国方面选派李克农和乔冠华组成一个工作班子。李克农时任中国外交部第一副部长兼中央军委情报部部长，具有丰富的谈判斗争经验；乔冠华时任中国外交部政策委员会副主任兼国际新闻局局长，对国际问题颇有研究，文思敏捷，才华横溢。朝中方面谈判代表团工作由李克农主持，乔冠华协助。李克农、乔冠华受命后，先后在北京及平壤接受了毛泽东、周恩来和金日成的指示，于7月7日到达开城。停战谈判朝中代表团首席代表为朝鲜人民军总参谋长南日大将，代表为志愿军副司令员邓华、参谋长解方和人民军总司令部侦察局局长李相朝、第一军团参谋长张平山。

为有力进行谈判斗争，朝中方面建立了三线班子。第一线班子，是朝中方面谈判代表团，在谈判桌上与"联合国军"代表团进行面对面的唇枪舌剑；第二线班子，是停战谈判的前方指挥部，由李克农直接与毛泽东和金日成、彭德

---

① 据柴成文、赵勇田《板门店谈判》书中说，金日成在军队中的职务称呼，先称朝鲜人民军总司令，后称朝鲜人民军最高司令官，是因文电由北京起草，与由平壤起草形成的误差，后一直称为朝鲜人民军最高司令官。

怀联系，报告谈判情况，获得有
关指示，并根据这些指示制订代
表团在谈判桌上的谈判方案；第
三线班子，是最高决策层，由毛
泽东、周恩来与金日成协商，并
征求斯大林、彭德怀的意见，确
定谈判的总体方案、方针和原则，
根据谈判具体进展情况及时发出
指示。最高决策层的工作，毛泽
东基本委托周恩来具体操作，有

🔊 朝中代表团，从左至右解方、邓华、南日、李相朝、张平山

关谈判问题以毛泽东名义发给金日成、斯大林征求意见的电报，及发给李克农
的指示，基本上是由周恩来起草或由周恩来主持起草的。

双方多次进行联络，并互派联络官进行了接触协商。7 月 10 日，以朝鲜人
民军和中国人民志愿军为一方，以美国为首的"联合国军"为另一方，在志愿
军和人民军控制区开城的来凤庄开始朝鲜停战谈判。

"联合国军"谈判的班子，首
席代表是美国远东海军司令特
纳·乔埃中将，代表为美国远东海
军副参谋长奥尔林·勃克少将、美
国远东空军副司令劳伦斯·克雷奇
少将、美第八集团军副参谋长亨
利·霍治少将和南朝鲜第一军团军
团长白善烨少将，除一名南朝鲜
代表外，其余代表全是美国人（以
下称"美方代表团"）。

🔊 美方谈判代表团

朝鲜停战谈判局面的出现，是战场上实际较量的结果。美国被迫谋求谈判
解决问题，是美国当局承认朝鲜战争失败的一种表现。然而，这种承认是不干
脆的，而是羞羞答答的。美国当局虽然谋求通过谈判实现朝鲜停战，但并不愿
公平合理地解决朝鲜问题。美方代表团在谈判中无时无刻不表现出侵略者狂傲
的姿态，使谈判一开始就举步维艰。正如彭德怀所说的："朝鲜停战谈判是一次

史无前例的停战谈判。它既不是帝国主义者征服了别的国家、强迫别国接受投降条件的停战谈判，也不是帝国主义者争夺火并、相持不决，只好以妥协瓜分殖民地谋得短暂和平的停战谈判，而是一个妄图独霸世界的帝国主义者，在侵略战争中遭受到年轻的新兴的人民民主国家的反抗并遏制之后，不得不罢手而勉强接受的停战谈判。很显然，帝国主义者对于这样的谈判是不会心甘情愿地接受的，他无时无刻不在力图翻案。"

7月10日，停战谈判一开始，美方代表团首席代表乔埃就抢先发言，按照美国当局的意图，为会议确定调子，声明谈判中的讨论只"限于朝鲜的军事问题"，"不讨论任何政治或经济问题，不讨论与朝鲜无关的军事问题"。

乔埃发言后，朝中代表团首席代表南日紧接着发言，旗帜鲜明地阐述了朝中方面的原则立场。南日按朝中方面事先确定的内容，在发言中声明，朝鲜战争应该迅速结束，为解决停火而必须讨论双方军队撤离三八线及撤退外国军队问题。然后，提出了三项原则建议：

第一，在互相协议的基础上，双方同时下令停止一切敌对军事行动，陆军停止对对方的进攻、袭击与侦察；海军停止对对方的轰击封锁与侦察；双方空军停止对对方的轰炸与侦察。显然，双方停火，不但可以减少生命财产的损失，而且是扑灭朝鲜境内战火的第一步。

第二，确立三八线为军事分界线，双方武装部队应同时撤离三八线10公里，并于一定时限内完成之。以双方撤离的地区为非军事地带，双方皆不驻扎武装部队或进行任何军事行动。这里的民政，恢复1950年6月25日以前的原状。与此同时，立即进行关于交换俘虏的商谈，使各国俘虏早日还乡与家人团聚。

第三，应在尽可能短的时间内撤退一切外国军队。外国军队撤退了，朝鲜战争的停止与朝鲜问题的和平解决，便有了基本的保障。

南日发言后，志愿军谈判代表邓华接着发言，表示完全支持南日的发言。他说："在朝鲜作战双方停火，确定三八线为双方军事分界线，及撤退一切外国军队，是符合朝鲜人民、中国人民以及全世界人民的愿望和要求的。我们认为朝鲜人民军的代表所提出的三项建议，是停止朝鲜战争及和平解决朝鲜问题的前提与基础。中国人民志愿军衷心支持这些建议，并认为应把它们作为谈判出发点。"

听完朝中方面的发言后，美方代表团首席代表乔埃说，朝中方面的建议含有政治问题，超出了这次谈判讨论的范围，但在南日追问时，他未予明确说明。接着，以书面形式向朝中代表团出示了他们事先准备好的包括有九项内容的议程草案，要求通过。这个草案的内容是：

1. 通过议程；

2. 战俘营的地点和红十字国际委员会访问战俘营的权利；

3. 谈判仅限于与朝鲜有关的军事问题；

4. 在足以保证在朝鲜不再发生敌对军事行动的条件下，停止朝鲜的军事行动；

5. 对横贯朝鲜的非军事区达成协议；

6. 军事停战委员会的组成、权力与职司；

7. 协议在停战委员会下设立军事观察小组，并在朝鲜视察的原则；

8. 军事视察小组的职司；

9. 关于战俘的安排。

这份议程草案，其前三条有的毫无实质性内容，有的与此次谈判毫无关系。后六条虽是这次谈判要讨论的问题，但也是主次不分、次序混乱，并已包含在朝中方面的三项原则建议中。但美方既未提三八线问题，也未提撤军问题。朝中代表团研究后，针对美方方案并在南日所提三项建议的基础上，提出了包括五条内容的议程方案，即：

1. 通过议程；

2. 作为在朝鲜停止敌对行动的基本条件，以三八线为双方军事分界线并建立非军事区问题；

3. 从朝鲜境内撤出一切外国军队问题；

4. 在朝鲜境内停火与休战的具体安排问题；

5. 关于停战后战争俘虏的安排问题。

李克农将这五条议程方案的内容，于当天中午电告毛泽东、金日成和彭德怀。朝中代表团于当日下午的谈判会上指出美方方案的混乱和主次不分后，提出了上述五条议程方案。

在随后关于议程问题的讨论中，美方代表团对他们自己所提九条方案稍作辩解就不再坚持，并同意讨论朝中方面方案中的第1、第4、第5点。根据美国当局不讨论三八线的问题，也不讨论撤退外国军队问题的既定方针，美方代表团坚决拒绝将撤出外国军队问题列入议程和在议程中出现"三八线"的字样。在 7 月 16 日的谈判中，朝中代表团根据毛泽东指示，同意在议程中不出现"三八线"字样，但坚持将撤退外国军队列入议程。直至 20 日，美方在这个问题上仍无让步表示。会内，乔埃蛮不讲理。会外，美国国务卿艾奇逊和国防部长马歇尔先后发表声明，表示拒绝从朝鲜撤退外国军队。李奇微指示美方代表团：在谈判中应以"简短、生硬、有力的语言回答，只要乔埃说得出，就尽管粗鲁"。关于议程问题的谈判陷入僵局。

7 月 20 日，李克农将谈判情况电告毛泽东、金日成和彭德怀，并认为：从美方代表在前几次会议上的发言和艾奇逊声明看，美方在从朝鲜撤出外国军队问题上作出让步的可能性不大。21 日上午，朝中代表团提出休会三天，要求对方再作考虑。

对李克农电报中所提问题，毛泽东和周恩来分析认为，从凯南与马立克的会谈，及停战谈判中美方的态度和整个远东局势看，"敌人只打算在朝鲜就地停战，避免在战争中继续损伤和拖延不决，至于其他一切问题包括从朝鲜撤出问题在内，敌人是打算继续目前紧张状况"。就是战争再打几个月，将敌人全部打到三八线以南，那时再谈，敌人仍可能拒绝从朝鲜撤出外国军队，如果谈判再破裂，战争就更要长期拖延了。谈判核心问题是解决以三八线为界停战的问题，这个问题解决了，撤退外国军队问题可以留待朝鲜停战后去解决。这样，"与其将来为撤兵问题而进行难以得到结果的长期战，不如不以撤兵为停战谈判必须立即解决的条件，而照马立克同志所说以从三八线撤兵停战为和平解决朝鲜问题的第一步，将从朝鲜撤兵问题保留到停战后去讨论"。于 20 日当天，由周恩来起草电报，以毛泽东名义发给斯大林，将上述考虑征求斯大林的意见。在斯大林表示赞成后，周恩来又起草毛泽东致金日成的电报，并取得金日成的同意。

7 月 23 日，毛泽东指示李克农并告金日成、彭德怀，指出："此次停战谈判，仍应以争取从三八线上撤兵停战为中心，来实现和平解决朝鲜问题的第一步，至于从朝鲜撤退外国军队问题，可以同意留待停战后的另一个会议去解决而不将其列入此次会议的议程之内。"并指示，由代表团在 25 日会议上发表声明，说明撤退一切外国军队与停战不能分开的道理，可是经过八次会议的协商，都得不到对方对这一问题的重视和同意，实在是万分遗憾。现在我方为求得早日达成停战协议，同意不将讨论撤退外国军队问题列入此次会议的议程之内，但我们提议在已协议的四项议程外，加入第五项"其他有关停战问题"。

因当时朝鲜洪水将板门店桥梁冲毁，谈判休会三天。朝中代表团于25日的谈判会议上发表了声明，同意不将撤出外国军队问题列入谈判议程，但增加议程第5条，即"向双方有关各国政府建议事项"。这样美方再无法反对，以朝中方面提出的方案为基础，谈判双方于7月26日达成了关于议程的协议：

1. 通过议程；

2. 确定军事分界线以建立非军事区；

3. 实现停火休战的具体安排；

4. 关于俘虏的安排；

5. 向双方有关各国政府建议事项。

经过朝中方面的努力，历时半个月，谈判才达成关于议程问题的协议，可见与企图称霸全世界的帝国主义者谈判的艰难。然而，双方在谈判桌上的较量这还仅仅是序幕，实质性问题的谈判尚未开始。

五、军事分界线问题的舌战和飞机大炮的辩论

在1951年7月26日谈判双方达成关于议程问题协议的同一天，即按议程协议进入关于军事分界线问题的实质性讨论。

朝中方面把关于军事分界线问题的谈判，看成是谈判各项议程中的核心问题。根据美方在关于议程谈判中横生枝节的表现，估计到关于军事分界线问题的谈判会更加艰难，会有一场更为激烈的舌战。

正像预料的那样，美方代表团完全不讲理，几乎不是在谈判，而是在炫耀武力。朝中方面根据战前三八线就是朝鲜南北双方分界线，战争中1951年1月以来双方又四次摇摆于三八线南北地区，而提出以三八线为军事分界线的建议方案。美方代表团不但坚决拒绝以三八线为军事分界线的合理建议，而且狂妄炫耀其海空军优势，无理要求这种优势要在军事分界线的确定上得到"补偿"。

美方首席代表乔埃在7月27日的谈判会中说：地面部队的战线，不能反映双方军队的实际力量，"联合国军"具有海空军"优势"，"贵方对海空军的威力是充分领会的，因此，必须对海空军部队给予地区作战的影响以适当的估计"。

"联合国军以其空军力量与海军力量所控制的广大区域，它包括了全部北朝鲜从目前军事接触线直至鸭绿江和图们江，你方在朝鲜没有可以相比拟的地位……换言之，你方将部队撤到大致通过平壤与元山的线以北时，所放弃的优势将完全比不上联合国军将其空军与海军力量从北朝鲜撤退时你方所获得的优势。"28日，乔埃在谈判会中又说："在选择非军事区时，我们必须要考虑地形和联合国陆海空军的潜力。但是，我方已经提议撤退我方的海空军，为了这些让步，我方应得到补偿。"为此，美方代表团还标定了一份他们所要求的军事分界线地图，无理地将军事分界线划在志愿军和人民军后方数十公里的地区。按这条军事分界线，志愿军和人民军将从当时双方实际接触线退出 1.2 万平方公里地区。

对于美方狂妄无理的要求，朝中代表团针锋相对地进行了有力的驳斥。朝中代表团首席代表南日，在 28 日的谈判会上指出："你们的形势既然如此有利，你们为什么不在你们海空军掩护下，在你们曾经到过的平壤、元山一线站住脚呢？而且一直退到汉江以南呢？……尽管你们滥用你们的空军狂轰滥炸，你们的战线却从鸭绿江一直撤到三八线以南，这是单纯的什么兵种效能的观点可以解释的吗？你们的陆上战线集中地反映了你们陆海空军的全部效能。事实上，你方只是依靠了海空军毫无人道的、违反国际公法的狂轰滥炸，才勉强地、暂时地维持了你们地面部队的现状，假使没有这种狂轰滥炸的掩护与支持，你们的地面部队早就不知道撤到什么地方去了。"你们根据"荒谬的理论而提出的军事分界线，是完全没有根据的，从而也是不值得考虑、不能考虑的"。你们在谈判中这种无理的表现，"除了表明你们在准备扩大战争的根据外，不能有其他的解释……我们坐在这里开会，不是来夸耀自己的军事力量，叫嚣战争，而是来谈判停战，从而建立和平解决朝鲜问题的桥梁。"南日对美方无理要求驳斥得有理有力，驳得美方代表团无言以对。

在 8 月 10 日的谈判会上，美方代表团声称："贵方企图讨论三八线为军事分界线的任何努力，我们都将不予理睬。"待朝中方面南日发言，继续坚持三八线的观点后，美方代表团不再发言，致使会议从下午 1 时 38 分至 3 时 50 分，沉默 132 分钟，创造了谈判史上空前的奇观。

毛泽东曾说："同他们讲和是不容易的。美帝国主义者很傲慢，凡是可以不讲理的地方就一定不讲理，要是讲一点理的话，那是被逼得不得已了。"美方代表团在整个停战谈判中，几乎是处处不讲理，在军事分界线问题谈判中的不讲理，到了荒唐、幼稚、不知廉耻的程度。

8月11日，乔埃又提出了与其海空军"优势"完全相反的理由，来支持其关于军事分界线的主张。乔埃说："你方地面部队具有强大的优势，并且这种优势还会增加，而美方地面部队不具备这种优势，因此美方地面部队必须要有一定深度的天然防御阵地。"美方这种理由简直不值一驳。南日将军一针见血地指出：你们用"两种互相冲突的理由，来支持你的方案，难道你们不觉得滑稽可笑吗？你们说你们海空军强，所以你们应有所补偿。现在你们承认你们陆军弱，但你们又说应有补偿……不管你们强弱，你们都需有补偿，这不是一种失去理智的瞎说吗？"

志愿军代表团在谈判中已经看出，美方关于军事分界线的最后底盘只能是就地停战，而绝对不可能接受以三八线为军事分界线的方案。李克农于8月12日给毛泽东的电报中，对谈判发展形势和美方的基本底盘作了分析，并对朝中方面在分界线问题上的立场提出建议。李克农在电报中说："我们觉得必须对三八线问题作一个决定，如我们的底盘是必须争到确定以三八线为军事分界线的原则，只容许在这个原则下作这种或那种调整，我们就必须作决裂的打算与准备。不然我们就应该有一个明确的妥协方案。""我们（李、邓、解、乔①）估计对方最后的盘子是老实的就地停战加上若干不大的调整。因此我们是必须决定争三八线而准备破裂呢？还是为避免破裂争取停战而考虑就地停战加上若干不大的调整呢？……觉得与其争三八线而破裂，不如考虑就地停战加上若干可能争得到的调整而实现停战，从而争取三年至五年准备力量的时间。自然如果对方根本不放弃其现有荒谬方案，我们也觉得只有采取破裂之一途。"

当时的战线，是双方在三八线南北都有地盘，志愿军和人民军占有临津江以西三八线以南的一些地盘（包括开城），"联合国军"占有临津江以东三八线以北的一些地盘。8月18日，邓华以个人名义致电彭德怀并转毛泽东，认为对方的底线可能就是就地停战。如此，则就地停战对我方也不吃亏，因临津江以西三八线以南面积虽小，但人口财富较多，军事上敌阵地离元山近，有利其登陆进攻，而我方阵地离汉城更近，也易抚敌侧背；此种方案，对方说是就地停战，我方也可说是三八线地区调整的停战，因东面三八线及其以北地区为敌所

---

① 李，指李克农；邓，指邓华；解，指解方；乔，指乔冠华。

有，而西面三八线及其以南地区为我方所有。除非敌人连就地停战也不接受，再坚决打下去。

22日，朝中代表团致电毛泽东、金日成和彭德怀，提出：对方反对三八线方案，主要原因是政治的，我方坚持三八线方案也是基于政治上的考虑，如此，我方似即可提出我方接近于就地停战稍加调整的方案，造成对方没有拖延的借口。这个方案我们在政治上、经济上、军事上都不吃亏，并同样可以说是以三八线为基础的方案，反正是各说各的，这样说那样说实际上只是个说法问题了。

其实，在6月上旬，金日成到北京与毛泽东等确定同美方举行停战谈判时，就考虑过最终的结果可能就是就地停战，所以代表团的提议得到毛泽东和金日成的同意。

美方代表团理屈词穷，仍不接受以三八线为军事分界线，并且认为可以依靠海空军优势为自己增加谈判筹码。8月18日，美军同时开始了空中攻势和地面攻势，地面攻势就是对人民军防守的阵地发动的夏季局部攻势，后又对志愿军防守的阵地发动秋季局部攻势，空中攻势就是集中其投入朝鲜战场上80%的空中作战力量，以摧毁朝鲜北方铁路系统为主要目标发动的"绞杀战"。此外，还连续在双方协议的开城中立区制造事端，进行挑衅破坏，8月19日，派遣武装特务进入中立区袭击警卫开城中立区的志愿军军事警察，枪杀军事警察排长姚庆祥，导致战士王仁元受重伤。8月22日，美军飞机扫射开城谈判会场区朝中代表团住所。鉴于此，朝中方面宣布，从8月23日起，谈判会议暂停，以待美方对其飞机扫射朝中代表团住所事件作出负责的处理。

对停战谈判开始后美方可能对志愿军和人民军施加军事压力，毛泽东早有预料。早在停战谈判开始前的7月2日，毛泽东致电彭德怀并高岗、金日成，就要求对谈判有关事宜作出部署，同时进一步指示志愿军在谈判时，要"极力提高警惕。我第一线各军，必须准备对付在谈判前及谈判期内敌军可能对我来一次大的攻击，在后方，则举行大规模的空炸，以期迫我订立城下之盟。如遇敌军大举进攻时，我军必须大举反攻，将其打败"。彭德怀据此作了部署和准备。

在谈判开始后，志愿军谈判代表邓华和解方，鉴于美方代表在谈判中的狂妄表现，于7月底致电彭德怀，建议"谈判需要战斗胜利配合，并须做破裂之军事准备……谈判需用政治攻势，特别是以战斗胜利相配合才更为有利"。

李奇微发动的夏季攻势，主要进攻方向是朝鲜人民军防守的北汉江东岸艾幕洞至东海岸高城约80公里防御正面。在这个方向，先后动用美军两个师、南朝鲜军5个师的兵力，企图夺取人民军部分阵地，拉直登大里至芦田坪向其突出的战线，使其与中部战线取齐，以改善其防御态势，迫使朝中方面在谈判中让步。作战分两个阶段：8月18日至31日为第一阶段。"联合国军"以美军1个师和南朝鲜军5个师的各一部，共约3个师的兵力，向人民军第五、第二、第三军团防御正面实施全面进攻。人民军在十分困难的情况下，依托野战工事，进行了英勇顽强的抗击和反击，至31日粉碎了"联合国军"进攻。9月1日至18日为第二阶段。"联合国军"转为重点进攻，加大主要进攻正面的兵力，不断以营、团兵力实施攻击。人民军英勇作战，给"联合国军"以重大杀伤。至9月18日，"联合国军"除在个别地段

中国人民志愿军战士向264.4高地的敌人发动进攻

继续进攻并持续至10月中旬外，其他地段被迫停止进攻。在夏季防御作战中，人民军共歼敌4.6万余人，阵地被突入2~8公里，失去土地179平方公里。

为配合人民军作战，志愿军位于第一线的第六十四、第四十七、第四十二、第二十六、第二十七军，积极进行有限目标的战术反击，攻击"联合国军"多处阵地，共毙伤敌3100余人，特别是占领了几个要点，改善了平康地区的防御态势，有力策应了人民军的防御作战。

志愿军和人民军在夏季防御作战期间，共歼敌7.8万余人，其中美军2.2万余人。

李奇微的夏季攻势失败后仍不甘心，又从9月29日起，采取逐段进攻、逐步推进的战法，对志愿军防守的阵地发动了秋季局部攻势。

首先在西线发起进攻，直接目的是迫使志愿军放弃临津江以东至铁原以西阵地，以解除对其涟川至铁原交通干线的威胁，并从翼侧威胁开城，为日后夺占开城创造条件。当日，美军第三师以两个步兵团，在60辆坦克、100余门火炮支援下，向志愿军第四十七军防守的夜月山、天德山至大马里地段进攻。第

四十七军集中兵力，控制要点，注重使用炮兵，连续击退美军多次冲击，除夜月山外，均守住了阵地。

10月3日，"联合国军"集中美军1个师又两个团、英联邦师[①]等共8个团的兵力，在160余辆坦克和大量炮兵及航空兵掩护下，开始对志愿军第六十四、第四十七军防守的40公里正面全面进攻。在第六十四军当面进攻的是英联邦师，第六十四军经5个昼夜激战，给英联邦师以重大杀伤，英联邦师虽前进3公里，但因伤亡过大而被迫停止进攻。在第四十七军当面进攻的是美军骑兵第一师等5个多团兵力，重点向天德山及其以西418高地进攻。防守该阵地的志愿军第一四一师1个营，抗击美军两个团的进攻，平均每天击退10余次冲击。10月6日后，美军每天以1个团以上的兵力，在大量火炮、坦克、飞机支援下，对334高地至高作洞地段实施逐点攻击。第四十七军防守部队与其展开反复争夺，在予以大量杀伤后，于18日主动放弃该线阵地。至此，"联合国军"被迫停止在西线的进攻，付出伤亡2.2万余人的代价，推进3~4公里。

在东线，美军第二师两个团、南朝鲜军第八师1个团，从10月5日开始，向人民军第五军团防守的北汉江东岸文登里地区进攻。7日，志愿军第六十八军（入朝时军长陈坊仁、代政委李呈瑞）开始接替人民军第五军团防务。8日，"联合国军"的攻势，重点转向北汉江东西地区的志愿军第六十七、第六十八军防御正面。第六十八军边接防边战斗，针对"联合国军"大量使用坦克的特点，以步兵防坦克歼击组、无坐力炮分队及工兵分队组成反坦克大队，设置反坦克阵地，开展反坦克作战。经13个昼夜战斗，歼敌7600余人，击毁坦克28辆、击伤8辆，粉碎了"联合国军"以"坦克劈入战"攻取文登里的企图。文登里反坦克作战曾作为典型战例收入中国人民解放军的战例教材。10月13日，美军和南朝鲜军各两个师在200余辆坦克、14个炮兵营及大量飞机支援下发起进攻。第六十七军（入朝时代军长李湘、政委旷伏兆）依托阵地顽强阻击，并组成反坦克分队，设置防坦克障碍物，抗击"联合国军"的坦克"楔入战"，激战至21日，"联合国军"以伤亡2.3万余人、损失坦克47辆的代价，占领几个山头，被迫于22日停止进攻。从此以后，美军在朝鲜战场再未使用集群坦克发动进攻。

---

① 英军两个旅、加拿大旅和澳大利亚、新西兰等英联邦国家部队，于1951年7月28日合编为英联邦第一师。

志愿军在秋季防御作战中，共歼敌 7.9 万余人；阵地被突入 6~9 公里，失去土地 467 平方公里。

1951 年夏、秋季防御战役，志愿军和人民军共毙伤俘敌 15.7 万余人（其中，志愿军歼敌 11 万余人）。志愿军伤亡 3.3 万余人。

李奇微付出如此重大伤亡代价，仅占领土地 646 平方公里，远远没有达到谈判中要求志愿军和人民军退出 1.2 万平方公里的目的。因此遭到美国国会和参谋长联席会议的谴责。布莱德雷说："所施行的占领个别高地的战术，不符合美国在远东的全盘战略……用这种战法，李奇微至少要用 20 年的光景才能到达鸭绿江。"李奇微在回忆录中也说："在国会，人们认为，总的态势并无明显改善，不值得付出如此重大的伤亡。"

美方代表团在谈判桌上没有得到的东西，在战场上用飞机大炮也同样没有得到，并且付出了重大伤亡代价。于是美方代表团不得不回到谈判桌上来继续谈判。10 月 25 日，中断两个月的停战谈判在新会址板门店复会。双方代表团成员均有调整，志愿军代表邓华由第二十三兵团副司令员边章五接替，邓华回志愿军总部协助彭德怀进行全面工作。

战场上的较量又一次证明，美军的海空军优势，对于其推进地面战线帮不了多少忙。因此，在谈判恢复后，美方代表不再谈论其海空军优势"补偿论"，放弃了要求志愿军和人民军退出 1.2 万平方公里地区的荒谬主张。在谈判恢复的当天，美方代表宣布了他们关于军事分界线的新方案，新方案的军事分界线基本与当时战线重合，在东部和中部有些地方划在实际战线的偏南处，而在西部则划在了实际战线的偏北处，将志愿军和人民军控制的开城划在美方控制区，非军事区宽度为 4 公里。按照这个新方案，志愿军和人民军控制的开城划给美方，而且总计志愿军和人民军还要退出 1500 平方公里的地区。

在谈判复会前的 10 月 22 日至 24 日，李克农与毛泽东经过电报反复讨论，并征得金日成同意，确定在谈判恢复后的第一次会议上，朝中方面应建议，双方都放弃原来各自所提的方案，而各自提出新方案进行讨论，如美方不同意，则我方也不提出新方案，如美方同意，我方可提出经过研究修改的新方案，即不再提以三八线为军事分界线，而提出在临津江以东美方放弃三八线以北 1944 平方公里，在临津江以西我方放弃三八线以南 1800 平方公里，放弃的地区作为非军事区，其行政仍由双方各自管理（这个方案被称为朝中方面的第二方案）。

这一方案实际上是以双方接触线为基础加以调整的方案。同时也考虑了再经过一段争论，在对方向我方方案靠近的情况下，我方再提出就地停战稍加调整的方案（第三方案）。在 10 月 26 日的谈判会上，朝中方面代表提出了第二方案。

在谈判中，一方面，双方的接触线尚未经核实，另一方面，美方坚持其所提的方案，强调在东部和中部退出一部分地区，换取西部的开城地区。双方又进行了激烈的辩论。朝中代表团分析认为，一旦双方接触线核实明确后，美方方案就已站不住脚，如果美方仍不同意我方第二方案，我方似可直接提出就地停战的第三方案，双方军队各后撤 2 公里作为非军事区，这样可以避免对方以在东、中部退出一些地区换取开城的无理要求，对方再无理由反对我方方案。10 月 30 日，李克农将这一考虑报告毛泽东、金日成和彭德怀。毛泽东表示同意这一考虑，并通报给了斯大林。

在战场上，早在"联合国军"的秋季攻势已成强弩之末，双方酝酿恢复谈判时，彭德怀就估计到谈判恢复后仍不会很顺利，为配合谈判作了军事部署。从 10 月中旬起，彭德怀即指示志愿军各部，"为增加对敌方压力，促使谈判进展"，"我第一线部队，应坚持现有阵地，并尽可能的举行局部反击，收回一些放弃的阵地，表示我力量，促进停战谈判，甚为重要"，等等。志愿军谈判代表团的李克农和解方也希望这种局部反击"在充分准备的条件下尽可能早点发动，以期有助于目前的军事分界线之谈判"。

据此，自 10 月 31 日至 11 月底，志愿军第一线第六十四、第四十七、第四十二、第二十六、第六十七（11 月 7 日为第十二军接替）、第六十八军等 7 个军，共选择"联合国军"营以下阵地突出的、暴露的或较薄弱的 26 个阵地，攻击 34 次，攻克阵地 21 处，歼敌 1 万余人，巩固占领其中 9 个阵地。与此同时，担负保卫开城任务的第六十五军进行两次扫荡作战，扩展 280 余平方公里的地区。

在西海岸的志愿军第五十军在志愿军空军直接支援下，自 11 月 5 日开始至 12 月 1 日，对鸭绿江口至清川江口之间的沿海岛屿，连续进行了 4 次渡海攻岛作战，先后攻占了椴岛、艾岛、炭岛、大小和岛、大小加次岛、牛里岛、云雾岛等 14 个岛屿，共歼灭武装匪特 570 余人。

在这次攻岛作战中，11 月 30 日 14 时 20 分，志愿军空军第八师出动 9 架图 -2 轰炸机，由第二师 16 架拉 -11 歼击机直接护航，第二次轰炸大和岛。但由于轰炸机起飞后提前转弯，加上速度较大，比预定与第三师米格-15歼击机编队的时间提前5分钟。轰炸机群向目标区前进途中，突然遭到美国空军30多架F-86战斗机的袭击，据美国空军战史记载，这次美军的F-86飞机，就是后来张积慧击落的戴维斯带领的。志愿军轰炸机被击落3架，其余6架也有5架负伤。但在拉-11歼击机的掩护下，领队长机高月明坚定沉着指挥，始终保持队形，按计划把全部炸弹倾泻在大和岛上。待第三师米格-15歼击机按计划时间起飞赶到时，美军飞机已逃逸。这次空战，志愿军空军轰炸机和拉-11歼击机击落美军F-86飞机3架、击伤5架，志愿军飞机被击落8架、击伤7架。第二师副大队长王天保，以拉-11飞机接连击落F-86飞机1架、击伤3架，创造了以活塞式飞机击落美军最先进喷气式飞机的先例，被志愿军总部授予"二级英雄"称号。轰炸机带队长机大队长高月明，遇美机攻击时临危不乱，沉着指挥，反击美机，被志愿军总部授予"二级英雄"称号。这次攻岛作战，是抗美援朝战争中唯一的一次陆空协同作战，也是中国人民解

王天保

放军历史上第一次陆空协同作战，人民解放军空军第一次多机种协同作战，其经验对后来的军种协同作战具有重要的意义。

人民军两个旅在大同江口外和瓮津半岛外也收复数个岛屿。志愿军和人民军这些作战，有力地打击了敌人并促进了停战谈判。

在朝中方面有力军事打击和谈判代表团有力舌战的斗争下，美方代表团虽仍摆出一副无理取闹的态度，并且扬言开城的所有权由武力来决定，但也不得不开始步步退让。

毛泽东于11月6日电示李克农，我方可于11月7日的谈判中，主动提出就地停战各后撤2公里作为非军事区的方案。同时指示彭德怀，对敌可能进攻开城，我必须有所准备，在其进攻时，坚决歼灭之。彭德怀作了保卫开城的部署，具体由第十九兵团在已有第六十五军担负保卫开城任务的基础上，又增加第六十三军保卫开城，并要求该两军，以寸土必争、反复争夺确保开城的决心，

坚决粉碎敌人的进攻。

朝中代表提出上述方案后，美方代表再无反对理由，但只同意就此签署原则协议，而不愿确定具体的军事分界线，企图在所有谈判议程都达成协议后再确定具体的分界线，以为他们依靠优势的武器装备还能得到便宜。朝中方面认为，这项议程讨论的就是军事分界线问题，因此，必须确定一个事实上的分界线，同时对停战前军事分界线的变化也充满信心，认为美国人不会得到便宜，因此，提出在各项议程全部达成协议后，届时根据双方接触线的实际变化再对军事分界线加以调整。美方代表只好同意，经过双方参谋人员校订接触线后，双方代表团大会于 11 月 27 日达成了关于军事分界线的协议：以双方现有实际接触线为军事分界线，双方各由此线后撤 2 公里以建立军事停战期间的非军事区。如果停战协定在本协议批准 30 天后签字，届时按双方实际接触线的变化修正上述军事分界线和非军事区。

朝鲜停战谈判形势的出现，是志愿军和人民军胜利作战打出来的结果。同样，关于军事分界线问题谈判协议的达成，也是志愿军和人民军有力作战打出来的结果。关于军事分界线问题的谈判历时 4 个月，充分表明，如果没有有力的军事打击相配合，同美国人讲和是不容易的，美国人是很傲慢不讲道理的，"要是讲一点理的话，那是被逼得不得已了"。

六、其他议程的舌战

朝中方面原以为，关于军事分界线这个谈判的核心问题解决了，其他议程的谈判要相对容易些。然而，美方在军事分界线问题上的谈判中没能得到便宜，没有达到他们"体面停战"的目的。在其他各项议程的谈判中，仍是处处不讲理。

在关于军事分界线问题的谈判达成协议的当天，1951 年 11 月 27 日开始了第三项议程——关于停火与休战的安排问题的谈判，12 月 11 日和 1952 年 2 月 6 日，先后开始了第四项议程——关于俘虏的安排问题，第五项议程——关于向双方有关各国政府建议事项问题的谈判。从 12 月 4 日开始，这三个议程的谈判均以小组委员会的形式进行。

在第三项议程的谈判一开始，朝中代表就提出了保障停战的五项建议：1. 自停战协定签字之日起，双方停止一切敌对行动；2.双方一切武装力量，于停战协定签字后3天内撤出非军事区；3.双方一切武装力量，于停战协定签字后5日内，从对方后方和沿海岛屿及海面撤走；4.在停战期间双方一切武装力量不得进入非军事区和在该区进行武装行动；5.双方组成停战委员会，共同负责停战协定的实施。

美方代表除了空谈同意停战后双方停止敌对行动外，没有提出任何实质性的方案，反而提出与停战毫无关系的双方互派人员到对方后方自由视察的建议，企图进行特务侦察活动。尤其无理的是，竟然提出在停战期间不准朝鲜北方建设机场，干涉朝鲜内政，强调停战后允许用补充和轮换的办法维持其在朝鲜的军力水平。这样，第三项议程的谈判从一开始，双方便展开了激烈的争论。

针对美方坚持战后允许用补充和轮换的办法维持其在朝鲜的军力水平及自由视察的主张，周恩来拟定再补充两条建议方案。在12月3日的谈判会议上，南日在已提出的五条建议之外再补充了两条建议：

6.为保证军事停战的稳定，以利双方高一级的政治会议的进行，双方应保证不从朝鲜境外以任何借口进入任何军事力量、武器和弹药。

7.为监督第六条规定的严格实施，双方同意邀请在朝鲜战争中的中立国家的代表成立监察机构，负责到非军事区以外双方同意的后方口岸进行必要的视察，并向双方停战委员会提出关于视察结果的报告。

美方完全没有料到朝中方面提出中立国监察的问题。美军战史中说："共产党的新建议一下子便将联合国军司令部置于被动的地位，因为他们对共产党提出的严格限制一切军事力量和装备以及邀请中立国家执行检查任务没有任何思想准备。"美方建议将第三项议程的讨论交由双方协议组成的小组委员会进行。

从12月4日开始，第三项议程转入小组委员会讨论。参加该项议程小组会谈判的，朝中方面的代表是李相朝（12月11日由朝鲜人民军总司令部动员局局长张春山接替。李相朝参加第四项议程的谈判）、解方；美方代表为滕纳、霍治（12月17日由费伦堡陆军少将接替）。另外，双方各有参谋、译员和记录员若干人。

经朝中代表的严厉驳斥后，美方虽放弃了自由视察的要求，但仍胡搅蛮缠，坚持不准朝鲜北方建设机场。朝中代表解方严词警告对方：即使在你们使用军事力量狂轰滥炸、大肆破坏的时候，你们妄想干涉朝鲜北方的内政也没有干涉得了。你们使用军事力量不能得到的东西，也休想在谈判中得到。后来，美方代表又拒绝朝中代表所提中立国监察机构成员国中的苏联。在修建机场和中立国提名问题上双方争执不下，到1952年4月，小组委员会毫无进展，并且经常是刚刚开会就宣布结束。4月11日至16日，6天内6次开会时间总计仅5分钟，最短一次开会时间仅25秒，创下了最短谈判会议的纪录。直至5月2日，美方才被迫放弃其干涉朝鲜北方内政的不准建设机场的要求。这样朝中代表在提名苏联为中立国问题上也做了让步。此项议程的谈判历经5个多月，双方于5月2日，以朝中代表所提方案为基础达成了协议。

相对而言，关于第五项议程的谈判还算容易些，但美方代表也是胡搅蛮缠，企图使该项议程变得毫无意义。经朝中代表的努力，历经12天的反复辩论，该项议程于1952年2月17日达成了协议。

斗争最尖锐、拖延时间最长的是第四项议程：关于俘虏安排问题的谈判。此项议程谈判，由于美方不讲理和毫无诚意，竟拖了一年半之久。这是朝中方面没有料到的。本来，关于战俘问题，既有国际惯例，也有美国参加签订的关于战俘问题的《日内瓦公约》。该公约规定：战争停止后，全部释放并遣返战俘，不得迟延。朝中代表一开始就据此提出了停战后迅速遣返全部战俘的原则。

然而，美方代表始终不表态，继则提出先交换战俘名单，进而不顾其政府参加签订的战俘问题的国际公约，又一次无理到了荒唐可笑的地步，竟然提出"一对一"交换战俘的无理主张，即：一方交换完了，其缺额由愿到对方的"平民"顶替，再有剩余战俘，则要他们宣誓"不再参加战争"，而后"假释"，所谓尊重战俘的"人权"，实行"自愿遣返"。企图假其名而行强迫扣留战俘之实。朝中代表李相朝对此进行了严厉驳斥，并指出："战俘的释放与遣返，不是人口买卖，20世纪的今天更不是野蛮的奴隶时代。""全世界人民将诅咒你方的提案，你方自己的被俘人员和他们的家属也将诅咒你方的提案，因为你方这一提案阻塞释放与遣返全体战俘的可能，将阻塞迅速达成停战协议的前途。"然而，美方代表对所谓"自愿遣返"以外的任何方案都拒绝讨论，致使这一问题的谈判从1951年12月11日开始，至1952年5月没有任何进展。5月22日，美国陆军少将威廉·哈里逊接替乔埃为美方首席代表后，对谈判则采取了无赖的态度，要么到会一言不发，甚至在会场上打瞌睡，要么一到会就提议休会若干天，甚至不等对方表态，他就率美方代表退席。谈判实际上已处于停顿状态。到了10月

8 日，美方竟单方面宣布无限期休会，停战谈判再次中断。

美方还派特务到战俘营，对志愿军和人民军被俘人员进行反动宣传，对战俘强行"甄别"，并血腥屠杀表示回国的志愿军和人民军被俘人员。朝中方面对此提出了强烈谴责和抗议。

1952 年夏季以后，美军在战场上越来越处于不利地位，几乎是攻则不克、守则必失，到了 1953 年年初，已完全失去了地面战场的主动权，只好再次回到谈判桌上来解决问题。朝中方面为使战俘问题获致圆满解决，提出了新的建议。经过谈判会上朝中代表团的不懈努力和战场上志愿军、人民军胜利作战的有力配合，至 1953 年 6 月 8 日，终于以朝中方面的建议为基础，达成了关于战俘问题的协议。然而，由于南朝鲜李承晚当局的破坏，直至 1953 年 7 月 27 日，双方才签订停战协定。

第九章 9 后方战场

★

力量悬殊
的对抗

志愿军在朝鲜作战，不同于解放军在国内战场作战。朝鲜战争是现代化的立体战争，美军依靠其优势的空中力量到处狂轰滥炸，朝鲜前方后方都成了战场，这对基本上是单一陆军作战的志愿军来说，不但在前方作战困难很多，而且后方运输也极为困难，并且一直面临着极大的防空压力。但是，上至中央军委和志愿军总部，下至志愿军广大指战员，采取了许多有效措施，想了许多办法，创造性地建成了"钢铁运输线"。不但基本解决了运输问题，而且使志愿军后勤保障实现了适应现代作战需要的一次质的飞跃，并且创造了现代战争中后方战场的斗争经验。

一、美国空军肆无忌惮

在整个抗美援朝战争中，美军始终将对志愿军后方的轰炸破坏作为其战略上的重要组成部分。1950 年 10 月，在志愿军入朝时，美军投入朝鲜战场上的各型飞机即达 1200 余架，到 1951 年夏季以后，增加到 1700 架以上，后来最多时达 2400 架。据 1951 年 6 月的资料统计，美国用于朝鲜战场上的空军，计有远东空军轰炸机指挥部辖属的 B-29 型战略轰炸机 3 个大队和 1 个侦察中队，飞机 115 架，以日本本土和冲绳岛为基地。美国空军第五航空队辖属的 B-26 型轻轰炸机两个大队，飞机 96 架；F-51、F-80、F-84 型战斗轰炸机（主要用于攻击地面目标，也可用于空战）4 个大队又两个中队，飞机 360 架；F-51、F-80、F-86 型战斗截击机（空战飞机）3 个大队，飞机 225 架，全部以南朝鲜为基地。另有海军陆战队和海军舰载航空兵的飞机 400 余架，其他飞机 500 余架。美军飞行员均有数百小时以上的飞行经历，最多的达 3000 余小时，一半以上飞行员参加过第二次世界大战的空战。

而志愿军在 1951 年 9 月以前，没有空军参战；在 1951 年 3 月以前，也几乎没有高射炮部队，甚至连高射机枪也为数寥寥。

美国空军欺负志愿军没有空军，也没有高射炮部队，因此，其飞机活动肆无忌惮，极为猖狂，无论白天黑夜，成群结队在朝鲜北方上空活动，到处狂轰滥炸和扫射。整个朝鲜北方的城镇几乎变成了一片废墟，主要铁路和车站、铁路公路桥梁基本被毁，铁路时常处于瘫痪状态。朝鲜北方的上空，一度成了美军飞行员的自由天地，他们随心所欲，无所顾忌，几乎见到活动目标就打，就是单辆车辆、单个行人也不放过，飞行高度之低可使地面人员清楚地看到飞行员的眼睛和鼻子，经常擦房顶、掠树梢而过，甚至有的钻桥洞追打地面目标。也有飞行员因为飞行高度过低而坠机身亡。

朝鲜停战谈判开始以后，李奇微为配合谈判，对志愿军和人民军施加军事压力，在命令其地面部队于 1951 年 8 月 18 日发起夏季攻势同一天，也命令其空军（包括海军航空兵）发动了大规模的"空中封锁交通线战役"，以摧毁朝鲜北方铁路运输系统为主要目标，集中了在远东的全部轰炸机和绝大部分战斗轰炸机，在战斗截击机的掩护下，每日出动数百架次至上千架次，对朝鲜北方铁路分区分段进行毁灭性的轰炸，并派有专门的巡逻飞机，在夜间攻击铁路和公路上的运输车辆。计划以 90 天时间摧毁朝鲜北方铁路系统，"尽可能做到使其铁路运输陷于完全停顿的地步"。企图以此"窒息"志愿军和人民军前方部队，迫使朝中方面在谈判中接受他们提出的无理条件。美国远东空军将这次"空中封锁交通线战役"称为"绞杀战"。

1951 年 7 月下旬至 8 月底，正值朝鲜雨季，朝鲜北方暴发了历史上 40 年来罕见的特大洪水，铁路和桥梁遭到严重毁坏。美国空军则利用洪水灾害，按"绞杀战"的计划分工，对朝鲜北方尚可使用的铁路和桥梁进行了全面轰炸摧毁。美国空军战史说，当他们"绞杀战"开始时，"老天也帮了轰炸机指挥部的忙"。

8 月间至 9 月中旬，美第五航空队每天为其每个战斗轰炸机大队规定一段 15~30 英里长的铁路，由他们去轰炸。战斗轰炸机大队一般均以大队编队方式，以 32 架到 64 架的大机群出动，对京义线（汉城—新义州）沙里院以北和整个满浦线（西浦—满浦）进行轰炸；轰炸机指挥部的 B-29 战略轰炸机，对平壤以北正在修建的机场和几座主要铁路桥梁进行轰炸；海军舰载航空兵对朝鲜东海岸的铁路进行轰炸。由于美军"绞杀战"和洪水的双重破坏，到 8 月底，朝鲜北方 1200 余公里的铁路线，能通车的线路仅几段总长共 290 公里，整个铁路交通处于前后不通中间通的状态。

从 9 月中旬起，美军由对朝鲜北方铁路的全面轰炸，逐渐转为重点轰炸。10 月初以后，美第五航空队集中力量轰炸清川江以南、平壤以北的"三角铁路"，即安州—价川—西浦间铁路。在地图上这一地区的铁路近似于三角形，因此，这一地区铁路被称为"三角铁路"。因这一地区是朝鲜北方的铁路枢纽，三角铁路畅通，则南北、东西的铁路皆可畅通，三角铁路中断，则南北、东西的铁路皆受阻碍。而且，朝鲜北方主要公路干线多与铁路靠近、平行或交叉，铁路中断，公路也断。对志愿军和人民军前线作战物资的运输供应影响重大。美国空军将轰炸重点转至"三角地区"后，仅对京义线的渔波至新安州段和满浦线的顺川至价川段，平均每天即出动飞机 5 批 100 余架次，进行集中轰炸，并逐步压缩轰炸范围，最后在肃川至万城间 317~318 公里间的 1 公里地段和龙源里至泉洞间 29 公里处一个点上连续反复轰炸，对一段和一点的局部造成深度破坏，使志愿军和人民军难以及时修复。

据中朝联合铁道运输司令部（司令员贺晋年、政委张明远）的统计，9 月至 11 月，美国空军轰炸三角铁路逐月加剧，9 月出动飞机 3027 架次，破坏线路和车站 648 处次，破坏桥梁 57 座次；10 月出动飞机 4128 架次，破坏线路和车站 1336 处次，破坏桥梁 53 座次；11 月出动飞机 8343 架次，破坏线路和车站 1937 处次，破坏桥梁 77 座次。12 月出动飞机架次有所减少，出动 5786 架次，破坏线路和车站 1697 处次，破坏桥梁 101 座次。三角铁路总长为 180 公里，只相当于当时志愿军和人民军管区铁路 960 公里的近五分之一，而遭受破坏的数量却占管区被破坏总数的 50% 以上。4 个月中，美国空军在这一地区投掷炸弹 63515 枚，合 31755 吨，平均每公里落弹 350 余枚，合 170 余吨。这 4 个月中，三角铁路 80% 的时间不能通车，使志愿军本来就极为困难的物资运输，更是雪上加霜，甚至直接影响了前线的作战，二线部队因粮荒，只能靠稀饭、野菜充饥。9 月 7 日，彭德怀在给聂荣臻的电报中有一段话反映了前方的困难："早晚秋风袭人，战士单着，近旬病员大增，洪水冲，敌机炸，桥断路崩，存物已空，粮食感困难，冬衣如何适时运到，实在逼人。"如何解决物资运输补给问题，也就是毛泽东说的，解决志愿军有饭吃的问题，这是抗美援朝战争给志愿军提出的一个战略性重大问题。

二、千条万条，运输第一条

中央军委一直把志愿军能不能有饭吃作为能否取得战争胜利的战略性重大问题来解决，对志愿军的后勤保障极为关心。早在东北边防军组成时，就决定以李聚奎为司令员组成边防军的后勤领导机构，后来边防军后勤机构与东北军区后勤部合并，以李聚奎专任东北军区后勤部部长，负责边防军的供应问题。1950 年 10 月，边防军改为中国人民志愿军时，毛泽东签署的组成中国人民志愿军的命令中明确规定："中国人民志愿军以东北行政区为总后方基地，所有一切后方工作供应事宜，统由东北军区司令员兼政治委员高岗同志调度指挥并负责保证之。"志愿军向朝鲜境内出动时，东北军区派出了前方后勤指挥所，负责领导志愿军的后勤保障，并且兵马未动，粮草先行，提前向朝鲜境内运送和储备了作战物资，还从东北和其他地区抽调人员，加强志愿军的后勤保障工作。这对保障志愿军取得初期作战的胜利具有重要的作用。

但是，由于缺乏现代条件下后勤保障的手段和保障经验，对美国空军给志愿军后勤保障造成的严重困难估计不足。因此，尽管对志愿军后勤保障早有准备和部署，但仍不适应前方部队作战的需要，尤其是作战物资的运输补给极为困难。

为解决这些问题，中央军委和东北军区于1951年1月，专门在沈阳召开了志愿军后勤工作会议，由东北军区副政治委员李富春主持，军委副主席周恩来、军委代总参谋长聂荣臻、军委总后勤部部长杨立三、军委运输司令员吕正操等到会并作指示。会议认为，抗美援朝战争把我军后勤工作推上了新的阶段，"小米加步枪、仓库在前方"的时代已经过去。后勤工作必须以新的姿态适应现代战争的需要。志愿军后勤工作千头万绪，但核心是运输问题，"千条万条，运输第一条"。会议决定建立东、中、西3条兵站线，增加高射炮兵6个营、汽车5个团（汽车2000辆）、大车1000辆、手推车5000辆、吉普车500辆、火车头30台、修理汽车1000辆，新组建3~4个后勤分部、3个警卫团、2个运输团、8个运输营、11个担架团、50个手术组、3个公路工程队，每分部增加2部电台，每个军后勤和各大站配报话机1部等，采取一切措施保证物资运输，改变运输工作的被动局面。

5月3日，志愿军党委也专门作出了《关于供应工作的指示》，要求各部把后勤工作作为当前"一切工作中的首要环节"。

据此，从国内抽调高炮部队入朝，掩护交通运输，并增调了铁路、公路抢修部队和汽车运输部队，到1951年6月，已有两个城防高炮团另6个营，部署在朝鲜境内铁路线上的重要桥梁和车站地区，掩护铁路运输，另有1个野战高炮师在公路线上机动作战，掩护公路运输；铁路抢修部队由1个铁道兵师陆续增加到4个师又1个团和1个工程总队；工兵部队已达数个团；运输汽车从入朝时的700余辆增加到3000余辆。

与此同时，对后勤领导机构和后勤战线的兵力也进行了调整和充实。专门成立了志愿军后方勤务司令部，由志愿军副司令员洪学智兼任司令员、周纯全任政治委员，负责指挥志愿军在朝鲜境内的后勤保障工作，军、师、团各级均以一名副职干部兼任各本级的后勤部（处）长。后勤人员从入朝初期的几千人增加到 10 余万人，同作战部队的人员比例由 1∶35，增加到 1∶6。

1951 年 8 月以后，为反"绞杀战"斗争的需要，志愿军首长陆续将在朝鲜高炮部队的 70% 集中用于掩护铁路运输，使掩护铁路运输的高炮部队达 3 个师又 4 个团和 10 余个营。9 月中旬，中央军委命令志愿军空军出动作战，掩护平壤以北铁路运输和机场修建。中央还决定将从苏联订购的用于修建黄河大桥的钢材运入朝鲜，用于朝鲜境内的铁路抢修。周恩来副主席还指示，减少弹药和杂品的运输，主要运输粮食和冬季服装，并指示改变铁路运输的包装办法，多用大型车辆运输，车辆增载三分之一。为统一指挥铁路系统反"绞杀战"斗争，经同朝方协商，成立了以刘居英为司令员兼政治委员的前方运输司令部，在贺晋年为司令员、张明远为政治委员的中朝联合铁道运输司令部领导下，具体负责协调指挥朝鲜北方铁路系统的抢修、运输和防空等工作。同时，还动员在二线的各军和各兵团直属队，加修、加固和拓宽了公路。经过这些努力，志愿军的后勤保障工作，从 1951 年年底起扭转了被动局面。

三、官兵们的创造

铁路公路战线上的广大官兵，为保证道路畅通，多运物资，群策群力，千方百计克服困难，采取了许多创造性的措施，提高抢修和运输效率。

在铁路战线上，以李寿轩为副司令员和崔田民为副政治委员指挥的志愿军铁道兵团，昼夜奋战，在反"绞杀战"期间，根据敌机轰炸特点，采取以集中对集中、以机动对机动的抢修方针，保证抢修。当美军集中轰炸平壤以北三角铁路时，志愿军铁道兵团则集中抢修力量的二分之一以上，保证三角铁路的抢修。当美军在三角铁路地区遭到志愿军空军和高炮部队的猛烈反击后，改为不定区的机动轰炸时，志愿军铁道兵团则在保证三角铁路抢修的同时，以一定兵力作为机动，以便随时抢修受轰炸地区。在重要车站均修筑了迂回线，在重要桥梁地区均修筑了简便桥。为提高抢修速度，增加通车时间，夜间抢修时，均在道钉上涂抹白灰，解决夜暗看不清的问题，并采取枕木排架法代替大弹坑的填土等。为迷惑美军飞机，尽量降低桥梁被炸的概率，则采取了架设活动桥梁的办法，拂晓前拆除几孔桥梁，使美军飞机以为是坏桥，而不再轰炸，黄昏后再将桥梁架好，保证夜间火车通行。

铁道兵不但抢修任务重，而且除了防美军空袭外，还要冒着生命危险排除美军飞机轰炸时未爆炸的炸弹，其中大量的是定时炸弹。这些定时炸弹扎入地下几米深，定时爆炸。铁道官兵以不怕牺牲的革命精神和科学态度相结合，及时排除这些定时炸弹。1951年10月，在平壤以北三角铁路几十公里的路段上，就排除定时炸弹108枚。铁道兵涌现了许多排弹能手。其中第四师司令部见习参谋钟英，3天中连续排除定时炸弹16枚，荣立一等功；该师第四团战士吴青

李云龙

山在几天中排除定时炸弹22枚，荣立一等功；该师第四团副班长田清洲拆卸定时炸弹18枚，荣立一等功；第一师第三团副班长李云龙，拆卸定时炸弹34枚，并教会13人拆卸定时炸弹40枚，被志愿军总部授予"二级英雄"称号；铁路援朝总队工人郭金升在不到一年时间内，排除各种炸弹1568枚，其中，拆卸定时炸弹386枚、排除凝固汽油弹4枚、杀伤弹20枚、蝴蝶弹（子母弹）512枚、地雷207个，荣立特等功；第二师二团班长张凤梧拆卸定时炸弹60枚，在拆卸第六十枚时炸弹爆炸，不幸牺牲，追记二等功；等等。

志愿军铁道兵抢修能力之强，就连美国空军也无可奈何地表示叹服："共军抢修部队填补弹坑的速度可以和F-80飞行员的轰炸速度匹敌。共军从我'绞杀战'一开始就能迅速地抢修被炸断的铁路。共军修路人员和修桥人员，已经粉碎了我们对平壤以北铁路线的封锁……并赢得了使用所有铁路线的权利。"

从1951年9月至1952年6月底，美国空军"绞杀战"期间，共破坏朝鲜铁路19886处次、延长700公里，桥梁1729座次、延长51.7公里，隧道43座次，给水站148站次，通信线路5.6公里。同一期间，志愿军铁道兵团与人民军铁道部队一起，共完成抢修、新建及复旧工程，计线路20024处次、延长878公

里，桥梁 2086 座次、延长 79.7 公里，隧道 51 座次，给水站 187 站次，通信线路 11.9 公里，可运行的铁路增加到 1200 多公里，行车速度由每小时 10~15 公里，提高到每小时 40 公里，有力地保证了铁路运输。

志愿军铁路运输也采取了许多特殊措施：在桥梁被炸断的地区则采取分段倒运（在铁路被毁地段由汽车运输相衔接）；临时架设的桥梁，承受不了机车的重压，则采取将车皮顶过去，而机车不过桥，由对面机车接运的办法，即所谓的"顶牛过江"；为充分利用夜晚的通车时间，则采取集中向前突运，再寻机集中向后排回空车的办法，即所谓"片面运输"。从而提高了铁路运输效率。

在公路战线上，由洪学智为司令员的后方勤务司令部，统一组织指挥，沿途修筑了许多水下桥和 8000 余个汽车掩蔽所，并以 1 个公安师和志愿军后勤各分部的警卫团、营，在 2500 余公里的主要公路干线上，设置了防空哨 1300 余组，为行驶的汽车进行防空报警，并指挥交通。当敌机来临时，立即鸣枪或发射信号弹报警，汽车立即闭灯行驶。汽车司机遇敌机轰炸扫射时，或突然刹车，或猛力加油，躲避轰炸扫射，有的在敌机轰炸扫射后，立即在汽车附近点燃早已准备好的破油桶或破旧衣布，假示汽车被炸中燃烧，以迷惑敌机，保护车辆。采取这些措施，既大大减少了汽车的损失，又大大提高了公路运输效率。汽车损失率由入朝初期的近 50%，降到 1952 年第一季度的 2.3%；公路运输能力，1951 年 9 月至 12 月比 4 月至 8 月提高 95%，1952 年 1 月至 4 月比 1951 年 9 月至 12 月又提高 19.8%。

毛泽东在 1953 年 9 月讲到抗美援朝战争的胜利时，高度赞扬了志愿军这些群众性的创造，指出："我们的干部和战士想出了各种打仗的办法。我讲一个例子。战争的头一个月，我们的汽车损失很大。怎么办呢？除了领导想办法以外，主要是靠群众想办法。在汽车路两旁用 1 万多人站岗，飞机来了就打信号枪，司机听到就躲着走，或者找个地方把车藏起来。同时，把汽车路加宽，又修了许多新汽车路，汽车开过来开过去，畅行无阻。这样，汽车的损失就由开始时的百分之四十，减少到百分之零点几。"

四、高射炮兵的威力

在美军实施大规模"绞杀战"时，志愿军共有高炮部队 4 个野战师、4 个城防团和50余个独立营，总计有85毫米口径和37毫米口径的高炮共800余门，还不及美军投入朝鲜战场上飞机数目的一半。独立营多数配属给了各兵团各军，野战师大部分在掩护机场修建。

为粉碎美国空军的"绞杀战"，1951年8月底，志愿军总部将朝鲜北方铁路划分为4个防空区，安排1个团又12个独立营的高炮部队和1个高射机枪团，分区担负对空作战，掩护铁路运输。同时还有城防高炮部队掩护重要铁路桥梁。这些高炮部队积极作战，予前来轰炸的美军空军飞机以沉重打击。根据美国空军战史记载，志愿军高射炮火使担任轰炸朝鲜北方铁路的美第五航空队遭受了很大损失，"9月，被击落32架，击伤23架；10月，被击落33架，击伤238架；11月，被击落24架，击伤255架"。美军舰载航空兵很忌惮部署在平壤至元山铁路线新成川至高原段上的高炮部队，他们说这里的高炮火力猛烈，射击准确，将这一地区称为"死亡之谷"。

为粉碎美国空军对平壤以北三角铁路的重点轰炸和封锁，11月底，中央军委和志愿军总部将掩护机场修建的3个高炮师和1个城防团，全部集中用于掩护铁路运输，12月中旬，还从国内抽调1个雷达连、2个探照灯营（共5个连）

中国人民志愿军击落的美机残骸

入朝，配合高炮部队作战，并以高炮第六十四师司令部为基础，组成了铁道高射炮兵指挥所，第六十四师师长吴昌炽任司令员，统一指挥掩护铁路运输的高炮部队作战。1951年12月，这些高炮部队采取"集中兵力、重点保卫"的方针，将70%的兵力、火力部署在三角铁路沿线，打击敌机。仅12月一个月，即击落敌机38架、击伤68架。

美军飞机惧怕这一地区的高射炮火，不得不改变轰炸战术，寻找志愿军高炮火力较弱的地区机动突击。

由于敌军轰炸范围扩大，重点不固定，而志愿军高炮部队少。为解决这个矛盾，高炮部队则采取了"重点保卫、高度机动"的作战方针，以部分兵力重点保卫一些桥梁和车站，而以主要兵力实施机动作战，将铁路沿线划分为几个作战区，每区以高炮师为单位统一指挥该区高炮部队机动作战，减少了掩护的空白区。高炮第六〇五团在 1952 年 4 月至 5 月间，5 次机动作战，击落击伤敌机各 11 架，而自身无伤亡。第六一二团在 4 月底的一次机动作战中，击落敌机 5 架、击伤 9 架。城防高炮第五一三团和三十九营，在机动作战中，设置假阵地，引诱敌机上钩，以这种方法，在 3 月 3 日的作战中，一举击落敌机 9 架、击伤 21 架。担负掩护仓库区任务的高炮二十四营，5 月 8 日，同前来轰炸的美军 18 批共 485 架次飞机，进行 13 个小时战斗，创造了 1 个营一日作战击落敌机 7 架、击伤 18 架的纪录。

高炮部队采取"重点保卫、高度机动"的作战方针，有力地掩护了铁路运输，沉重地打击了敌机，1 月至 6 月共击落敌机 198 架、击伤 779 架。

整个反"绞杀战"斗争中，志愿军高炮部队充分发挥了威力，共击落敌机 260 余架、击伤 1070 余架，对粉碎美国空军的"绞杀战"起了重要的作用。

五、年轻的志愿军空军大显身手

当中国人民志愿军入朝参战时，中国人民解放军空军尚在组建过程中，全部作战部队仅 1 个混成旅，共 4 个团，各种飞机 117 架，尚无力参加志愿军在朝鲜的作战。为了适应抗美援朝战争的需要，中央军委突击组建和训练空军部队。从 1950 年 12 月底起，有 1 个师在苏联空军带领下进行实战练习，学习空战和指挥的经验。大队长李汉，首开志愿军空军击落击伤敌机的记录，击落 1 架、击伤 2 架。1951 年 3 月，成立了以刘震为司令员的志愿军空军司令部，也是中朝空军联合司令部，统一指挥志愿军空军和朝鲜人民军空军作战。在此基础上，志愿军空军于 1951 年 9 月中旬起，以师为单位轮番出动作战，与苏联空军在平壤以北（主要是清川江以北）地区上空，打击入侵的美军飞机，掩护铁路运输和机场修建。在中国人民抗美援朝战争期间，苏联空军保持 2~3 个师，共 4~7 个团，飞机 120~210 架，在清川江以北地区上空作战，当时处于秘而不宣的状态，20 年以后公开。

志愿军空军装备的多是苏联制造的米格 –15 型歼击机，这种飞机的作战性能与美军的 F–86 飞机相当，飞行性能略优于 F–86 飞机。每师装备 50 架。志愿

中国人民志愿军空军

军飞行员在这种飞机上只有几十小时、最多不过 100 小时的飞行经历，飞行经验缺乏，更谈不上什么空战经验。这同飞行上千小时、具有第二次世界大战空战经验的美军飞行员无法相比。但志愿军飞行员有陆军的生活战斗经验，政治素质强，具有顽强的战斗作风，在朝鲜战场上同美国空军展开了较量，表现出了不凡的身手。

志愿军空军首先出动的是第四师，从 1951 年 9 月 20 日至 10 月 19 日，一个月内，共出动 508 架次，在苏联空军带领下，共进行大小空战 10 余次，其中敌我双方共 200 架飞机的大空战 7 次，共击落敌机 17 架、击伤 7 架，自己损失飞机 14 架。空战中，飞行员刘勇新首创击落美军最先进的 F-86 战斗机的纪录。但他也不幸被敌击中，壮烈牺牲。大队长李永泰在驾机被击伤几十处，不能开炮的情况下，沉着果断指挥，并安全返回着陆，被誉为"空中坦克"。第四师为志愿军空军作战打出了良好的开端。毛泽东主席在 10 月 2 日看到第四师的空战报告后，欣然挥笔写下了"空四师奋勇作战，甚好甚慰"的赞语。

紧接着，志愿军空军第三师出动，接替第四师作战。第三师打得更漂亮。在 10 月 21 日至 1952 年 1 月 14 日的 86 天中，出动 2391 架次，进行大小空战 23 次，击落敌机 54 架、击伤 9 架。该师仅损失飞机 16 架。许多飞行员创造了突出的战绩，大队长赵宝桐击落敌机 6 架、击伤 2 架，战果最佳；大队长刘玉堤击落敌机 5 架、击伤 2 架；飞行员范万章击落敌机 4 架，击伤 1 架；大队长王海击落敌机 3 架、击伤 2 架；飞行员焦景文击落敌机 3 架、击伤 1 架。他们均荣立特等功，被授予英雄称号。1952 年 2 月 1 日，毛泽东主席看到了第三师的作战报告，又欣然挥笔写下了"向空军第三师致祝贺"的批语。

赵宝桐

志愿军空军出动后，与苏联空军并肩作战，有力地打击了美国空军的嚣张气焰，给美国空军造成了巨大的威胁。美国空军参谋长范登堡惊呼，中共在一夜之间就成了空军强国之一。美国空军战史说："共军米格由于占有数量上的优势，所以11月份在平壤以北他们到处取得了主动地位，而'联合国军'所有的飞行员则只能对共军飞行员发动的进攻进行抵抗而已。"第五航空队只好决定，"他的战斗轰炸机以后不在米格走廊（美国空军称鸭绿江和清川江之间地区为'米格走廊'）内进行封锁交通线的活动，此后只能对清川江与平壤之间地区的铁路交通线实施攻击"。美国远东空军司令官奥托·威兰也被迫下令，取消B-29轰炸机在昼间的轰炸活动，而于10月底起全部转为夜间活动。

1951年11月，停战谈判在军事分界线问题上取得进展，停战协议有望在短期内达成。为了争取时机，使更多的空军部队得到实战锻炼，11月中旬，军委空军经报请中央军委，作出决定，由已参战的第三、第四师带领新部队作战，加速对空军部队的实战锻炼，新部队在完成一般的作战准备后即投入战斗。从1951年11月起，志愿军空军其他部队，在第四、第三师带领下陆续参战，根据第一线机场（均在中国境内）的容纳限度，保持2~3个师作战，每师作战3个月左右，经过锻炼取得经验后，即行轮换。到1952年6月，先后参战的志愿军空军部队又有第二、第六、第十四、第十五、第十二、第十七、第十八师。1月至5月，志愿军空军共击落敌机53架、击伤16架。

其中在2月10日的空战中，志愿军空军第四师大队长张积慧，击落美军"王牌"飞行员乔治·阿·戴维斯驾驶的F-86飞机。戴维斯有着3000小时的飞行经历，在第二次世界大战中曾参加战斗飞行260多次，是美国空军中号称"百战不倦""特别勇敢善战"的"空中英雄"。2月13日，美国远东空军司令威兰将军在一项特别声明中说，戴维斯被击毙，"是对远东空军的一大打击"，"是一个悲惨的损失"。美国国会议员为此又对政府的朝鲜战争政策发生争吵。中央军委总政治部为张积慧记特等功一次，并通报全军予以表彰。张积慧在整个抗美援朝战争中共击落美军飞机4架（均是F-86），被志愿军总部授予"一级战斗英雄"称号。

在志愿军空军和高射炮兵作战的有力打击下，加

张积慧

上铁路、公路抢修运输部队的艰苦努力，志愿军作战物资源源不断地运往前线。美军的"绞杀战"，不但未能"窒息"志愿军前线部队，而且还损失了大量的飞机。据美国空军战史记载，尽管不断补充，但有的战斗轰炸机大队的飞机损失仍相当严重，只剩下75架编制数的一半左右，其中，第四十九大队只剩41架，第一三六大队只剩39架。

到1952年年初，美国空军的"绞杀战"不但远远超过了其原来计划的90天时间，而且实际作用和效果也与他们原来的乐观估计相去甚远——"联合国军"对铁路线进行空中封锁攻击所取得的效果从1952年1月以后就越来越少了。4月间美国远东空军估计，自1951年12月以来，共军对铁路的修复速度，已完全抵消了美军以高价的新式飞机对铁路的破坏速度。到1952年4月，仅第五航空队的战斗轰炸机即损失243架，还有290架其他战术飞机受到严重损伤。美国远东空军的军官们认为，依靠他们的空军力量根本不能阻止中国人民志愿军和朝鲜人民军利用朝鲜北方的铁路进行运输，因此，对"绞杀战"已越来越无兴趣，并且认为如果早把"这个不太妙的代号从文件中删掉就好了"。

志愿军战士在吃饭

至1952年6月，美国空军的"绞杀战"终于以失败而宣告结束。志愿军建成了"打不烂、炸不断的钢铁运输线"，解决了能不能有饭吃这个战略性重大问题。

彭德怀曾说过，仗打胜了，前方广大指战员的功劳算一半，后勤保障的功劳算一半。他还说过，抗美援朝战争取得胜利，我要感谢两个麻子，一个高麻子（指高岗，负责总后方基地对前方的保障），一个是洪麻子（指洪学智，负责战场的后勤保障）。

反"绞杀战"期间，由国民党绥远起义部队改编的中国人民解放军第二十三兵团（司令员董其武、政治委员高克林），率第三十六军（代军长王建业、政委康健民）、第三十七军（军长张世珍、政委帅荣），两军共4个师3.6万人，于 1951 年 9 月中旬加入志愿军序列入朝，担负修建清川江以北泰川、院里、南市 3 个机场任务，10 月底 3 个机场全部完工。但修好后，美国空军就来轰炸，炸了再修，修了再炸，反反复复，这 3 个机场在战争期间一直未能使用。该兵团要求留在朝鲜参加第一线作战，但因供应困难，经聂荣臻建议，中央军委决定从朝鲜调回一部分部队回国，减轻前方供应负担，该兵团遂于 12 月返回国内。

到 1952 年下半年，志愿军空军已有 9 个歼击机师经受了作战锻炼，各师均可独立担负作战任务，并且主要是同美军的 F–86 飞机作战。志愿军空军司令部成员也进行了调整轮换，由华东军区空军司令员聂凤智接替刘震任志愿军空军代司令员。1953 年 1 月，志愿军空军第十六师也参加了作战。这个月，是志愿军空军在抗美援朝战争中作战出动最多的一个月，共出动 144 批 1566 架次。

4 月志愿军空军击落美国空军双料"王牌"和三料"王牌"的战机各一架。

4 月 7 日下午，志愿军空军第十五师 12 架飞机空战返航后，依次着陆。飞行员韩德彩和他的长机张牛科完成掩护其他飞机着陆任务后，正准备着陆时，遇 2 架美机偷袭。一架美机咬住正在着陆的张牛科。张牛科的飞机尾部被击伤，安全着陆。年仅 20 岁、战斗机飞行经历不到 100 小时的韩德彩，不顾自己飞机油量警告灯已亮，加大油门向这架美机冲去，机智地同狡猾的美机格斗。当将美机套进瞄准具光环后，一阵猛烈射击，将其击落。美机飞行员跳伞后被活捉。他是美空军第五十一联队上尉小队长哈罗德·爱德华·费席尔。美国空军称其为"第一流的喷气式空中英雄""双料王牌驾驶员"。韩德

韩德彩

彩在抗美援朝战争中共击落美机 5 架，被志愿军总部授予二级英雄称号。

4 月 12 日，志愿军空军第十五师第四十五团中队长蒋道平，击落美国远东空军"三料首席王牌"飞行员、第五十一联队第十六中队小队长约瑟夫·麦克康奈尔的驾机。当时，只知道蒋道平击落一架美军飞机，并不知晓击落的是谁。麦克康奈尔在朝鲜战争中击落 16 架米格飞机，4 月 12 日被击落后跳伞，几分钟后就被美军救护直升机救走，美国空军当局对此事秘而不宣。朝鲜战争结束后，麦克康奈尔做试飞员，1954 年 8 月 24 日试飞时飞机故障，跳伞时距地面较低，坠地身亡。美国空军报道了他身亡的消息，并第一次透露 1953 年 4 月 12 日被

击落的地点和被救护的情况。20世纪90年代丹东抗美援朝纪念馆建新馆，专门设有志愿军空军馆，搜集到美国报道麦克康奈尔身亡的报纸，经过缜密考证，1953年4月12日，在击落麦克康奈尔的地区，地面高炮部队和苏联空军均无击落敌机记录，只有志愿军空军第十五师四十五团蒋道平一人击落1架敌机的记录。2001年10月29日，蒋道平击落美军"三料王牌"麦克康奈尔，得到解放军空军司令部的确认。蒋道平在抗美援朝战争中共击落美军飞机5架、击伤2架，被志愿军总部授予"二级战斗英雄"称号。

1953年5月，志愿军空军已能进行夜间作战，并取得战果，第四师十团副团长侯书军，于5月29日夜在安州地区上空击落美军飞机1架。

此外，1951年11月，志愿军空军轰炸机两个大队直接支援地面部队进行了攻占岛屿的作战。

在整个抗美援朝战争中，志愿军空军共击落敌机330架、击伤95架，被击落231架、被击伤151架。

志愿军空军同苏联空军并肩作战，给予侵略朝鲜的美国空军以沉重打击，对中国人民取得抗美援朝战争的胜利作出了重大贡献。中国人民志愿军空军虽然力量弱小，尚无力直接支援第一线地面部队作战，更无力对美军后方发动空中攻击，但在实战中经受了锻炼，取得了宝贵的经验。经过抗美援朝战争，中国人民解放军空军迅速成长起来。

第十章 地下长城

10

★

力量悬殊
的对抗

构筑以坑道为骨干的支撑点式的坚固阵地防御体系，这是志愿军在抗美援朝战争中的一大创造，在世界战争史上也具有重要意义。1952 年，志愿军后方形成了打不断、炸不烂的"钢铁运输线"，前方的战线形成了铜墙铁壁，加之地面炮兵火力得到加强，因而越战越强、越战越主动，几乎是攻则必克、守则必固。而"联合国军"则萎靡不振，其地面部队已逐渐丧失了主动权。

一、地下长城形成

　　能不能守的问题，是志愿军在抗美援朝战争中解决的又一个战略性重大问题。在停战谈判达成关于军事分界线的协议后，志愿军能不能固守已有阵地，能不能在作战中巩固地占领阵地，已具有战略上的重大意义，并且同政治需要紧密相联。根据战争形势的需要，1951 年秋，中共中央为志愿军确定了"节约兵力、物力和财力，采取持久的积极防御的作战方针，坚守现在战线，大量消耗敌人，以争取战争的胜利结束"。为贯彻中共中央的方针，志愿军在保证作战需要的前提下，进行了精简整编和开展了反贪污、反浪费、反官僚主义的"三反运动"，节约了人力，节约了开支，为国家减轻了经济负担。同时利用战场相对平静的时机，大力开展了巩固阵地的斗争。

　　对于没有空军直接支援作战、武器装备严重落后的志愿军来说，如何坚守现在战线也是一个新问题。从入朝以来的作战实践看，在这样落后的装备条件下，仅仅依托野战阵地进行防御作战不可能坚守现在战线。

　　早在 1951 年 6 月中旬，志愿军第四十七军一四〇师接替第六十五军第一线防务后，就在阵地上大量构筑"猫耳洞"式的防炮洞，在交通沟内每人构筑两个宽 80~100 厘米、深 1 米多、顶厚 2~3 米的"猫耳洞"，这样构筑的阵地可以容纳一个连或一个营，可以扛住"联合国军"1000~2000 发炮弹的轰击和 10 架飞机用轻型炸弹的轰炸。7 月 3 日，志愿军司令部将第四十七军的经验向各军作了通报。9 月 16 日，又以志愿军和人民军联合司令部名义发出由志愿军第二副司令员陈赓起草的指示，要求"以后我重要阵地必须是隧道式的据点，特别是核心阵地。……要求能抵御榴弹炮炮弹的浸渗"。根据这一指示，第一线各部开始在要点上构筑坑道式坚固工事，但 9 月 29 日"联合国军"就发动了秋季攻势，志愿军第一线部队转入艰苦紧张的防御作战。已有的坑道式工事，在防御作战中显示了巨大优越性。特别是第六十四军一九一师坚守马良山和216.8高地战斗，从10月4日至7日，英联邦师平均每天向这两个阵地发射炮弹1万~2万发，但志愿军防守该两阵地的分队，顽强抗击4个昼夜，阵地始终屹立未动。其中坚守216.8高地的1个连，从5日至7日，依托坑道式掩蔽部，顽强抗击3个昼夜，击退英第二十九旅先后共两个营兵力的21次冲击，以伤亡26人的代价毙伤敌700余名。这给志愿军以重要启示。于是，从1951年年底起，彭德怀就利用战场较为平静的时机，组织志愿军在全线展开了大规模构筑以坑道为骨干的坚固阵地活动。

按照志愿军司令部提出的技术标准和战术要求，做到每个阵地均有坑道，并且坑道工事同野战工事相结合，既能防，又能打，既能保护自己，又能利用战术消灭敌人，一般每条坑道长数十米，有两个以上出口，坑道顶部距地面厚度为15~30米，洞内宽1.2米、高1.7米。

这是一项巨大的工程，志愿军第一线各军，以小分队进行侦察、反侦察、袭扰、反袭扰活动，掩护主力修筑工事。

当时，正值严冬，天寒地冻，土石坚硬，缺乏炸药等作业工具，作业经验也不足，志愿军构筑坑道工事遇到了许多困难。各部队便积极发动官兵想办法，发扬创造精神，自力更生解决问题。作业工具数量缺，就自设小铁匠炉，收集各种废弹、弹片和废铁，打造及修理工具。无煤则自烧木炭，无运土工具就自制手推车、自编土筐、自搓草绳。缺乏炸药，就组织有经验的工兵拆卸"联合国军"投射后未爆炸的炮弹和炸弹，一定程度上缓解了炸药缺乏的困难。在工兵部队指导下，逐步摸索和掌握了许多有效施工方法。政治机关也深入工事构筑的现场做鼓动工作，组织相互参观学习。各部队及时总结，讲评技术，交流施工经验，改进作业办法，提高工效，保证工事构筑的进行。

志愿军战士在构筑坑道

至1952年5月，在第一线阵地上，共挖掘坑道7789条，总长198.7公里，修筑掩体75万个、露天及隐蔽式堑壕3420余公里。同时，人民军也挖掘坑道1730条，总长88.3公里，修筑掩体

3 万余个、堑壕 160 余公里。一般坑道均达到了防空、防炮、防毒、防雨、防潮、防火、防寒的"七防"要求。坑道内既有战斗设施，也有生活设施。每个阵地都自成体系，能打、能防、能机动、能生活。整个正面 250 余公里的战线上，在纵深 10 公里的范围内，基本上形成了以坑道为骨干同各种野战工事相结合的支撑点式的坚固阵地防御体系。第一线军的二梯队阵地于 8 月底也基本完成。志愿军的正面战线形成了"铜墙铁壁"。这样，坚守现在战线有了比较可靠的阵地依托，可攻可守，巩固了战线，大大减少了伤亡。

据统计，1952 年 4 月间，"联合国军"以小部队向志愿军阵地攻击 60 余次，志愿军阵地无一丢失。1951 年夏、秋季防御作战时，"联合国军"平均发射 40~60 发炮弹就能造成杀伤。1952 年 1 月，志愿军和人民军前沿阵地落炮弹 94.5 万余发，伤亡 3939 人（内含人民军 874 人），约 240 发炮弹造成杀伤。到 4 月，"联合国军"平均发射 646 发炮弹才造成杀伤。1952 年 1 月和 2 月，"联合国军"以小部队发动攻击共 273 次，仅成功 11 次；志愿军和人民军发动攻击 6 次，成功 6 次。3 月至 5 月，"联合国军"以小部队发动攻击 90 次，无一成功；志愿军和人民军发动攻击 16 次，成功 10 次。1 月至 5 月，"联合国军"进行袭击活动 154 次，无一成功；志愿军和人民军进行袭击活动 120 次，成功 73 次。这些小规模的攻防作战，使以坑道为骨干的坚固阵地防御体系经受了初步检验，坑道工事的优越性进一步得以体现。

正如毛泽东 1952 年 8 月所指出的："能不能守的问题解决了，办法是钻洞子。我们挖两层工事，敌人攻上来，我们就进地道。有时敌人占领了上面，但下面还是属于我们的。等敌人进入阵地，我们就反攻，给他极大的杀伤。我们就是用这种土办法捡洋炮。敌人对我们很没有办法。"至此，志愿军是"方针明确，阵地巩固，供给有保证，每个战士都懂得要坚持到底"。"我们在绵延几百公里、高数十丈的山下钻了几千个洞，我们的军队在洞的出口打击敌人。他们不论怎么轰炸，也打不垮我们的洞，即使发生原子战争，也打不垮我们的洞。这些坑道是互相连接起来的，在里面可以屯兵、开会、演习、宿营。"

随着阵地的巩固，也节约了第一线的兵力。1952 年 6 月，志愿军对部署进行了调整，从第一线抽出一个军，部署在第二线，加强了二线的机动力量。此时，彭德怀在中央一再催促下已于 4 月回国治病，7 月接替周恩来副主席主持中央军委日常工作，仍兼志愿军司令员和政治委员，陈赓和宋时轮也奉调回国任职。中央军委任命邓华为志愿军代司令员和代政治委员，主持志愿军的全面工作，任命杨得志为志愿军第二副司令员，协助邓华主持志愿军的工作。任命韩先楚接替杨得志任第十九兵团司令员、第十九兵团副司令员兼参谋长郑维山接替回国治病的杨成武任第二十兵团代司令员，9月又任命王建安任第九兵团司令员。

二、战术出击屡屡得手

彭德怀在回国之前，于1952年3月26日指示："我们目前作战方针，应采取积极手段，巩固现阵地，不放过任何有利战机，歼灭运动的、暴露的敌人，相机挤地方。"在阵地基本巩固以后，6月，邓华又指示部队："必须在战术上采取积极活动的方针……总使敌处于一种防我进攻的姿态，迫使敌人处于被动地位。"

根据这些指示，志愿军各部积极主动进行战术出击，打击敌人，蚕食敌军阵地。从4月初起，志愿军开始有组织、有计划地挤占敌我中间地带和攻取敌军阵地上连、排兵力防守的突出的支撑点。到5月，这种活动在全线普遍展开。第一线仅第六十三、第三十九、第十二军，即挤占阵地14处。其中，第六十三军挤占阵地10处，第三十九军挤占两处，第十二军挤占两处，共20余平方公里。另第六十八、第三十九军和人民军第三军团组织攻击作战4次。7月下旬至8月底，第一线的第四十、第三十九、第十五、第六十八军和人民军第三军团又挤占了10处阵地，此外，组织排以上兵力在炮兵和坦克支援下的主动攻击作战

马克·克拉克

17次。7月和8月志愿军和人民军共歼敌4.1万余人，自身伤亡8600余人，敌我伤亡对比为4.7∶1。这些作战活动有力地打击了"联合国军"，并将斗争的焦点推向"联合国军"阵地前沿。

1952年5月，德怀特·艾森豪威尔宣布参加当年美国第三十四届总统竞选，辞去了北大西洋公约组织盟军总司令职务，杜鲁门任命李奇微接替北大西洋公约组织盟军总司令之职，同时任命美国地面部队司令马克·克拉克接替李奇微任"联合国军"总司令。

克拉克为防止志愿军和人民军在朝鲜战争爆发

两周年之际发动攻势，同时对志愿军挤占阵地活动进行报复，于 6 月中旬，以两个师为主，第一线其他各师配合，对志愿军第十二军、第三十九军进行了攻击，企图夺回 5 月份被挤占的阵地。

志愿军的两个阵地各有一个连防守。克拉克动用营、团规模的兵力，在飞机、坦克和大炮的支援下连续攻击，仅夺去这两个阵地的部分表面工事。志愿军防守分队转入坑道坚守，分别坚守 5 个昼夜和 10 个昼夜，配合后方反击部队，将其中一个阵地的表面工事全部夺回，另一个阵地的表面工事也大部夺回。志愿军这两个阵地的坚守作战，初步显示了坑道工事在防御作战中的重要作用，并积累了依托坑道进行坚守的作战经验。

志愿军在取得 5 月至 8 月依托坑道工事进行攻防作战经验的基础上，为配合停战谈判，对敌方施加压力，并锻炼部队，获得实战经验，邓华、杨得志决定发动全线战术反击作战，经报请中央军委批准，于 9 月 18 日至 10 月 31 日，以准备换防撤出第一线阵地的第十二、第三十九、第六十八军为主，第一线其他各军配合，组织进行了全线战术反击作战。

这次战术反击作战，历时 44 天，先后对敌军营以下兵力防守的 60 个阵地攻击 77 次（其中人民军对 3 个阵地攻击 3 次），攻克 53 个阵地，均全歼防守的敌军。对于所攻克的阵地，不利于防守的立即放弃；对可以争夺的阵地，进行反复争夺，大量杀伤敌军后视情况放弃或固守；对于可以固守的阵地，坚决固守打敌反扑。此次攻势不但攻击连连得手，而且得手后是弃是守完全掌握主动，打得"联合国军" 8 个师被迫频繁调动，疲于奔命，处处被动。经过反复争夺后，志愿军巩固占领 17 个阵地，共歼敌 2.7 万余人，志愿军伤亡 10700 余人。这次重点作战的第十二军，对 13 个阵地攻击 18 次，攻克 17 次，经反复争夺后，巩固占领 1 个阵地；第三十九军对 10 个阵地攻击 10 次，全部攻克，经反复争夺后，巩固占领 5 个阵地；第六十八军对 10 个阵地攻击 13 次，全部攻克，经反复争夺后，巩固占领 3 个阵地。

10 月 12 日晚，第十五军部队反击 391 高地，全歼守军南朝鲜军第九师 1 个加强连。反击前的 11 日晚，第十五军将二十九师 1 个营部率两个连共 400 多名指战员，秘密潜入距 391 高地前沿 60 米的开阔地。为防止潜伏暴露目标，规定了严格的潜伏纪律，包括不能大声说话、不能吸烟、睡觉不能打呼噜、夜晚不能有火光、白天不得移动等等。12 日下午 2 时许，南朝鲜军的纵深炮火对潜伏

邱少云

区试射了数百发烟幕弹。顿时浓烟四起。烈火烧着了潜伏的第八十七团九连战士邱少云的伪装物和衣服。邱少云疼痛难忍。在他的身后就有一条小水沟，只要他滚向水沟，身上的火就会扑灭，但这样做就会暴露目标。为了保证潜伏在草丛中的战友们的生命安全，为了保证整个战斗的胜利，他严格遵守潜伏纪律，忍受着常人无法忍受的痛苦，硬是一声不响、一动不动，直到英勇牺牲，保证了战斗的顺利发起。战后，志愿军总部给邱少云追记特等功，追授"一级战斗英雄"称号。

这次作战，是志愿军贯彻毛泽东"零敲牛皮糖"、打小歼灭战指导方针最为典型的作战，对"联合国军"每个阵地的进攻都是战术性的，但在全局上的作战则是战役的规模。

这次作战中，志愿军兵力、火力构成同以往作战相比有了很大变化，一般攻击敌军1个连的阵地，使用步兵1个连，而支援炮兵则达8~10个连，火炮30~40门，炮兵火力有了大大的加强。这是志愿军所以能够攻则必克、守则必固的重要因素。诚如毛泽东在1952年12月给斯大林的一份电报里所指出的："今年秋季作战，我取得如此胜利，除由于官兵勇敢、工事坚固、指挥得当、供应不缺外，炮火的猛烈和射击的准确实为制胜的要素。"毛泽东对这次反击作战给予高度评价，指出："此种作战，在若干个被选定的战术要点上，集中我军优势的兵力火力，采取突然动作，对成排成连成营的敌军，给以全部或大部歼灭的打击；然后在敌人向我军举行反击的时机，又在反复作战中给以大量的杀伤；然后依情况，对于被我攻克的据点，凡可以守住者固守之，不能守住者放弃之，保持自己的主动，准备以后的反击。此种作战方法，继续实行下去，必能致敌死命，必能迫使敌人采取妥协办法结束朝鲜战争。"

在挤占阵地和战术反击的同时，志愿军首长还指示第一线各部，组织优秀射手，神出鬼没地展开了狙击歼敌活动（冷枪冷炮活动），歼击暴露在阵地前的敌军。第十五军副班长罗怀孝一个月狙击歼敌51名；新战士张佩龙一个月狙击歼敌36名；机枪班长袁柳根一个月狙击歼敌117名；重机枪射手袁振江一个月狙击歼敌 221 名。该军 4 月下旬至 7 月底，共狙击歼敌 3541 名，占这期间该军歼敌总数的 42%，狙击手仅伤亡 14 人。第六十八军从 8 月 1 日至 25 日，25 天中即狙击歼敌 1935 名。第十二军从 7 月下旬至 10 月底，狙击歼敌 2506 名，消耗步枪子弹仅 5843 发，平均每 2.3 发子弹即毙伤敌 1 人，狙击手仅伤亡 11 人。5 月至 8 月，志愿军和人民军共狙击歼敌 13600 余人。1953 年年初，接替第十五军担负上甘岭地区防务的第二十四军（1952 年 9 月入朝轮换第二十七军，军长皮定均），其第二一四团战士张桃芳，用 436 发子弹，狙击歼敌 214 名。据说，军长皮定均为了验证张桃芳狙击歼敌的真实情况，特派一名参谋，带上一双自己舍不得穿的皮鞋，嘱咐参谋：要亲眼看到张桃芳打中 3 个敌人，就将这双皮鞋送给张桃芳。张桃芳真的当着参谋的面打中了 3 个敌人；张桃芳歼敌 211 名时，军长皮定均说，二一四团的战士，再歼灭 3 个敌人，就是 214 名了。张桃芳就又歼灭 3 个敌人，达到狙击歼敌 214 名的战果，被志愿军总部授予"二级战斗英雄"称号。志愿军还有组织、有计划地组织火炮和坦克射击，

张桃芳

1952 年 4 月 30 日至 8 月 10 日，先后组织 7 次炮击，参战火炮 166 门。7 月 1 日至 9 月 18 日，组织坦克游动射击等 17 次，参战坦克 80 辆。这一活动，有效地打击和杀伤了敌军，吓得敌军昼间不敢在前沿阵地上活动，被迫龟缩在工事内。

三、鏖战上甘岭

上甘岭战役是中国人民志愿军进行的坚守防御战役。这次战役从 1952 年 10 月 14 日开始，至 11 月 25 日结束，历时 43 天。在不足 4 平方公里的志愿军两个连防守的阵地上，"联合国军"总司令克拉克和美第八集团军司令官范佛里特，先后投入美军第七师，南朝鲜军第二、第九师等共 3 个多师 6 万余人的兵力，以及 300 余门大炮、近 200 辆坦克、3000 余架次飞机，发射炮弹 190 多万发，投掷炸弹 5000 多枚。志愿军防御作战也陆续投入第十五军四十五、二十九师和

第十二军三十一师另第三十四师1个团等3个多师4万余人的兵力，山炮、野炮、榴弹炮133门，火箭炮24门，高射炮47门，迫击炮292门，共发射炮弹35万余发。这次战役是抗美援朝战争中兵力火力密度最大、双方争夺最为激烈的一次战役，无论在抗美援朝战争史上，还是在世界战争史上，都具有极为重要的影响。志愿军防守部队依托以坑道为骨干的坚固阵地，在炮兵火力支援下，发扬革命英雄主义精神和机动灵活运用战略战术，像钉子一样牢牢地钉在了上甘岭阵地上，彻底粉碎了"联合国军"的进攻。

上甘岭不是山岭，只是朝鲜的一个村庄，位于战线中部三八线以北。上甘岭阵地是指上甘岭以南597.9高地和537.7高地北山两个阵地，597.9高地在西，537.7高地在东，由志愿军第十五军四十五师一三五团分别以1个连防守。"联合国军"发动进攻前，这两个阵地的防守兵力分别加强到1个营。597.9高地由3个山头组成，"联合国军"称为"三角形山"。537.7高地与南朝鲜军防守的537.7高地，同处一个山梁，两个高地相距只有150米，第十五军开展狙击歼敌活动，在这里歼敌较多，"联合国军"称之为"狙击兵岭"。后来第二十四军七十二师二一四团战士张桃芳狙击歼敌就是在这里。上甘岭阵地是志愿军中部战线战略要点五圣山的前沿阵地，位于五圣山主峰以南4公里处。五圣山位于金城、金化、平康这一三角地区的中央，主峰海拔1061.7米，是战线中部地区的最高峰，西临平康平原，东扼金化经金城到东海岸的公路，南距"联合国军"占据的金化只有7公里。上甘岭两个阵地楔入"联合国军"阵地约12公里，"联合国军"如芒在背，如鲠在喉，倍感难受。

1952年春季以来，经志愿军不断战术打击，特别是发动秋季战术反击后，"联合国军"在战场上已处于不利地位。《韩国战争史》中写道：共军"从1952年4月至9月，在整个战线前沿不断挑衅，到10月初，全面发起高地争夺战，……采取了积极的方针"，"前线作战的主动权转移到敌人手里"。"相反，我军却一如既往，采取守势，因而不可避免地在作战上丢失先机之利，在战争精神上处于萎靡状态。"美军战史中也记载："9月底10月初，种种迹象表明，共产党已越来越明显地掌握了地面作战的主动权。"此时的"联合国军"部队，就像"瘾君子"失去了刺激，怎么也提不起精神来了。

美第八集团军司令官范佛里特，为对志愿军的战术反击作战进行报复，给他的部队打上一针强心剂，振作一下精神，遂经他的上司克拉克批准，以夺取上甘岭志愿军两个阵地为目标，发动了"金化攻势"，代号为"摊牌行动"。克拉克和范佛里特的计划是，以美军第七师和南朝鲜军第二师各1个营的兵力，在300门大炮的支援下，以5天时间、伤亡200人的代价夺取志愿军上甘岭以南两个阵地。

上甘岭战役经历三个阶段。

第一阶段，从1952年10月14日至20日。"联合国军"经两天的准备后，于10月14日发起攻击，第一天即投入美军第七师和南朝鲜军第二师共7个营的兵力，在300余门大炮、30余辆坦克、40余架次飞机支援下，对上甘岭志愿军两个阵地发动猛烈攻击，发射炮弹30余万发，投掷炸弹500余枚。志愿军防守分队顽强抗击，表面工事被毁后，转入坑道继续战斗，当晚又夺取了表面阵地。15日至19日，"联合国军"又先后投入两个团另4个营的兵力，在空军和炮兵火力支援下连续攻击。志愿军防守分队昼间阻击、夜间反击。双方进行激烈争夺。20日，表面阵地被"联合国军"占领，志愿军防守分队转入坑道，继续坚守。这一阶段作战，美军先后投入9个营，南朝鲜军先后投入8个营，志愿军也先后投入21个连，歼敌7000余人，自身伤亡3200余人。

在19日晚至20日凌晨反击597.9高地战斗中，反击部队被美军占领的"0号"阵地火力所阻。志愿军第一三五团二营参谋长张广生几次组织爆破都没有成功。这时，离上级要求攻上高地的时间只剩下40分钟。时间紧迫，不歼灭"0号"阵地美军火力点，就不能全部夺回失去的阵地。该营通信员黄继光挺身而出，要求去炸掉这个火力点。他带领两名战友吴三羊、肖登良执行爆破火力点任务。当前进到离该火力点三四十米时，两名战友先后牺牲或负重伤，黄继光自己也负了重伤，但他继续向美军火力点爬去。在距离美军火力点约5米时，他挣扎着用左臂支撑起身体，用力将最后一颗手雷掷向美军火力点。随着手雷的炸响，"0号"阵地美军狂吼的机枪顿时成了哑巴。突击队发起冲锋，突然，"0号"阵地美军残存下来的两挺机枪又响了起来，突击队的指战员被压在山坡上。此时黄继光手里已经没有武器了。他瞄了一眼还在吼叫的火力点，以顽强的毅力爬到机枪射口，突然站起来用自己的身体堵住狂喷的火舌，为部队前进开辟了道路，保证了反击的胜利。为表彰黄继光烈士的英雄事迹，根据他生前的志愿，志愿军第十五军党委追认他为中国共产党党员，授予"模范团员"称号；志愿军总部给他追记特等功，并追授他"特级战斗英雄"称号。黄继光到营部担任通信员前，是第一三五团六连战士，他生前所在的六连，一直延续到现在，属人民解放军空降兵部队，每天这个连队点名时，点的第一个名字就是"黄继光"，全连战士同时答"到"！

第二阶段，从 10 月 21 日至 29 日。本来克拉克和范佛里特发动这次攻势是为了扭转被动局面，但是结果却是适得其反，遭到迎头痛击，造成重大伤亡。在此之前，志愿军的战术反击作战几乎是攻无不克。而集中了那么多兵力和火力，只是攻击志愿军原来各以 1 个连防守的两个小小山头，连攻 7 天都不能解决问题。无论作战的时间、投入的部队和人员的伤亡，都大大超出了原定计划。"联合国军"为了挽回面子，只好硬着头皮继续干下去。克拉克后来说："这个开始为有限目标的攻击，发展成为一场残忍的挽救面子的恶性赌博。"

第一阶段结束后，敌我双方都调整了部署。"联合国军"于 10 月 25 日将遭受重创的美军第七师撤出战斗，而将夺取上甘岭两个阵地的任务全部交给南朝鲜军，调南朝鲜军第九师为预备队。时任南朝鲜军第二师师长曾抱怨：美国人是人，韩国人同样是人，这不是叫我们替他们付出伤亡吗？志愿军将第四十五师担负上甘岭两高地以外的防御任务全部解除，该师集中力量投入两高地争夺战。志愿军代司令员邓华、副司令员杨得志和第三兵团副司令员王近山、副政治委员杜义德，为第四十五师争夺两高地，加强了炮兵部队，调第十二军三十一师作为两高地争夺战的预备队，进行决定性反击准备。

这一阶段，是转入坑道的志愿军防守部队作战最为艰苦的阶段。占领表面阵地的敌军采用种种残酷手段破坏坑道。用飞机、大炮对主要坑道进行狂轰滥炸；在坑道口上面挖掘深沟，用炸药爆破；向坑道口内投掷炸弹、炸药包、爆破筒、手榴弹、汽油弹、硫黄弹、毒气弹，或用火焰喷射器喷；用石土、麻袋、成捆铁丝、铁丝网封堵坑道口；组织兵力、火力封锁坑道口，或在坑道口建碉堡、设障碍，断绝坑道内外交通等等，无所不用其极。坑道内空气污浊，严重缺粮、缺弹，缺水。在这样令人难以忍受的困难条件下，坚守坑道的志愿军各分队，依靠坑道内党组织的坚强领导和强有力的思想政治工作，以顽强的毅力克服困难，坚守坑道，并频频出击，不断给阵地上敌人以杀伤。共组织班组兵力，以突击手段出击 158 次，除 9 次未奏效外，余均获得成功，共计歼敌 2000 余人，并恢复 7 处阵地。

杨得志在回忆录中说："敌军占领表面阵地，是在明处，志愿军转入坑道，是在暗处，说不准什么时候，在什么地方，敌军士兵就被从地下伸出的几个枪口或跃出的几个勇士给歼灭了。"向杨得志汇报的同志讲了一件有趣的事：一个美国兵，找了一个避风的地方方便，裤子还未提起来，就被伸出的两只大手给拉进了坑道。从此，美军再有方便者，就三人一组了，其中两个抱着枪望风。这也说明了志愿军班组小规模活动的威力，即使敌人占领了表面阵地，也是处在风声鹤唳、草木皆兵的状态。

上甘岭战役中流传很广的一个苹果的故事，就发生在这一阶段。第一三五团五连一位年轻的运输员，在将弹药运进坑道的同时，带进来一个苹果。运输员将苹果送给在坑道内指挥的七连连长张计法。张连长看着他汗湿的衣服和干裂的嘴唇，没有接，让他自己吃。这名运输员没吃，硬是塞给连长。几日无水了，嗓子已嘶哑的连长把这个水灵灵的苹果，在手里掂了几下递给了步话机员。步话机员舔了舔结成血痂的嘴唇，把苹果递给了正在呻吟的伤员。伤员发现只有一个苹果，又把苹果递给了连长。连长深情地看了看大家，把苹果交给了司号员，司号员接过来就递给了卫生员，卫生员又递给了那位伤员，伤员又将苹果交给了连长。坑道里的几个同志虽都口渴难忍，但一个苹果转了一圈多，又完整无损地转到连长手里。最后在连长命令下，大家才一人一小口分吃了这个苹果。这个真实的故事，充分体现出革命战士伟大的友爱互助精神。1956年上映的由长春电影制片厂摄制的电影故事片《上甘岭》，真实地反映了这一阶段作战的艰苦性。

第三阶段，从10月30日到11月25日。这个阶段，第十五军二十九师、第十二军三十一师和第三十四师1个团参加了上甘岭的争夺战。经过充分准备，10月30日晚，第十五军组织部队在炮兵火力支援下，对597.9高地实施决定性的反击，恢复了除东北山脚外的全部表面阵地（后东北山脚阵地也全部恢复），从31日至11月5日，"联合国军"连续组织猛烈反扑，均被击退。此后，"联合国军"被迫停止了对

志愿军战士在上甘岭阵地欢呼胜利

第十章　地下长城

597.9 高地的反扑。第十二军三十一师部队从 11 月 1 日开始接替 597.9 高地争夺战的任务。

秦基伟

同在 11 月 5 日，志愿军总部和第三兵团组成由第十二军副军长李德生负责统一指挥的武圣山战斗指挥所，指挥上甘岭地区的反击作战，这个指挥所归第十五军军长秦基伟直接指挥，并由炮兵第七师师长颜伏统一指挥上甘岭的炮兵作战。

11 月 6 日，美军无可奈何地宣布："到现在为止，联军在'三角形山'是打败了。"美军战史记载道："联合国军司令部所属部队……在'三角山'5 天的战斗中，他们由最初的两个营的兵力发展到两个师以上的兵力，死伤人数由 200 人增加到 9000 人……'三角山'之战，中国军队以他们不屈不挠的斗争……迫使联合国军停止进攻。"

对上甘岭的作战，不但军、兵团和志愿军总部十分重视，而且军委总参谋部、中央军委和毛泽东主席都十分关注。11 月 6 日，杨得志等（此时邓华奉命回国汇报）向中央军委报告了上甘岭地区坚决争夺下去的决心和部署。7 日，毛泽东主席亲自拟稿，以中央军委名义复电，指出："你们对加强十五军作战地区之决心和部署是正确的。此次五圣山附近的作战已发展成为战役的规模，并已取得巨大的胜利。望你们鼓励该军，坚决作战，为争取全胜而奋斗。"8 日，毛泽东主席将上甘岭地区的作战情况和作战部署批转全军。坚守上甘岭地区作战的部队广大官兵受到极大鼓舞。

11 月 11 日，第十二军部队对 537.7 高地北山进行了决定性反击，全部恢复表面阵地。此后南朝鲜军多次反扑，双方反复争夺到 11 月 25 日，第十二军部队牢牢控制了 537.7 高地北山，南朝鲜军停止了对该高地的反扑。至此，上甘岭战役宣告结束。

志愿军以伤亡 1.1 万余人的代价，歼灭"联合国军"2.5 万余人，并牢牢守住了阵地。

上甘岭战役，志愿军创造了现代战争史上坚守防御的典范，以坑道为骨干的坚固阵地防御体系显示了"铜墙铁壁"的作用，有人称上甘岭是"攻不破的东方壁垒"。美国军事专家说："就是使用原子弹，也不能把上甘岭的共军部队全部消灭。"克拉克后来表示，这次进攻是得不偿失的，这次作战是失败的。这次战役的胜利，彻底打垮了"联合国军"在正面战场取胜的信心，此后直至朝鲜停战，"联合国军"再未发动营级及以上规模的进攻作战。志愿军则完全掌握了正面战场的主动权。尽管"联合国军"具有现代化的武器装备，但由于"铁多气少"，在正面战线已是攻则不克、守则必失，完全陷入了被动挨打的境地，对志愿军已是无可奈何了。正如毛泽东所说的："我们越打越强。美国人攻不动我们的阵地，相反，他们总是被我们吃掉。"

上甘岭战役，志愿军涌现了黄继光、孙占元、胡修道等几十名战斗英雄，打出了上甘岭精神，这就是：为了祖国，为了人民，为了胜利的奉献精神；不屈不挠，团结战斗，战胜困难的拼搏精神；英勇顽强，坚决战斗，血战到底的胜利精神。

四、美国道义上的失败

在美军正面战线作战每况愈下，直至完全丧失主动的同时，美国侵略当局在道义上也遭到了可耻的失败。

美国当局为了挽救在战场上的不利局面，增加对朝中方面的压力，以影响停战谈判，并为了试验其细菌武器的性能，于1952年年初，违反国际公法，不顾人道主义，在朝鲜北方及中国的部分地区秘密实施了大规模的细菌战。美国为了掩盖罪行，其细菌战是在保密状态下进行的。将经过精心培养的鼠疫、霍乱、伤寒、痢疾等烈性传染病的病菌、病毒制成细菌弹或细菌粉剂，有的附着在其他媒介物上，利用飞机进行投掷和布撒。对他们的飞行员也诡称"宣传弹"或"不爆炸的炸弹"，夹杂在轰炸任务中进行。仅1952年1月28日至3月31日，两个月时间内，在朝鲜北方就发现美军布撒的带有病菌病毒的昆虫等804处之多，在中国东北边境地区也有发现。多年没有鼠疫、霍乱流行的朝鲜北方再次受到病菌病毒的侵袭。

毛泽东、周恩来对美国实施细菌战的情况极为关注，处理也非常慎重。经派专家调查了解，检验标本后，判明了"敌人最近在朝鲜所撒放的各种昆虫系进

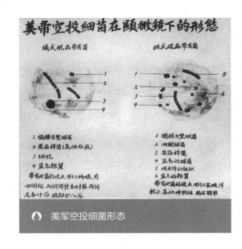

美军空投细菌形态

志愿军战士制作的捕杀昆虫、老鼠的各种器具

行细菌战的行动"。据此，2月下旬，毛泽东、周恩来决定展开反细菌战的斗争。

一方面采取有力措施进行战场防疫，紧急向前方运送了防疫药品和器材，供志愿军和朝鲜军民使用，派出防疫队和专家检验队，协助前方防疫治病。志愿军各部队也明确了责任，在各自作战区和驻防区内及时发现、扑灭美军布撒的带有病菌病毒的媒介物，及时消毒，还开展了清理驻区卫生运动。采取这些措施，迅速控制了疫情的发展。

在战场上开展反细菌战防疫治疗工作的同时，中朝两国政府分别发表声明，揭露美国实施细菌战的真相，抗议、谴责美国细菌战的罪行。由中国人民抗美援朝总会组织各种有关专家等组成"美帝国主义细菌战罪行调查团"前往朝鲜和中国东北地区实地调查，并接受"国际民主法律工作者协会调查团"和"调查在朝鲜和中国的细菌战事实国际科学委员会"到实地调查。这3个调查团均公布了调查报告书，确认美军在朝鲜和中国东北地区实施了细菌战。从1952年5月起，中国陆续公布了执行细菌战任务的25名被俘美国飞行员的供词。

尽管美国当局一直矢口否认细菌战的事实，美国官方不会轻易承认或永远不会承认实施细菌战的事实，但其细菌战的罪行在世人面前已昭然若揭，遭到了国际舆论的谴责。至1952年冬，反细菌战的斗争告一段落。美国细菌战不但没有达到军事上的目的，而且在政治上、道义上遭到了可耻的失败。毛泽东曾说过，抗美援朝战争，"我们方面发生的问题，最初是能不能打，后来是能不能守，再后来是能不能保证给养，最后是能不能打破细菌战。这四个问题，一个接着一个，都解决了。我们的军队是越战越强。"

第十一章　美军认输

11

★

力量悬殊
的对抗

美国在朝鲜战争中，始则气势汹汹、不可一世，继而连连失败、损失惨重，最后精疲力竭，几乎用尽所有招数，也只能是不断遭受伤亡而无所获。尽管"山姆大叔"对败在武器装备远远落后于美军的中国人民志愿军和朝鲜人民军的手里，心理无法忍受，但也无可奈何，只好认输。

一、防备美国使用最后一招

朝鲜战争进行到 1952 年冬季，美国已经接近黔驴技穷的地步，除了原子弹以外，其他当时所有的现代化战争武器均已在战争中使用，然而战争却总是同美国当局开玩笑，一点也不向美国希望的方向发展。相反，却距离美国的希望越来越远。克拉克在回忆录中说，自谈判达成关于军事分界线的协议以来，"联合国军"在战场上付出的伤亡代价等于此前美军参战以来"总伤亡人数的一半，而战果毫无"。拖的时间越长，美国在这场战争中的"体面"丢失得越多。

不但美国的盟国早已厌倦这场战争，美国人民和在战场上的美国士兵，也充满了厌倦和不满的情绪，而且美国当局也认为，不能再这样令人难以忍受地无限期地拖下去了。要么通过谈判，老老实实地按照国际法和国际惯例解决战俘问题，要么孤注一掷，不惜进行最后的军事冒险。现在美国决策当局必须作出选择。

然而，停战谈判由于美方代表团于 1952 年 10 月 8 日单方面宣布无限期休会而一直处于停顿状态。从当年 10 月 14 日召开的第七届联合国大会上美国国务卿艾奇逊的态度看，美国没有恢复谈判的任何迹象。艾奇逊仍然顽固坚持美方所谓"自愿遣返"原则，并操纵联合国大会通过了强调这一原则的印度提案。

时值美国第三十四届总统大选，如何解决朝鲜战争问题，是这次大选活动中的突出问题。10 月 24 日，共和党候选人、曾在第二次世界大战中成功地组织了诺曼底登陆的德怀特·艾森豪威尔，在竞选演说中公开许诺，如果他当选总统，便亲自前往朝鲜以结束这场战争。这一许诺对他击败对手当选美国总统起了关键的作用。

艾森豪威尔于 11 月当选为美国第三十四届总统后，12 月初到朝鲜进行了视察，与克拉克、范佛里特等美军高级将领及李承晚举行了一系列的会谈。美军的高级军官都主张，在一定时间内谈判还不成功，唯一的办法是全力发动一场进攻。李承晚更是支持这一建议，并且要把战争扩大到鸭绿江以北，对中国境内的补给基地进行攻击。艾森豪威尔虽然没有作出决定，但他在回国以后，于12月14日举行的记者招待会上声称："对我们所面对的一个敌人，我们不能期望用言语打动它，无论言语是怎样娓娓动听；而只能用行动——在我们自己选择的情况下实行的行动。"艾森豪威尔就职后，又宣布解除了所谓"台湾海峡中立化"，怂恿蒋介石集团向大陆发动进攻。被解职一年多的麦克阿瑟，此时积极向艾森豪威尔建议使用原子弹。

在朝鲜战场上，范佛里特和克拉克早就想打破"联合国军"被动的守势状态，要求增加兵力再次发动攻势。早在10月间，克拉克就组织一个专门小组，制订了大规模军事冒险计划。克拉克这项军事冒险计划的主要内容是：发动一场大规模的陆、海、空军联合的攻势作战，把战线推进至元山、平壤一线。整个进攻作战分为三个阶段，每个阶段大约需要20天时间，包括地面部队的合围性攻击，大规模两栖突击和在时机成熟时的空降作战，并从空中和海上对中国境内目标实施突击。克拉克将计划报给参谋长联席会议，参谋长联席会议主席布莱德雷也向艾森豪威尔作了报告。克拉克并对执行这个计划积极进行了预先准备，派遣特务到朝鲜后方刺探情报，组织大规模海陆空军联合登陆演习，演习的逼真程度，直到演习结束前后最后一刻，参演登陆的官兵才知道是演习。

此时，采取大规模军事冒险行动，是美国当局考虑的一个重要方案。艾森豪威尔后来在回忆录中说：由于中国人民志愿军和朝鲜人民军在战线上建立了犬牙交错的坚固的地下工事，并有纵深防御阵地，"联合国军"如果发动正面进攻，"金化攻势"的失败已表明，突破阵地"是战术上的大问题"。此外，志愿军和人民军克服了后勤工作中的缺陷，前线物资充足，军队数量占有很大的优势。"联合国军"从正面发动"任何这类进攻都将付出极大的代价"。当然，如果配合以两栖登陆，也有将战线推进到朝鲜蜂腰部的可能，但这不具有"决定性作用"，因为战线靠近中国东北地区，会使"联合国军""处于极端困难的境地"。因此，这类进攻是"最不诱人"的方案。除此，就是不惜进行一次大规模的军事冒险，把战争扩大到朝鲜以外，"同时打击中国在满洲的机场，封锁中国海岸，还要采取其他类似措施"。这需要增加至少3个美国师的兵力，和再扩充南朝鲜军两个师的兵力。为了"避免进攻时付出过分高昂的代价"，还要使用原子弹。但是原子弹对于具有坚固地下工事的中朝军队作用不大，还必须取得盟国主要是英国的赞同，否则会"和盟国之间造成分裂情绪"。最担心的是苏联会作出反应，苏联有原子弹，尤其美国占领的日本可能会遭到苏联的攻击。

对于美国大规模军事冒险的企图，主持中央军委日常工作的彭德怀和志愿军代司令员邓华，在上甘岭战役结束前后就有分析判断，认为美国没有恢复谈判的意向，下一步的可能行动只有使用原子弹和在志愿军、人民军侧后实施大规模登陆冒险这两手了，而美国不敢使用原子弹，那么就只剩下实施侧后登陆冒险这一手了，并且新当选的美国总统艾森豪威尔是第二次世界大战中盟军诺曼底登陆的总指挥，有丰富的登陆作战经验。毛泽东同意这种判断。

因为志愿军和人民军没有海军参战，空军力量也很弱，因此，防敌侧后登陆进攻，一直是志愿军和人民军战略指导上的一个重大问题。此时，正面战线已经巩固，志愿军和人民军已有可能集中精力彻底解决侧后东西海岸的防御问题。只要这一问题解决了，志愿军和人民军就解除了后顾之忧，在整个战场上就完全处于主动地位了。

于是，毛泽东起草了指示，于12月20日以中共中央的名义发给志愿军党委，要求从目前起到1953年4月这段时间内，做好一切防敌在我侧后登陆进攻的准备。指示指出："美帝国主义采用了很多办法和我们斗争，没有一样不遭到失败。现在剩下从我侧后冒险登陆的一手，它想用这一手来打击我们。只要我们能把它这一手打下去，使它的冒险归于失败，它的最后失败的局面就确定下来了。"毛泽东还指示邓华，应做肯定敌人以5~7个师在西海岸登陆，肯定敌于1953年春季甚至可能还早些登陆的准备。

据此，从1952年12月下旬起，到1953年4月，邓华、杨得志组织志愿军协同人民军进行了规模巨大的反登陆作战准备：调整加强了东西海岸的指挥机构，中央任命邓华亲自兼任西海岸指挥部的司令员和政治委员。确定了坚决阻敌上岸和上岸后坚决歼灭的指导方针；增调第一、第十六、第二十一、第五十四军及部分炮兵、高射炮兵和坦克部队入朝，志愿军在朝鲜的兵力达到了战争中的最高峰，共有20个军，连同其他部队计135万余人，将西海岸作为重点方向进行了部署准备。志愿军空军还有14个航空兵师做了准备。以东西海岸为重点，全面构筑了坚固防御工事，共挖掘坑道8090条，总长720余公里，连同以前挖掘的坑道，总长达1250余公里，堑壕和交通壕总长6240公里，接近于中国的万里长城的长度（6700 公里）。在东西海岸均构筑了反空降和反坦克阵地，完全改变了东西海岸阵地工事脆弱的局面，东西海岸和正面战线形成了绵亘 1130 公里、纵深 20~30 公里的以坑道和永备工事为骨干的完整防御体系，东西海岸和正面战线都形成了铜墙铁壁，都有了坚固可靠的阵地依托。增调 6 个铁道工程师新建铁路，抽调 1 个步兵师会同工兵部队新建和改建公路，改善了朝鲜北方的运输网络，储备了大量作战物资。正面部队积极进行作战活动，配合东西海岸的战备工作。

这期间有个典型的战斗，在抗美援朝战争期间很有影响。这就是 1953 年 1 月 25 日的丁字山战斗。丁字山是位于铁原西北的一个小高地，由志愿军第二十三军（1952 年 9 月入朝轮换第二十军。军长钟国楚、政委卢胜）一个排防守，它的形状像一枚钉子，钉子的尖指向南边的美军 190.8 阵地。克拉克在"金化攻势"失败后，提出在正面战线进行"空中地面协同作战实验"，选择的攻击目标就是丁字山。

1 月 12 日至 20 日，美军向这个目标发射 105 毫米榴弹炮炮弹 1 万发。24 日，美空军向这个目标投下 13.6 万磅炸弹和 14 枚凝固汽油弹。

25 日，美军先后出动 100 余架次飞机，对这个目标进行轮番轰炸，经过前期猛烈的炮火攻击后，以美第七师的 1 个步兵连发起攻击。美军在一天之内向这个阵地投下 22.4 万磅炸弹和 8 枚凝固汽油弹，发射各种炮弹 17 万余发，始终未能攻下阵地，只好暂时撤退。志愿军第二十三军于 1953 年 1 月中旬刚刚接防第一线，第一次经受在朝鲜作战的考验。防守阵地的这个排，打得英勇顽强，彻底粉碎了美军的进攻，牢牢守住了阵地，以伤亡 11 人的代价，毙伤美军 150余人。

原来，美军这次进攻战斗是范佛里特精心组织的。他将于 2 月退休，想退休前在朝鲜留下一个光辉的成绩。他不仅请来了美第一军军长和参谋长、第五航空队司令、远东空军作战处长前来观战，还邀请了 12 名记者，以为此次作战可以给他获得一些赞誉。然而，结果却以惨败而收场，遭到美国国会和舆论的严厉谴责。这是范佛里特担任美第八集团军司令官期间进行的最后一次，也是最不光彩的一次战斗。2 月 10 日，范佛里特退休回国，由美国陆军助理参谋长马克斯韦尔·泰勒接任第八集团军司令官。

还有一个故事也发生在这期间，就是长春电影制片厂拍摄、1964 年出品的电影《英雄儿女》，这部电影中的主人公王成最初的原型是蒋庆泉。电影中的英雄王成，是名步话机员，牺牲前，阵地上只剩下他一个人了，敌人又冲上来了，王成就在步话机里向指挥部大喊："为了胜利，向我开炮！"这恰恰是蒋庆泉亲身经历的战斗场面，另一位志愿军战士于树昌也有类似的经历。蒋庆泉和于树昌都是志愿军第二十三军战士，蒋庆泉是第六十七师二〇一团步话机员，于树昌是第七十三师二一八团步话机员。1953 年 4 月 18 日，蒋庆泉所在的五连接到命令攻占石岘洞北山，要求夺下阵地后要坚守。该连夺下了阵地，但敌人猛烈反扑。五连 165 人，战斗到最后就剩下蒋庆泉一个人。敌人越来越近，蒋庆泉就冲着步话机嘶吼："向我的碉堡顶上开炮！"还没有等到志愿军的炮火，就被弹片击中失去知觉，醒来时发现自己在美军的卡车上。当时部队以为他牺牲了。当时蒋庆泉的直接联系人员是指挥部的陆洪坤，第二十三军《战地报》记者洪炉从陆洪坤那里了解到这个情况后，写成了通讯《顽强的声音》。同年 7 月，步话机员于树昌也在战斗中呼唤炮火，与敌同归于尽。洪炉写的《顽强的声音》尚未发表，就将蒋庆泉和于树昌事迹结合在一起，写了一篇《向我开炮》。因蒋庆泉被俘了，主要宣传了于树昌。电影《英雄儿女》用了《向我开炮》的情节塑造了英雄王成。

蒋庆泉在战俘营遭受百般折磨，冒着九死一生的危险坚定地回到祖国。

蒋庆泉当年的"联系人"陆洪坤和写战地通讯的洪炉也一直在寻找他。2008 年，陆洪坤终于找到了蒋庆泉，他们抱头痛哭。陆洪坤说："向你开炮的人来了。"2010 年 4 月洪炉专门去探望蒋庆泉，并把当年写的《顽强的声音》手稿送给蒋庆泉作礼物。2011 年蒋庆泉在女儿陪同下为当年的第二十三军政委、开国中将卢胜扫墓。政府要给蒋庆泉补偿和特殊待遇，老人家都谢绝了，只提出一个要求，就是希望得到一枚抗美援朝纪念章。总政治部得到这个消息后，专门为老人特制了一枚参战纪念章。

整个反登陆作战准备规模之大、时间之长、工作之细，是抗美援朝战争中任何一次战役准备都不能相比的。至 1953 年 4 月底，反登陆作战的一切准备基本就绪，从而掌握了整个战场上的主动权。

克拉克对志愿军构筑的坚固防御体系感到头痛。他在回忆录中说："沿海滩的防御体系，和前线的防御体系一样，纵深的距离甚长，并且它的效力大部分依靠地下设施。但是除开地下工事外，还有一道道的明壕从滩头向后分布，因此，任何从海上攻击的部队，一旦他们在岸上获得立足点，即被迫去攻击一道又一道的战壕。他们沿着水际设有带刺的铁丝网。雷区到处都是。大部分稻田地区被水淹没，使它们变成战车的大陷阱，使我们的装备在泥淖中进退两难。"于是，美国大规模军事冒险也难以实现。

这次反登陆作战准备，不仅仅是为了解决燃眉之急的战役准备，而且也是长远的战略准备，随着反登陆作战准备完成，彻底解除了后顾之忧，为取得抗美援朝战争最后胜利铺平了道路。

二、邓华、杨得志以打促谈

1953 年 1 月 20 日，艾森豪威尔就任美国第三十四届总统，并于 2 月 2 日发表国情咨文，延续全球侵略政策和发动战争，并唆使台湾的蒋介石集团进攻中国大陆。

对此，2 月 7 日，毛泽东在中国人民政治协商会议第一届全体委员会第四次会议上，对美国当局发出了铿锵有力的警告："我们是要和平的，但是，只要美帝国主义一天不放弃它那种蛮横无理的要求和扩大侵略的阴谋，中国人民的决心就是只有同朝鲜人民一起，一直战斗下去。这不是因为我们好战，我们愿意立即停战，剩下的问题待将来去解决。但美帝国主义不愿意这样做，那么好罢，就打下去，美帝国主义愿意打多少年，我们也就准备跟它打多少年，一直打到美帝国主义愿意罢手的时候为止，一直打到中朝人民完全胜利的时候为止。"

周恩来在这次会上也警告美国当局："中国人民爱好和平，但是并不惧怕战争。如果美国新政府还有意于用和平方式结束朝鲜战争，那么，它就应该无条件地恢复板门店的谈判。朝中方面准备按照已经达成协议的朝鲜停战协定草案，立即先行停战，然后再由'和平解决朝鲜问题委员会'去解决战俘全部遣返问题。因为这样，既可迅速满足有关战争各国人民及全世界人民对于立即停止现行战争的热望，又可为和平解决朝鲜问题及远东其他有关问题开辟道路。如果美国新政府仍然执行杜鲁门政府的政策，仍然无意于恢复板门店谈判而继续和扩大朝鲜战争，那么，朝中人民在这方面也将继续斗争下去，并且是有了充分准备的。朝中人民深刻地了解，对于帝国主义者的挑衅，只有进行坚决的斗争，使帝国主义者的每一个战争计划都受到粉碎性的打击，每一个侵略行动都遭到彻底的失败，才能迫使敌人罢手，取得人民所热望的和平。"

毛泽东和周恩来的警告，及志愿军和人民军的反登陆作战准备，使美国当局感到，再次进行大规模军事行动不太现实，因此开始转向其他途径。2月22日，克拉克奉命以"联合国军"总司令的名义致函朝鲜人民军最高司令官金日成和中国人民志愿军司令员彭德怀，建议"按照日内瓦公约第109条的规定①，立即遣返那些身体适于旅行的重病重伤被俘人员"。以此进行试探。对于克拉克的建议，志愿军谈判代表团和毛泽东都认为，一动不如一静，让现状拖下去，观察一段时间再决定。

3月5日，苏联领导人斯大林逝世。周恩来率中国政府代表团前往莫斯科，参加斯大林葬礼。其间，苏联领导人就朝鲜战争问题同周恩来进行了讨论，并征求了朝鲜的意见，为争取早日实现停战，确定在战俘遣返问题上必须坚持原则的坚定性，在遣返方式上灵活把握。

3月28日，以朝鲜人民军最高司令官金日成和中国人民志愿军司令员彭德怀的名义，复函克拉克，同意"关于在战争期间先行交换双方病伤战俘的建议"，并指出："关于在战争期间交换双方病伤战俘的问题的合理解决，应当使之引导到全部战俘问题的顺利解决，使世界人民所可望的朝鲜停战得以实现。因此，我方建议：双方谈判代表应立即恢复在板门店的谈判。"

3月30日和31日，周恩来和金日成分别代表中朝两国政府发表声明，指出：为消除在战俘遣返问题上的分歧，早日实现朝鲜停战，本着日内瓦公约关于停战后即予释放和遣返战俘的规定，"中华人民共和国政府和朝鲜民主主义人民共和国政府提议：谈判双方应保证在停战后立即遣返其所收容的一切坚持遣返的战俘，而将其余的战俘交中立国，以保证对他们的遣返问题的公正解决。"

这个建议得到了包括英国、法国在内的国际舆论的支持。4月20日，谈判双方开始交换病伤战俘。4月26日，被美方单方面中断6个月之久的停战谈判重新恢复。

邓华和杨得志分析判断，此次谈判恢复，使朝鲜战争结束的可能性增大，

---

① 1949年在日内瓦签署的《关于战俘待遇之公约》第109条规定：在战事期间，"经过治疗后适于旅行之重伤与重病之战俘，不论其数目或等级如何，遣返其本国。"

但美国好战分子和南朝鲜李承晚集团仍可能节外生枝，制造事端。因此，志愿军和人民军只有以有力的作战相配合，谈判才有可能顺利进行。

此时"联合国军"在正面战场上，已是只有招架之功，而无还手之力了。志愿军同人民军完成了反登陆作战准备，解除了后顾之忧，正面部队可以放胆作战。此外，自1952年9月以来，志愿军新入朝的第二十三、第二十四、第四十六、第一、第十六、第二十一、第五十四军7个军和第三十三师，多数尚未得到朝鲜实战锻炼，一旦停战便失去了机会。

邓华和杨得志经报请中央军委批准，为促成朝鲜停战早日实现，决定举行夏季反击战役。"战役的目的主要是消灭敌人，锻炼部队，吸取经验，以配合板门店的谈判，同时适当注意改善现有阵地"；战役指导的基本精神是"稳扎狠打"，"由小到大"，"不打则已，打则必歼，攻则必克，守则必固"；美军是谈判的主要对手，战役打击的主要目标是美军；攻击目标的选择，以不少于两个排，不超过一个营为限，再小则浪费了准备，再大则不易一口吃掉。

第一线各军据此精神进行了充分准备，经邓华、杨得志批准后，准备较早的第二十兵团指挥的第六十七军和第六十军部队，于5月13日晚起，对选择的当面南朝鲜军连以下兵力防守的阵地发起攻击；第九兵团指挥的第二十三军和第二十四军部队，于15日晚起也对选择的当面南朝鲜军连以下兵力防守的阵地发起了攻击。至25日，第一阶段作战结束，志愿军共对敌军连以下兵力防守的20个阵地发动29次攻击，共歼敌4100余人，自身伤亡1608人，经与敌反复争夺后巩固占领两个阵地。

在志愿军作战的有力配合下，经过朝中代表团的努力，美方代表团经过反复后，于5月25日的谈判会上，接受了朝中方面提出的将不直接遣返的战俘交由双方协议的中立国遣返委员会在朝鲜看管，然后由战俘原属各方进行解释，以安排他们遣返的建议。

在谈判问题上，李承晚集团与美国当局一直存有分歧。美方接受了朝中方面的建议方案，为防止李承晚从中作梗，直到5月25日上午谈判会开始前一小时，克拉克才将美方的新方案通报给李承晚。

据参加后期停战谈判的南朝鲜军代表崔德新说，他在美方代表团中受到的待遇与其他代表是不平等的，在每次出席谈判会议之前，美方代表团举行的例行参谋会议上，其他代表均可得到一份自上级传递下来的特别材料，唯独不给他这个韩国代表。美方首席代表哈里逊向崔德新解释说，这是为了保守美国的国家秘密。哈里逊经常找其他代表征询意见、讨论有关问题，也唯独不找他这个韩国代表征询意见和讨论问题。当他主动向哈里逊提出意见时，哈里逊则对其不屑一顾。

崔德新说："总而言之，这一谈判是决定韩国命运的谈判，韩国代表不能获得主动已经很冤枉，更何况在参谋会议中又不能和其他美籍人员享有同等资格。这实在不能不说是蔑视韩国……这种习惯，意味着他们在任何时候都有处理有关韩国事务而不使我们知道的可能性。因此，我不得不时时提高警惕，以防万一。"

其实，美方一切有关停战谈判的决定，都是由美国当局单独作出的，只是在决定作出之后，才同南朝鲜的李承晚"会商"，迫使其接受美国的决定。因此，在美方代表团中，美国代表和南朝鲜代表是互相戒备的。美国担心有关谈判的一些决定过早泄露给南朝鲜，会遭到他们的干扰，因此尽量对他们保密，直至即将出席板门店会议之前才告诉他们。南朝鲜则担心，美国为了早日停战会出卖所谓"韩国利益"，因而想方设法企图早些时候得知美国方面有关谈判的一些决定。

5月16日，美方代表团建议休会3天，后又延长5天。此后，美方代表飞赴东京。崔德新为探得有关情况，也找借口飞赴东京，并与美国代表保持密切联系。然而，直到24日晨，随美国代表返回美方代表团驻地汶山，崔德新对美国关于谈判的新决定竟然一无所知。他问同机而来、准备同李承晚会晤的克拉克时，克拉克说，有关谈判新决定的内容"现在尚无法奉告……我奉命晋谒李总统，奉告新案内容"。到了汶山后，克拉克借口时间问题，将同李承晚的会晤时间推迟到25日上午10时。25日，哈里逊也将本该上午8时开始的例行参谋会议推迟至9时45分开始。而美国的新方案在11时的板门店谈判会上就要宣布。美国这样的安排，使李承晚集团措手不及而大为恼火。

李承晚集团本来就反对停战，于是，一方面为了反对停战，一方面为了表示对美国的抗议，而指使其谈判代表崔德新退出了谈判会议。直至停战，南朝鲜代表再未出席谈判会议。李承晚集团公开宣称不能接受"联合国军"的新方案，韩国将坚决反对不规定国土统一的任何国际协定。

鉴于这种形势，邓华和杨得志为更有力地配合谈判，决定将原定反击战役以打美军为重点，改为以打南朝鲜军为重点。于是，志愿军第一线部队经过调整，重点对南朝鲜军发起了攻击，并且打击目标扩大到了南朝鲜军团级部队防守的阵地。从5月27日至6月15日，第十九兵团指挥的第四十六军（1952年9月入朝轮换第四十二军。军长萧全夫、政委吴保山），第九兵团指挥的第二十三、第二十四军，第二十兵团指挥的第六十、第六十七军以及人民军第三、第七军团，共对"联合国军"（主要是南朝鲜军）团以下兵力防守的51个阵地攻击65次，扩大阵地面积58平方公里，歼敌4.1万余人，志愿军伤亡1.7万余人。此阶段作战中，第六十军连续攻占南朝鲜军第五师和第三师共两个团阵地，连同打反扑共歼其14800余人，据《韩国战争史》记载，南朝鲜军第五师所属3个团及配属该师的另1个团均被打残；第六十七军一次攻占南朝鲜军第八师1个团阵地，连同打反扑共歼敌13500余人。该两军均创造了阵地战以来一次攻歼敌军一个团的范例。

志愿军和人民军的作战，有力地促进了谈判斗争。6月8日，谈判双方首席代表正式签订了关于战俘遣返问题的协议。至此，朝鲜停战谈判各项议程全部分别达成协议。至6月15日，根据双方早已达成的军事分界线协议，重新校订军事分界线的工作业已完成，双方司令官签署停战协定的各种准备基本就绪。为保持政治上的主动，促进停战实现，根据彭德怀的指示，邓华、杨得志遂于16日起停止了攻击，结束第二阶段作战。

至6月18日，停战前的各项准备工作均已完成。当时双方心照不宣，拟将停战协定签字日期定在朝鲜战争爆发3周年的6月25日，停战协定签字在即。

三、毛泽东、彭德怀决定严惩李承晚

就在停战实现在即的时候，李承晚集团极力破坏和阻挠，一再叫嚷"不能接受如同对韩国宣告死刑的停战协定"，"将继续单独战斗，直到达到目的为止"。公然破坏谈判双方于6月8日刚刚达成的战俘遣返的协议，有组织有计划地于6月17日深夜起至19日，将在大邱、光州、论山、马山、峰山等战俘营由南朝鲜军看管的朝鲜人民军被俘人员2.7万余人，和数十名志愿军被俘人员，以"就地释放"为名，强迫予以扣留。刚刚看到的朝鲜半岛和平的曙光，又被罩上了阴影。

李承晚集团破坏和谈的行为，引起了强烈的国际反响，不但民主国家的各国政府和人民纷纷谴责这种行为，就连英国、法国、加拿大、澳大利亚等国政府官员也强烈谴责这种行为，美国总统艾森豪威尔和接替艾奇逊任国务卿的福斯特·杜勒斯，也觉得难堪并非常恼怒。包括美国在内的许多国家的舆论，纷纷要求撤换李承晚。6月18日，艾森豪威尔给李承晚发一急电，指责他"违抗了'联合国军'司令部的指挥"，并威胁说"要是你坚持目前的方针，就无法使联合国军司令部继续同你一致行动，除非你准备立即毫不含糊地接受'联合国军'司令部的指挥，处理并结束目前的敌对行动，否则就将另行安排"。正如美国一位记者所说的："在整个世界上，李承晚的名望一落千丈，降到了最低点，世界上谴责之声四起。"

对于李承晚的这种破坏行为，朝中方面当然不能容忍。6月19日，毛泽东致电志愿军代司令员邓华和副司令员杨得志及谈判代表团的李克农，指出："我们必须在行动上有重大表示方能配合形势，给敌方以充分压力，使类似事件不敢再度发生，并便于我方掌握主动。"

同日，由朝鲜人民军最高司令官金日成和中国人民志愿军司令员彭德怀致函"联合国军"总司令克拉克，指出美方"必须负起这次事件的严重责任"，"现在发生的这次李承晚'释放'和胁迫战俘事件，证明我们所反对的强迫扣留已进一步地成为不容置辩的事实"，而"你方所一贯宣传的所谓'防止强迫遣返战俘'，完全是无中生有"，"你方在这个问题上历来所表现的错误立场和纵容态度，不能不直接影响这次事件的爆发和即将签字的停战协定的实施"。"鉴于这次事件所产生的异常严重的后果，我们不能不质问你方：究竟'联合国军'司令部能否控制南朝鲜的政府和军队？如果不能，那么，朝鲜停战究竟包括不包括李承晚集团在内？如果不包括在内，则停战协定在南朝鲜方面的实施有什么保障？如果包括在内，那么，你方就必须负责立即将此次所'在逃'的、亦即被'释放'和胁迫扣留并准备编入南朝鲜军队中去的战俘，全部追回，并保证以后绝对不再发生同类事件。"

这时，战场上的军事形势和政治形势对中朝方面都十分有利。为了对李承晚的破坏行为表示抗议，6月20日，朝中代表团要求谈判休会，直至美方作出保证。

同时为了加深敌人内部矛盾，予美方以更大的压力，已从北京起程准备前往开城办理朝鲜停战协定签字事宜的彭德怀，于 20 日途经平壤时，致电毛泽东，建议："根据目前情况，停战签字需推迟至月底似较有利，为加深敌人内部矛盾，拟再给李承晚伪军以打击。"并指示邓华、杨得志妥为布置。次日，毛泽东复电同意彭德怀的建议，指出："停战签字必须推迟，推迟至何时为宜，要看情况发展才能作决定。"

根据这一指示，邓华、杨得志和轮换解方任志愿军参谋长的李达，要求第一线各部："为给敌以更大压力，配合板门店谈判，并经彭总同意，决定在军事上继续予李伪军以狠狠的打击。为此，各军应根据原预选目标，如已准备就绪者应即坚决攻歼之，如新选目标应抓紧时间进行准备，并在有坑道之新占阵地上，应坚决扼守，求得在打敌反扑中大量杀伤敌人。对美军及外国帮凶军仍不做主动攻击，但对任何向我进犯之敌均必须予以坚决打击。"

据此，第一线之第一（1952 年 12 月入朝，军长黄新廷、政委梁仁介）、第四十六、第二十三、第十六（1952 年 12 月入朝，军长尹先炳、政委陈云开）、第二十四、第六十、第六十七军及人民军第三、第七军团，于 6 月 24 日开始了夏季战役第三阶段作战，先后对已做好攻击准备的目标展开了攻击。

与此同时，第二十兵团司令员杨勇、政治委员王平和被轮换准备回国的郑维山，计划了金城战役，接替王近山任第三兵团司令员的许世友、志愿军后方勤务司令部副司令员张明远等共同参加了研究，决定切掉敌军在金城正面的突出部，拉平战线。经邓华、杨得志批准，以第二十一（1953 年春入朝，军长吴泳湘、政委谢福林）、第六十、第六十七、第六十八、第五十四军（1953 年 5 月入朝，军长丁盛、政委谢明），组成东、中、西三个作战集团，在第九兵团第二十四军（代军长兼代政委张震）的配合下，于 7 月 13 日黄昏，对南朝鲜军 4 个师防守的正面 25 公里的阵地，同时发起了攻击。

此次攻击，是志愿军转入阵地战以来规模最大的一次攻击，也是抗美援朝战争的最后一次攻击，并且是抗美援朝战争中唯一的一次阵地进攻战役。志愿军集中了 1480 余门各种火炮，地面火炮对比以 1.7∶1 占有优势，兵力对比以 3∶1 占有优势。此次战役，志愿军共发射炮弹 1.9 万余吨，相当于志愿军在运动战时期第一至第五次战役发射炮弹总量的 2.2 倍。其中，在发起攻击的当夜，1000 余门火炮齐放，发射炮弹 1900 余吨，摧毁了敌军的主要工事。志愿军在 25 公里的正面上，一个小时之内即全部突破敌军阵地。至 14 日黄昏，向南最远推进 9.5 公里，拉平了战线。

著名的"奇袭白虎团"的故事，就发生在这次作战中。以第六十八军二○三、二○四师和第五十四军一三○师 1 个团编成的西集团，在进攻发起后，第二○三师以六○九团二营及配属该营的第六○七团 1 个侦察班，组成穿插分队，先头侦察班在副排长杨育才率领下，化装成南朝鲜军，巧妙地通过南朝鲜军数道哨卡，于 14 日 2 时进至二青洞地区南朝鲜军首都师第一团（白虎团）团部附近，袭击了正在开会的白虎团团部，歼敌一部，打乱了该团的指挥体系，缴获白虎团团旗，使部署于周围的南朝鲜军失去指挥，为志愿军第二○三师顺利完成战役第一步任务创造了条件。这就是后来在国内广为流传的"奇袭白虎团"

杨育才

的故事。战后，该侦察班荣立集体特等功，杨育才个人荣获特等功，被志愿军总部授予"一级战斗英雄"称号。

14 日黄昏后，志愿军进攻部队向敌军纵深发展，最远的又向南推进了 8 公里。16 日，敌军展开反扑，志愿军转入防御，直至 27 日，共击退敌军 1 个连至两个团兵力的反扑 1000 余次，共歼敌 5.3 万余人，南朝鲜军 4 个师被打残，推进阵地 160 余平方公里。毛泽东讲到这次战役时曾说："如果照这样打下去，再打它两次、三次、四次，敌人的整个战线就会被打破。"

从 6 月 24 日至 7 月 27 日，志愿军和人民军共歼敌 7.8 万余人，自身伤亡 3.3 万余人，推进阵地 192.6 平方公里。克拉克后来回忆时说："在我的心中毫无疑问认为，这次共产党攻势的主要原因，假使不是唯一原因的话，是给大韩民国陆军一个迎头痛击，并向他们及全世界表示'北进'是说易行难的事。"这次作战，严厉地惩罚了李承晚集团，加深了美方内部的矛盾，有力地保证了停战后朝鲜局势的稳定。

1953 年夏季战役，是抗美援朝战争中军事服从政治、作战与谈判紧密配合，以打促谈的典型杰作。打是为了谈，打服从谈，打促进谈。同时，谈为打规定任务，谈为打提出要求，打击重点目标的选择、打的时机的确定和打的规模大小，均根据谈判的需要而定。志愿军作战和谈判的主要对手是美军，因此谈判能否有所进展，关键决定于美国的态度。因此，志愿军确定以打促谈，首先决定以美军为重点打击目标；待美方在谈判中的态度有所好转，而南朝鲜李承晚集团不愿停战时，则将打击的重点目标改为南朝鲜军，并扩大了打击的规模，而对早已主张停战的英、法等国军队不作主动攻击，对美军也只选择连以下兵力防守的目标进行攻击；待停战谈判各项议程全部达成协议，李承晚集团破坏协议时，则将作战目标改为专打南朝鲜军，并更加扩大了打击的规模，直至打得李承晚集团也不得不同意停战。整个作战显得有理、有利、有节，堪称以打促谈的典范。

四、"联合国军"服软认输了

美国当局已经清楚地看到，战争越拖下去，"联合国军"的阵地丢失得越多，战争早停一天，阵地就可少丢一点。毛泽东曾说："如果不和，它的整个战线就要被打破，汉城就可能落入人民军之手。"在朝中方面政治上强烈抗议、谴责和军事上严厉打击的双重压力下，一贯骄横霸道的美国也不得不软了下来。美国当局向李承晚施加了压力，克拉克和美方谈判代表团也向朝中方面作出了关于遵守停战协定的保证。

美国总统艾森豪威尔在回忆录中承认，共产党提出"美国究竟能否保证执行任何有南朝鲜人参加的协议"这一质问是"有理由的"，并且克拉克无法作答。

为使李承晚能接受停战，并使克拉克能向金日成、彭德怀作出答复，6 月 25 日，艾森豪威尔派助理国务卿沃尔特·罗伯逊作为总统特使，前往南朝鲜，对李承晚进行劝说。克拉克也曾向参谋长联席会议请示，"假使大韩民国破坏停战协定，联合国应撤回对他的军事支持"。据接替范佛里特任美第八集团军司令官的泰勒说，与此同时，"克拉克被授权，不管李承晚的反对态度，加紧解决停战谈判问题"。泰勒也被授权向李承晚的高级军官们说明："美国对李承晚的耐心已接近最大限度的地步了。"泰勒在回忆录中说："为了表示我们迫切的意向，我们减少了对韩国军队的供应，特别是弹药与石油产品的供应，削减甚至停止了用来扩充南朝鲜军队的装备的交货，我在竭力提醒韩国的将军们，他们的国家和军队都是依赖美国的，如果李承晚继续抵制停战，那么援助就会没有指望了。"泰勒还说："为了进一步强调这一点，我举行了一次记者招待会，公开阐明我的态度：如果韩国决定要单独继续战斗，联合国军可以从这场冲突中脱身出来，不会有多大困难。"

从6月26日开始，罗伯逊同李承晚举行14次会谈，对李承晚，一方面威胁恐吓，晓以失去美国帮助的利害，另一方面又给以利诱抚慰，使这个美国人并不喜欢，但又没有美国满意的别人能代替的人能够听从美国的指挥。罗伯逊告诉李承晚，"独断独行是无益的"，如果"采取合情合理的态度，美国将保证提供援助"。至7月11日，会谈结束，罗伯逊对李承晚表示：（一）停战后，美国将继续以和平方式促进朝鲜的统一；（二）缔结美韩共同防卫条约；（三）美国将予南朝鲜以长期的经济援助，并先援助两亿美元。美国以此为条件，换取李承晚作出不再破坏停战的表示。对于李承晚来说，就此停战不是他的愿望，但他也非常清楚，如果失去美国的帮助，他将一事无成，甚至整个南朝鲜和他这个傀儡总统的宝座也将失去。他也尝到了破坏停战遭到惩罚的利害。本来，他不得人心的破坏行为，一方面是表示不愿停战，另一方面也是就此向美国要价。既然美国满足了他的要价，闹剧就不能继续演下去了。他向罗伯逊表示，无意承认停战协定，但不再做反对停战的活动。

6月29日，克拉克也致函金日成、彭德怀，对金日成、彭德怀6月19日信中提出的质问——作出回答和保证。他承认李承晚"释放"战俘"是一个严重的事件"。他解释说，"由于大韩民国所作的承诺，'联合国军'的确统率大韩民国军。"但"联合国军"司令部"并不对大韩民国行使权力"。对金日成、彭德怀提出的朝鲜停战究竟包括不包括李承晚集团在内，如果不包括在内，则停战协定在南朝鲜方面的实施有什么保障，克拉克解释并作出保证说："停战协定中某些规定需要大韩民国当局的合作，这一事实是被认识到的。兹向你们保证：'联合国军'与利害相关的各国政府将尽一切努力以取得大韩民国政府的合作。遇有必要之处，'联合国军'将尽其所能建立军事上的防卫措施，以保证停战条款将被遵守。"对于朝中方面要求追回被"释放"即被强迫扣留的战俘，克拉克表示"联合国军"正在继续努力予以追回，但追回相当数目的战俘是"不现实的"，要把这些战俘全部追回是不可能的，希望朝中方面能够理解。同时，强调"这封信是'联合国军'的一种真诚的努力"。克拉克在信中恳求双方代表团恢复会晤，交换关于中立国监察委员会的准备工作的材料，以便确定停战生效日期，使双方达成的停战协定得以即行签字。

毛泽东和周恩来认为，尽管克拉克对朝中方面提出的问题没有做全面明确的答复，但已经有了服软的表现，并作出了部分保证。鉴于此，可以金、彭名义复函，表示同意双方代表团恢复定期会晤。复会后，必须要美方作出完全保证，要弄清楚，"联合国军"签字停战是否包括李承晚的军队在内，美方必须有一个毫不含糊的答复，否则就无法停战，或停战后还会遭到破坏。

7月7日，以金日成、彭德怀名义复函克拉克，同意双方代表团恢复定期会晤。7月10日，休会20天后，停战谈判举行了双方代表团大会。此时，美方首席代表哈里逊，虽然还未得到李承晚关于同意停战的保证，而按美国当局的指示，在回答问题时躲躲闪闪、含糊其词，但也一改过去那种傲慢无礼的姿态和百般无赖的模样，认真听取朝中方面提出的问题。在得知李承晚的保证后，从7月12日开始至16日，简直像一个做了坏事的小孩子在倾听大人的质问，对朝中方面提出的问题逐条作出了答复和保证。美军战史在写到这一情况时所用的题目就是"再三保证"。

当朝中代表团首席代表南日问及，能否保证南朝鲜不再破坏停战协定条款的实施时，哈里逊保证：南朝鲜政府"将不以任何方式阻挠停战协定草案条款的实施"。当问及南朝鲜进行破坏停战的侵略行为"联合国军"将持何种态度时，哈里逊保证说："大韩民国进行任何破坏停战的侵略行为时，'联合国军'将不予以支持。"当问及停战后，南朝鲜军破坏停战协定，采取侵略行动，而中朝方面采取必要行动抵抗侵略、保卫停战，"联合国军"将采取什么态度时，哈里逊保证说："联合国军"仍保持停战状态，不给南朝鲜军以任何支持，包括不给予装备和供应上的支持。从7月11日至16日，一向傲慢的哈里逊对朝中方面提出的问题，一一作了答复和保证。

随后，朝中代表团将哈里逊的回答和保证，整理为10个问题，在7月19日上午的双方代表团大会上，南日以《关于美方保证朝鲜停战协定实施问题的声明》的形式作了宣读。美方对各项保证均表示确认，并表示尽快讨论停战协定签字前的各项准备工作。同日，朝中代表团将美方这些保证公之于世。同时表示，尽管美方对部分问题的答复和保证尚不能令朝中方面满意，但鉴于美方已作出了这些保证，朝中方面仍愿意尽快讨论停战协定签字前的各种准备工作。

7月22日，双方参谋人员最后一次校订了军事分界线，24日，双方代表团予以核准。这时，同1951年11月27日达成军事分界线协议时校订的军事分界线相比，志愿军和人民军净推进阵地332.6平方公里。从1951年11月27日达成关于军事分界线的协议，到1953年7月，20个月时间，美国的现代化的武器装备，美国的飞机大炮，未能帮他们夺得一寸土地，相反却丢失阵地330余平方公里。到了这时，对美国已没有什么"体面"可言了，但是如果不停战，就会更加不"体面"。

7月26日，双方联络官会议对签字方式问题达成协议，为防备不测，确保安全顺利签字起见，确定由双方首席代表于朝鲜时间7月27日上午10时在板门店签署停战协定文本，并以此作为停战协定签字时间，然后送双方司令官签字。当日16时，双方在板门店同时公布了关于达成停战协定签字协议的消息。

1953年7月27日上午10时，朝中代表团首席代表南日和美方代表团首席代表哈里逊，在板门店签署了停战协定。是日下午1时和晚上10时，"联合国军"总司令克拉克于开城东南的汶山、朝鲜人民军最高司令官金日成于平壤也先后在停战协定上签字。28日上午9时30分，中国人民志愿军司令员彭德怀于开城在停战协定上签字。27日，双方司令官均发布了停战命令。根据停战协定规定，双方于协定签字后12小时，即1953年7月27日22时同时停火，朝鲜停战实现。至此，中国人民的抗美援朝战争胜利结束。

克拉克在《从多瑙河到鸭绿江》的回忆录一开篇就说："1952年5月，我受命为'联合国军'统帅，代表17个国家，在韩国抵抗共产党侵略。15个月以后，我签订了一项停战协定，这协定暂时停止了……那个不幸半岛上的战争。对我来说这亦是表示我40年戎马生涯的结束。它是我军事经历最高的一个职位，但是它没有光荣。在执行我政府的训令中，我获得了一项不值得羡慕的荣誉，那就是我成了历史上签订没有胜利的停战条约的第一位美国陆军司令官。我感到一种失望和痛苦。我想我的前任麦克阿瑟和李奇微两位将军一定具有同感。"

美国知名的政论著作家约瑟夫·格登，在他所著的《朝鲜战争——未透露的内情》一书的引言中，也是一开篇就说："美国政坛老手艾夫里尔·哈里曼谈到朝鲜战争时，称它是'一场苦涩的战争'。""在美国不甚愉快的经历中，朝鲜战争算是其中的一个：当它结束之后，大多数美国人都急于把它从记忆的罅隙中轻轻抹掉。出于某一原因，朝鲜战争是美国第一次没有凯旋班师的战争。美国使朝鲜处于僵持状态，同共产党中国这个庞大而落后的亚洲国家打成了平手。"

美国西点军校的一位教官说：对美国军人来说，朝鲜战争是完完全全的军事失败，一个世界公认最强大的国家的陆海空三军联合立体作战，却没能打过一个贫穷国家装备原始的陆军，而且输得很惨。这是美国军队和美国国家永远的耻辱和疮疤。

在美国，相当长的一段时间，不愿提起朝鲜战争，因此将朝鲜战争称为"被遗忘的战争"。朝鲜战争结束以来，美国官方没有一个人说他们在朝鲜战争中取得了军事上的胜利，只是说美国的海军和空军在这场战争中充分发挥了威力。在政治影响上，特别强调了"在联合国的旗帜之下，阻止了共产党的侵略和维护了盟国南朝鲜的独立"，强调了美国在其盟国中真正起到了支配地位，成了非共产党的世界领袖，"作为反共产党国家先锋战士的美国已经赢得了自己的声誉"。

世界霸主、自由世界的"领袖"——"山姆大叔"，在朝鲜战场上失去了光彩与威风——败在了他们看不上眼的中国人民志愿军和朝鲜人民军手里，而且败得很惨。

第十二章 众志成城

12

★

力量悬殊
的对抗

随着中国人民志愿军赴朝参战，国内展开了一场轰轰烈烈的"抗美援朝，保家卫国"的大规模群众运动，中国人民真正树立了自尊和自信，表现了中华民族历史上前所未有的高度爱国热情，从而有力地保证了抗美援朝战争的胜利和国内建设任务的顺利完成。

力量悬殊的对抗——抗美援朝纪实

一、国内掀起抗美援朝运动

从 1950 年 6 月底美国武装侵略中国台湾和朝鲜后，国内即掀起了反对美国侵略台湾朝鲜运动，组成了中国人民反对美国侵略台湾朝鲜运动委员会，对全国人民进行了普遍的宣传教育，全国各界人民对美国的侵略行径表示了极大的愤慨，发出了严重的抗议和警告，并给予朝鲜人民道义上的支援。

抗美援朝战争开始后，为对全国人民进行普遍深入的抗美援朝教育，激发爱国热情，以各种方式和行动支援抗美援朝战争，中共中央于 1950 年 10 月 26 日发出《关于在全国进行时事宣传的指示》。《指示》指出："为了使全体人民正确地认识当前形势，确立胜利信心，消灭恐美心理，各地应立即展开关于目前时事的宣传运动。"

同日，中国保卫世界和平大会委员会在北京的委员，与中国人民反对美国侵略台湾朝鲜运动委员会的各民主党派和人民团体代表，在北京举行联席会议。会议决定将这两个组织合并，组成中国人民保卫世界和平反对美国侵略委员会，以统一领导全国抗美援朝运动。该会由包括各民主党派、各人民团体和各界代表人士 158 人组成，其中常务委员 31 人。著名的社会活动家郭沫若为主席，彭真、陈叔通为副主席，后增加廖承志为副主席。自 1951 年 3 月中旬起，该会简称为中国人民抗美援朝总会（下称"中国人民抗美援朝总会"或"抗美援朝总会"）。

中国人民抗美援朝总会成立后，于 11 月 21 日指示各地立即成立抗美援朝分会，各大行政区和各省、市，先后成立了抗美援朝总分会、分会，为全国开展大规模抗美援朝运动确立了组织上的有力保证。

抗美援朝总会成立后，即根据中共中央指示，组织领导全国人民开展了声势浩大并广泛深入的抗美援朝运动。根据抗美援朝战争和国际国内形势发展变化，适时将全国抗美援朝运动引向持久、深入。

中共中央在 10 月 26 日《关于在全国进行时事宣传的指示》中即指出："我国人民对美帝国主义应有一致的认识和立场，坚决消灭亲美的反动思想和恐美的错误心理，普遍养成对美帝国主义的仇视、鄙视、蔑视的态度。"要求通过宣传，正确认识抗美援朝与保卫国家安全的关系，认清美帝国主义是中朝两国人民的共同敌人及其纸老虎的本质，求得人人在思想上对抗美援朝表示积极和有胜利信心，对美帝国主义表示不共戴天，消除亲美、恐美、崇美情绪。

抗美援朝总会即根据中共中央这一指示，在全国开展了以仇视、鄙视、蔑视（"三视"）美帝国主义为中心内容的抗美援朝爱国宣传教育活动。1950 年 11 月 4 日，中国共产党和各民主党派发表联合宣言，庄严宣告："中国各民主党派誓以全力拥护全国人民的正义要求，拥护全国人民在志愿基础上为着抗美援朝保家卫国的神圣任务而奋斗。"号召全国人民团结一致，积极行动起来，抵制暴行，制止侵略，支援朝鲜人民的抗美救国战争。

这一宣言发表后，"三视"教育即与拥护这一宣言教育紧密结合在一起进行，中央和地方报刊、电台大量刊登和播送"三视"教育材料。学校师生和文艺工作者，纷纷组成宣传队走上街头和下厂、下乡，以极大的政治热情投入抗美援朝宣传教育活动。利用墙报、宣传画、声讨会、座谈会、报告会等形式，有针对性地进行宣传教育，力求做到家喻户晓、深入人心。各民主党派、人民团体普遍召开会议，对各自联系的单位、群众进行宣传教育，并提出了在抗美援朝运动中的具体奋斗目标。各地普遍召开抗美援朝代表会议，吸收各族各界人民代表参加，统一思想认识，研究如何加强抗美援朝工作。毛泽东对这一宣传教育运动高度重视，多次在有关报告上作出批示，并向全国转发了北京和南京两市开展这一活动的好做法、好经验。

经过这一宣传教育活动，清除了百余年来帝国主义侵略特别是美帝国主义侵略造成的部分中国人中亲美、恐美、崇美心理，使中国人民懂得了美国侵略者是我们

沈阳各界人民群众于 1950 年 7 月 24 日集会，反对美国入侵朝鲜、台湾

不共戴天的敌人，懂得了抗美援朝就是保家卫国，普遍提高了爱国主义和国际主义觉悟，增强了民族自尊心和自信心，坚定了争取抗美援朝战争胜利的信念，在中国共产党的领导下，团结一致，同仇敌忾，竭尽全力，支援抗美援朝战争。

二、踊跃参军参战支前

抗美援朝战争开始后，1950 年年底和 1951 年年初，全国即掀起了参军参战支前的热潮。

1950 年 12 月 1 日和 1951 年 6 月 24 日，中央军委和政务院两次发出招收青年学生、工人参加各种军事干部学校学习的决定。以这两次军事干部学校招生为契机，在全国青年中掀起了积极参军参战的热潮，许多地区报名参军的人数超过应征人数的 10 倍以上。父母送子女、妻子送丈夫、兄弟争相入伍的动人事迹屡见不鲜。

安东市职工报名参战

完成土地改革较早的东北、华北等老解放区，不少区、乡的民兵们组成"子弟兵连"，要求集体参加志愿军。

在东北，与朝鲜隔江相望的辽东省安东市及其附近的几个县，遭到侵朝美国空军的疯狂轰炸，激起群众的无比愤怒，几天之内就有 5800 余名青壮年报名参军。宽甸县青年李大永结婚当天，该县又遭到美机轰炸，第二天他就告别新婚的妻子，踏上了征途。在他的影响下，同一条街上的 8 名青年也报名参加了志愿

青年学生志愿赴朝参战

军。吉林省安图县有一位在革命战争年代曾送走4个儿子参军的朝鲜族老妈妈，又把第五个儿子金珠焕送往志愿军部队。

在华北，山西省雁北专区有几十个村没有接到报名参军的通知，这些村的干部和群众便自动送兵123名到部队。内蒙古自治区扎赉特旗有个行政村，60多名年轻人牵着自己家的马参加了志愿军。天津市吉鸿昌烈士的妻子胡洪霞给儿子报名参军，因儿子体检不合格，她又送外甥林有余和侄子吉德旺参军。

华东、中南、西南、西北等新解放区，广大青壮年也争先恐后要求参加志愿军。在华东，人口有2000万的浙江省，先后有100多万农民报名参军，未得到批准入伍的人说："参军比考秀才还难！"年届古稀的上海天厨味精厂经理吴蕴初，其独生女儿吴志运在复旦大学读书，决心报名参加军事干部学校，写信征求父亲的意见，吴蕴初复信予以热情赞许。他在信中说："吾垂暮之年，只有你一女儿，自不愿与你分离。但是你为祖国为人民愿意献身祖国，并预备流最后的一滴血，这行动和精神是伟大的，吾岂能以舐犊之爱忘却了保家卫国之义。"江苏省奉贤县（今上海市奉贤区）范爱乡蔡老太太亲自送4个儿子和1个女婿参军。

在中南，广州市第一批参加军事干部学校的就有1.3万人。武汉市，时任市长吴德峰亲自送子侄4人参加志愿军。在市长行动的带动鼓舞下，全市青年报名参军人数激增，至1950年年底，市区青年学生和工人参军和参加军事干部学校即达1.8万人。广西省两次报名参加军事干部学校的青年达到2.4万人，为原定招生数的13倍。

在西南，贵州省松桃县各族青年，一次报名参军的人数就超过计划数的13倍，黄平县不到1万人口的四屏区，就有463名苗族青年报名参军；贵筑县（1958年撤县建置）一个50余户的彝族村，参军的青年就有17人；一位少数民族妇女，结婚4天就动员丈夫参军，并牵着马把丈夫送到区上。

西北地区1951年即有2.4万多名各族青年参加志愿军赴朝作战。陕西省礼泉县女青年赵引弟、兴平县女青年朱孝梅等亲自为参军的未婚夫牵马送行。

全国青年踊跃参军参战，为志愿军作战提供了充足兵力资源，有力地保证了志愿军兵员的补充。据不完全统计，抗美援朝战争期间，全国先后参加志愿军赴朝参战达290余万人（次），仅东北地区即动员了近40万人参军，其中参加志愿军的30余万人。

与此同时，成千上万的铁路员工、汽车司机、医务工作者和大批农民，纷纷组成运输队、医疗队、担架队等，志愿开赴朝鲜前线，担任战地各种勤务工作，为中国人民志愿军和朝鲜人民军服务。

东北地区人民筹集了大量马匹、车辆、担架、医疗用品等，前往朝鲜担任战地勤务工作。在志愿军入朝参战之初，即有5%以上的青壮年农民随同入朝到前线，其中参加担架队、运输队、民工队的达70多万人。据东北各省、市1951年6月统计，志愿赴朝服务的汽车司机即有5571人，占当时东北地区司机总数10786人的51.6%。

整个战争期间，全国铁路员工先后有4万人赴朝，同志愿军铁道兵部队一起，担负朝鲜铁路抢修任务。

全国各地的医务工作者，"响应祖国号召，到最光荣的岗位上去"，争先恐后地奔赴朝鲜战场。截至1951年10月，志愿赴朝的医疗队达50余个，其中80%的人员在前线立了功。

三、订立爱国公约，开展生产竞赛和优待烈军属

订立爱国公约是人民群众在抗美援朝运动中的创造，把抗美援朝保家卫国的爱国热情与实际行动结合起来，用公约的形式加以强化和巩固。这个运动在1950年11月即开始了。

中共中央在1951年2月2日的指示中，将订立爱国公约作为深入开展抗美援朝运动的三项中心工作之一，要求在全国各地各界人民中普遍推广。根据这一指示，在各级政府和抗美援朝总会、各级分会的组织下，立即在全国掀起了订立爱国公约的热潮，把开展生产竞赛、优待烈军属、反对美日单独媾和等列为爱国公约的内容。至1951年10月，仅北京、天津、上海等城市和河北省的统计，即有80%以上

订立爱国公约现场

的人口订立了爱国公约，全国农村有 50% 的人口订立了爱国公约，其中云南省晋宁县有 90% 的家庭订立了爱国公约。全国工商界也积极参加订立爱国公约。

开展这一活动，有力地推动了生产竞赛和拥军优属工作。

工人们提出"工厂就是战场，机器就是枪炮，多出一件产品就是增强一分杀敌力量，减少一件废品就是消灭一个敌人"的口号，不断创造出生产纪录。至 1951 年 10 月，全国有 2810 个厂矿单位、223 万职工参加了生产竞赛，有19854 个生产小组向齐齐哈尔市劳动模范马恒昌所在的生产小组学习和应战。青岛国棉六厂 17 岁女工郝建秀，创造了一套科学的细纱工作法，此法在全国纱厂推广，大大提高了细纱生产效率。在农业战线上，1951 年 3 月，山西省著名劳动模范李顺达领导的互助组，向全国各地发出了爱国增产竞赛挑战书。到 9 月底，就有 30 个省（行政区）的 1.2 万多个互助组、2700 多个农业劳动模范应战。至 10 月全国有 1000 万以上农民参加了爱国丰产竞赛。1951 年全国的粮食、棉花等农作物的产量都超过了 1950 年的水平。

拥军优属活动是爱国公约的重要内容。为解除志愿军和解放军广大指战员的后顾之忧，全国城乡在"先军属，后自己"的口号下，尽一切努力帮助志愿军和解放军烈、军属解决生产和生活上的问题。对于特别困难的烈、军属，各地人民政府拨出优抚专款予以救济，并发动群众捐助实物、现金，保证他们的生活达到当地群众的平均水平。

在城市，优抚工作贯彻"以组织生产、介绍就业为主，物质补助为辅"的方针。凡有条件参加生产劳动或从事某职业的烈、军属，都陆续参加了生产或就业。1951 年 10 月统计，重庆市吸收了城区的烈、军属参加碾米、纺织、缝纫等，组成 60 余个生产组织，并介绍 1977 人就业。

在农村，优抚工作在分配土地改革的果实中，优先照顾烈、军属。绝大多数地区对烈、军属的土地实行了固定代耕制。群众代耕的土地，大都做到了铲蹚及时，多施粪肥，使产量达到或超过当地的平均产量。有些地区在代耕中还做到了保证不荒一亩地，保证按时下种，保证精耕细作，保证平均增产一成的"四保"，和先种、先锄、先收、先耕、先入仓的"五先"要求。许多烈、军属满意地说，群众代耕的土地"种得早，锄得好，地里长得没有草，上粪不比群众少，地面还管修水壕"。

无论城市、乡村，对烈、军属还采取其他许多优待措施：烈、军属到医院看病优先挂号，减免收费；各级学校招生中，在同等条件下，烈、军属子女优先录取；逢年过节，公私商店对烈、军属减价优待；在车站、码头给烈、军属优先售票等。在元旦、春节和"八一"等重大节日，普遍组织对烈、军属的慰问。广大烈、军属不仅积极参加各项社会政治活动和做好本职工作，还写信鼓励前线的亲人英勇作战、杀敌立功。

在抗美援朝总会组织下，1951年五一国际劳动节前后，全国4.75亿人口中，有2.299亿多人参加了抗美援朝、反对武装日本、保卫世界和平的示威游行。从1951年4月到7月，有3.399亿多人参加投票反对美国武装日本，有3.44亿多人参加支持世界和平理事会关于缔结和平公约的签名。反对美国侵略的爱国运动达到空前规模。

四、热情捐献飞机大炮

1951年5月中旬前后，中国人民抗美援朝总会组织的第一届中国人民赴朝慰问团完成慰问回国后，先后反映了志愿军因武器装备落后在作战中的严重困难情况。然而中国进行抗美援朝战争和恢复国内建设，财政负担很重，不可能再从财政上临时拨款购买作战所需武器装备。

为改善志愿军和解放军的武器装备、增强作战能力，6月1日，中国人民抗美援朝总会发出了开展捐献飞机、大炮运动的指示和号召。同日，中共中央发出了指示。

中国人民抗美援朝总会的号召指出："根据前线的报告，根据我们的赴朝慰问团回来的报告，我们中国人民志愿军和朝鲜人民军的战斗力，在一切方面都能完全压倒敌人，困难的只是我们的飞机大炮等武器还不够多。为了使我们英勇善战的志愿军，能够以更小的牺牲，消灭更多的敌人，早日取得战争的最后胜利，我们必须迅速以更多的飞机、大炮、坦克、高射炮、反坦克炮等武器供给前线。我们建议全国各界爱国同胞们，不分男女老少，都开展爱国的增加生产、增加收入的运动，用新增加的收入的部分或全部，购置飞机、大炮等武器，捐献给志愿军和解放军，来加强他们的威力，巩固我们的国防。各地捐献的飞机、大炮、坦克等，将冠以捐献单位的名字，作为光荣的纪念……我们希望大家高度地发扬爱国主义的热忱，再接再厉地发展爱国公约运动、开展增产捐献武器和优抚运动，以便更加有力地支援前线，争取抗美援朝战争的最后胜利。"

中共中央的指示指出："为了进一步普遍深入抗美援朝的运动和教育，中央决定，在全国普遍地开展爱国公约运动，开展增产、捐献武器运动和优待烈属军属及残废军人的运动，借以提高人民的政治觉悟和爱国热忱，借以鼓励前线的士气并解决一部分财政上的困难。现中国人民抗美援朝总会已发出具体号召，望即遵照执行……捐献武器运动，必须与增加生产或其他增加收入运动结合起来。如果在今后半年内各界人民能够在自愿基础上，从努力增加的收入内，每人平均捐献五斤到十斤米，全国即可有几十亿斤米的收入，这对于前线和国家财政，将是一个很大的帮助。"

抗美援朝总会又于6月7日，就捐献的具体办法发出通知，进一步强调了捐献运动必须有充分深入的宣传和细密的组织工作，必须与增加生产、增加收入相结合，必须贯彻自愿的原则。整个捐献运动暂定以半年为期。

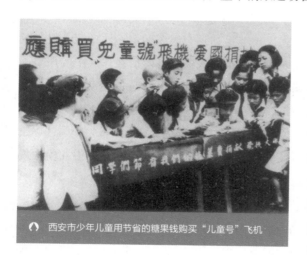

西安市少年儿童用节省的糖果钱购买"儿童号"飞机

响应抗美援朝总会的号召，贯彻中共中央指示，全国各工厂、农村、机关、学校、街道以及各民主党派、各人民团体和工商业者同业工会等组织，纷纷制订了捐献武器计划。认捐的飞机有工人号、农民号、中国青年号、中国少年号、中国学生号、中国妇女号、工商号、民盟号等等。山东人民认捐"山东空军师"120~130架，江西人民认捐"八一空军师"81架，苏南人民认捐"苏南空军师"120架。20世纪80年代末建成开放的位于北京市昌平区小汤山附近的中国航空博物馆，展出了许多当时捐献冠有名号的飞机。

在捐献武器运动中，很多地方、单位和个人，都把捐献武器列入爱国公约之内，作为参加抗美援朝运动的一项重要实际行动。广大干部、工人、农民、学生、教职员工、民主人士、文学艺术工作者、各少数民族、宗教界，以及海外华侨和驻外使领馆工作人员踊跃捐献，绝大多数地区提前完成，或超额完成了原定的捐献计划，并且涌现出大批成绩显著的单位和个人，出现许多感人至深的事迹。

全国的工人大部分每月捐出 1~3 个工或 5~6 个工的工资，捐出奖金的一部分或全部，有的还参加义务劳动和加班生产做捐献；农民靠节衣缩食、进行副业生产等办法做捐献；工商界捐出营业额的 1%~2%，也有的捐出 4%~5%；小学生节省父母给的零用钱捐献；大中学校的学生利用假期勤工俭学进行捐献；许多作家捐出创作稿酬的部分或全部；艺术家主要是开展义演、义卖（卖书画等）、义展（展工艺美术品等）活动，将这些活动所得全部捐献。还有许多人捐出心爱的传家宝，许多妇女捐出自己心爱的金银首饰，许多姑娘捐出父母准备的嫁妆，等等。

著名京剧艺术家梅兰芳，6 月间在汉口进行两场义演，得款 10000 元（1955年新币值），全部捐献。北京、上海已退出艺术舞台十几年，甚至 20 年的 60 岁以上的京剧老前辈王瑶卿、尚和玉、刘喜奎等，也纷纷重新登台举行义演，先后在北京、上海演出多场，将所得全部捐献。著名豫剧演员常香玉，带领香玉剧社自 8 月起，半年内先后在陕西、河南、湖北、湖南、广东、江西六省巡回义演 170 余场，捐献"香玉剧社号"飞机 1 架。"香玉剧社号"飞机展出在丹东的抗美援朝纪念馆。

宗教界班禅额尔德尼·确吉坚赞在 10 月份一次捐献 13000 元。在青海省喜饶嘉措副主席的推动下，青海湟中塔儿寺和大通广慧寺的全体僧众，于 10 月份捐献 13000 元。各地少数民族人民也积极捐献。甘肃省临潭县一位回族妇女捐出珍藏多年的银洋、金戒指、银手镯等。新疆迪化市（今乌鲁木齐）维吾尔族103 岁的高龄老人吾吉尼少汗，坚持拾麦穗、纺线捐献武器。该市一位名叫韩宝旺的 75 岁少数民族老人，自 7 月 1 日起，坚持每天拾废纸，至 9 月中旬共拾得650 斤，所卖钱款全部捐献。还有的老人，每日卖水，将所得全部捐献。全国各族人民类似这样捐献的生动事例数不胜数。

原本计划捐献期为半年，但半年后全国人民捐献热情不减，直至 1952 年5 月 31 日，捐献飞机大炮运动结束。从 1951 年 6 月 1 日至 1952 年 5 月 31 日，全国各族各界男女爱国同胞共捐献折合人民币 5.565 亿余元，当时苏联制造的米格 -15 飞机是 15 万元人民币 1 架，全国人民的捐献相当于 3710 架战斗机的价款。

中国人民抗美援朝总会于 1952 年 6 月 24 日对全国人民捐献武器运动进行了总结。总结指出："全国的工人、农民、知识分子、工商业家和其他各界人民，在这次运动中，都争先恐后地贡献自己的力量，来支持抗美援朝、保家卫国的神圣事业，充分地表现了爱国主义和国际主义的伟大精神。""这次爱国捐献运动所获得的巨大成就，已经极大地加强了中国人民志愿军的威力，使他们更有效地打击美国侵略者"，并且"加强了国家的建设和改善了人民的生活"。

五、慰问"最可爱的人"

1951 年 1 月 12 日和 22 日，中共中央先后发出了关于募集救济品、慰劳品和组织慰问志愿军和人民军的指示。据此，抗美援朝总会于 1 月 14 日和 22 日，先后发出了《关于在全国发起慰劳中国人民志愿军和朝鲜人民军并救济朝鲜难民的通知》和《关于组织慰问团的通知》。

著名军旅作家魏巍写的战地通讯《谁是最可爱的人》，于 1951 年 4 月 11 日在《人民日报》上发表后，祖国人民把一个崇高的称号"最可爱的人"送给了志愿军全体将士。全国各族人民积极响应抗美援朝总会的号召，掀起了向志愿军募集慰问品、慰问金和慰问信的热潮。

欢迎祖国慰问团

为了更直接地向中国人民志愿军和朝鲜军民表达尊敬和爱戴之情，抗美援朝总会于 1951 年 4 月、1952 年 9 月和 1953 年 10 月，先后组织三届大规模中国人民赴朝慰问团，前往朝鲜慰问中国人民志愿军和朝鲜军民。

第一届赴朝慰问团 575 人，总团长廖承志，副总团长陈沂、田汉。总团下设 8 个分团，由全国各民主党派、各人民团体、各阶层、各地区、各民族和人民解放军的代表、文艺工作者及各界知名人士组成。于 1951 年 3 月底出发，4 月初抵达朝鲜。慰问团带去了全国人民献赠的 1093 面锦旗、慰问金 420 余万元人民币、2000 余箱慰问品，以及 1.5 万余封充满深情的慰问信。

慰问团总团和直属分团慰问了平壤市、朝鲜人民军总部和志愿军总部。慰问团总团长廖承志，将其母亲何香凝老人亲手画的一幅猛虎图，献给彭德怀司令员。各分团分别慰问了在前线和后方的志愿军和人民军部队、志愿军和人民军伤病员、中国人民志愿援朝铁路员工、医务工作者、民工等，慰问了朝鲜地方党政机关和朝鲜人民。据 8 个分团中 6 个分团的不完全统计，共召开各种慰问会、座谈会 156 次，仅第一分团的文艺、曲艺队演出即达 47 场，放映电影 21 场。慰问中，有 4 人因遭美军飞机轰炸扫射光荣殉职。他们是：第二分团副团长、平原省军区干部管理部副部长廖亨禄，曲艺服务大队副大队长、天津市著名相声演员常宝堃（艺名"小蘑菇"），曲艺服务大队队员、天津市著名琴师程树棠，参加慰问团汽车运输工作的副连长王利高。中国人民赴朝慰问团圆满完成任务后，于 5 月 29 日回到北京。

第二届赴朝慰问团 1091 人，慰问团总团长刘景范（刘志丹胞弟），副总团长陈沂、李明灏、胡厥文、周钦岳。慰问团下设 9 个分团。这届慰问团规模大，有广泛代表性。成员由各民主党派、各人民团体、人民解放军、各民族代表，各地区的烈军属、工农业劳动模范、妇女、青年、文化、新闻、工商、宗教各界和海外华侨的代表等组成，慰问团成员中有许多知名人士，如马恒昌、叶盛兰、杜近芳、小白玉霜、常香玉、金焰、赵丹、高元钧、董存瑞烈士的父亲董全忠、志愿军空军英雄张积慧的父亲张本周等。

除第九分团到东北地区慰问回国治疗、休养的志愿军伤病员外，慰问团总团和其余 8 个分团于 9 月 18 日离开北京，10 月上旬先后到达朝鲜前线。

慰问团带去了大批慰问品，有锦旗 700 面，各界人士写的慰问信 5 万余封，抗美援朝总会和慰问团的慰问信 14 万封，抗美援朝两周年纪念册、纪念信笺、信封，有关祖国建设成就的书报、图片，及搪瓷杯、手帕、香烟、糖果、土特产等，总重量约 6000 吨。在有些慰问品上，印有"赠给最可爱的人"字样和抗美援朝纪念章图案。

据第一、二、五、六、七 5 个分团的统计,共举行慰问会、报告会、访问会、座谈会 2530 次,文艺工作队的慰问演出和放映电影共 1400 余场。

第二届慰问团在朝鲜共进行了 40 余天的慰问活动。11 月中旬,慰问团总团和各分团先后回到沈阳,12 月 5 日回到北京。

第三届赴朝慰问团规模更大,总人数达 5448 人,贺龙为慰问团总团长,邢西萍、章伯钧、蔡廷锴、章乃器、朱学范、陈沂、吴晗、刘芝明、康克清、梅兰芳、老舍、赵寿山、王维舟、吴克坚、邵式平、平杰三、张维桢、哈丰阿、周信芳共 19 人担任慰问团副总团长,下设 8 个总分团,成员包括了全国各民族、各民主党派、各人民团体和人民解放军的代表;战斗英雄、工农业劳动模范、

慰问团赴朝慰问

革命烈士家属和革命军人家属、社会知名人士、科学工作者和文教工作者的代表。其中有罗盛教烈士的父亲罗迭开、杨连弟烈士的父亲杨玉璞、邱少云烈士的弟弟邱少华等。慰问团还有由全国 40 个剧团组成的文艺工作团,约 3100 人,几乎包括了全国著名的主要剧种和这些剧种中最负盛名的演员。其中有著名京剧演员梅兰芳、周信芳、程砚秋、谭富英、裘盛戎、马连良、言慧珠,著名评剧演员新凤霞,著名音乐家马思聪、时乐濛,歌唱家喻宜萱、周小燕、王昆、郎毓秀等。

慰问团带去的慰问品,包括刻有"中朝友谊万岁"或"抗美援朝战争胜利纪念"的金笔、印有天安门图案的搪瓷杯、封面上有毛泽东浮雕像的手册、镌刻有"和平万岁"字样的纪念章和彩色明信片等,还有中国最著名的土产和工艺品、近百万封慰问信、800 多面锦旗,以及新中国建设图片。有专门献给金日成和彭德怀的礼品。中国人民志愿军和朝鲜人民军每位战士均可得到几种礼物。

1953 年 10 月 4 日下午,第三届赴朝慰问团开始离京赴朝,10 月 11 日至 21 日,先后全部到达朝鲜展开慰问。按照中国人民抗美援朝总会的要求,慰问团每到一地,首先慰问朝鲜人民和人民军,再慰问中国人民志愿军;慰问团总团

首先到平壤进行慰问工作。至 12 月 24 日，中国人民第三届赴朝慰问团除个别慰问团的文工团继续慰问演出外，其余全部完成慰问离开朝鲜返回祖国。

第三届赴朝慰问团两个月的慰问，在朝鲜从城市到农村，从工厂到矿山，从后方到前线对朝鲜军民和中国人民志愿军进行了广泛的慰问，慰问了朝鲜所有道、市，大部分郡，一部分里的党政机关，对人民军和志愿军广大官兵基本上做到了人人见面，深入到了前沿、海岛、分散的后勤单位。据不完全统计，召开慰问会、座谈会和慰问演出共 7600 余次，受到慰问的人数达 500 万以上，祭扫了人民军和志愿军烈士墓，胜利完成了祖国人民交给的慰问任务。

中国人民赴朝慰问团的慰问，极大地鼓舞支援了中国人民志愿军和朝鲜军民。特别是第二届赴朝慰问团在朝鲜慰问时，慰问品送到了坚守上甘岭作战的坑道里，指战员们激动地站在慰问品前宣誓："坚决为和平战斗到底，回报祖国人民的关怀！"当晚，坑道部队与反击部队配合，将盘踞在坑道四周的"联合国军"的一个加强连全部歼灭。

抗美援朝总会还多次邀请中国人民志愿军归国代表团和朝鲜人民军访华团，到全国各地作报告，以志愿军和朝鲜人民军在前线的英勇作战，激励全国人民的爱国之情。

周恩来曾经指出，抗美援朝运动"动员的深入、爱国主义的发扬，超过了过去任何反帝国主义运动，这是一个空前的、大规模的、全国性的、领导与群众结合的运动，它的力量将是不可打破的。中华民族的觉醒，这一次更加高扬起来了，更加深入化了"。

抗美援朝运动的开展，既有力地保证了抗美援朝战争的胜利，又有力地促进了国民经济按预定计划顺利完成，并从 1953 年开始进行有计划的大规模经济建设。

第十三章 伟大胜利

13

★

力量悬殊
的对抗

中国人民是在新中国成立之初，国家一穷二白的极端困难条件下被迫进行这场战争的，而且作战对象是资本主义世界头号强国的美国军队。中国人民打赢了这场战争。这无论对朝鲜、对中国、对东方，甚至对于整个世界都具有重要意义，同时也给人以重要启示。

一、悬殊的对比

一位加拿大籍印度学者 1993 年夏季到中国访问，告诉本书作者，他正在写一本书，名为《不对称的战争》，朝鲜战争是他列入书中的六场不对称战争之一。

的确，朝鲜战争双方的经济实力和技术装备水平对比极为悬殊，是现代战争史上比较典型的一场不对称战争。本书作者将这本书名定为《力量悬殊的对抗》，这是其中的主要考虑。

从经济上说，抗美援朝战争爆发时，美国的资本主义发展已有 175 年的历史，工业发达，技术先进。美国在第一、第二两次世界大战中又发了横财，第二次世界大战后，跃居资本主义世界的最强国。1950 年，其国民生产总值达 2848 亿美元，钢产量 8772 万吨。而中华人民共和国刚刚成立一年，由于近代以来中国遭受帝国主义列强不断侵略掠夺，工业发展极为缓慢，技术水平严重落后，几乎没有什么像样的工业，经济力量十分薄弱。1950 年，中国工农业的总产值仅有 574 亿元人民币，按当时与美元 2.5∶1 的比值计算，则仅相当于 229 亿美元，仅是同期美国国民生产总产值 2848 亿美元的十二分之一；钢产量仅有可怜的 60.6 万吨，仅相当于同期美国钢产量的一百四十四分之一。在军费方面，美国 1950 财政年度的军费开支为 130.1 亿美元，1953 年度达 504.43 亿美元。而同期中国的军费开支仅 28.01 亿元和 75.38 亿元人民币，相当于同期美国军费的十二分之一和十七分之一，也无法同美国相比。

在军队的武器装备方面，美国军队的武器装备是世界上最现代化的武器装备。

美国具有强大的海军和空军，从战争一开始就将海空军投入了作战。从中国人民志愿军参战起，美国投入朝鲜战场上的飞机最少时 1200 余架，最多时达 2400 余架，各种舰、船、艇最少时 110 余艘，最多时达 300 余艘。而志愿军参战后，志愿军和人民军在整个战争期间没有海军参战，并且前期也没有空军参战。到了后期，连同苏联空军在内，参战飞机最多时为 500 余架，最少时仅 200 架左右。

地面部队，美军一个师的装备即大大强于志愿军一个军的装备。美军一个师装备有各种坦克 140 余辆、装甲车 35 辆、各种火炮 950 余门、各种车辆 3800 余辆、无线电机 1688 部、密码机 145 部，每个排都配有 1 部有线电话机。美军的战场机动力、火力突击力、后勤补给力均很强，通信设备先进，指挥灵敏。连同其他国家军队在内，"联合国军"投入战场上的坦克最少时 880 余辆，最多时 1540 余辆，各种火炮最少时 10800 余门，最多时 16100 余门。而志愿军在初期没有坦克参战，各步兵军也没有坦克和装甲车的编制，每个步兵军编有各种火炮 520~540 门，仅相当于美军一个师火炮编制的二分之一略强，并且火炮陈旧、型号杂、射程近、炮弹少。每军仅临时配有运输汽车 100 辆左右，有线电话 375 部、密码机 68 部，不到美军一个师的四分之一，有线电话最多能配备到营。志愿军的战场机动力、火力突击力、后勤补给力均很弱，通信设备数量少，指挥联络困难。到后期火炮有所增加，总数超过"联合国军"，达 19700 余门，但总体质量仍落后。坦克部队从 1951 年夏季开始入朝参战，连同朝鲜人民军的坦克在内，最多时为 700 余辆，最少时仅 200 辆，没有装甲车。

无论经济上，还是武器装备上，双方的对比均很悬殊，志愿军方面处于明显的劣势。美军进行的是陆、海、空军联合的、全方位的、立体的现代化战争；而志愿军方面基本上是落后装备的平面战争，在前期是步兵在少量炮兵支援配合下作战，在后期，有限的空军只能掩护后方，前方仍是以步兵为主在炮兵和少量坦克协同配合下作战。

在抗美援朝战争中，美国使用了除原子弹以外的所有当时最现代化武器，包括细菌武器和化学武器，使用其优势的空中力量对志愿军和人民军后方进行毁灭性的轰炸，在朝鲜北方 12 万平方公里的狭小战场上，共投掷炸弹 69 万余吨，平均每平方公里落弹 5.8 吨，在某些地区的投弹密度达到了世界战争史上的最高水平。中国人民志愿军在完全没有制海权和基本没有制空权的困难条件下作战，打胜了，并且是取得了了不起的胜利。从双方在战争中的得失上看，也是悬殊的对比，但是，这同武器装备的优劣悬殊并非成正比，而恰恰相反，武器装备处于劣势的志愿军则取得了大占优势的战果。

从战线的进退情况看，志愿军入朝时，美军已打到鸭绿江边。经过作战，将美国为首的"联合国军"从鸭绿江边打回到三八线，并一度打回到三七线，尔后互有进退，但最终将战线稳定在三八线南北地区。双方进退相抵，志愿军同人民军净进从鸭绿江到三八线的500公里以上，而美军方面则净退了500公里以上。志愿军彻底粉碎了美国武装占领朝鲜半岛的企图。

　　从部队遭受打击的情况看，志愿军入朝后的第一、第二次战役是在双方对进的状态下进行的。第一次战役志愿军就给予美军历史最长的"王牌"部队骑兵第一师以重创，歼灭其一个团大部。第二次战役中志愿军予美军参战7个师中的第二师、第七师、陆战第一师3个师以歼灭性打击（包括全歼美第七师一个加强团），并予美军第二十五师以重创，整个战役打得痛快淋漓。虽然这次战役中，在东线作战的志愿军第九兵团减员比较大，但那主要不是因为战斗减员，而主要是因为该兵团临急入朝，未及发放寒区服装，志愿军运输补给能力跟不上所致。相反，志愿军第九兵团在这样困难的情况下，却将美军陆战第一师和步兵第七师打得落花流水，美军陆战第一师这个美军"王牌"部队也不得不在其历史上第一次使用"撤退"的字眼。所有美国当局军政要员都认为这是美军历史上的一次惨败、一次丢脸的失败。而志愿军除在第五次战役进攻作战结束后转移准备休整过程中，第一八〇师为掩护主力转移，因处置不当等原因被围遭受重大损失（损失约7000人）外，没有一个建制团以上部队遭受如此沉重的打击。虽然第四次战役中在汉江南岸防御的第五十军和第三十八军一一二、一一四两师部队伤亡较大，但那是为了掩护主力歼敌而预期的伤亡。到了抗美援朝战争阵地战阶段，特别是1952年夏季以后，志愿军在战场上越战越强、越战越主动，采取"零敲牛皮糖"打小歼灭战的方针，对"联合国军"营以下兵力防守的阵地几乎是攻则必克、攻则必歼。到了1953年夏季的金城战役，志愿军可以对南朝鲜军4个师防守的坚固防御阵地同时发起进攻，突入阵地最深达18公里，一举歼灭其4个师大部。而以美国为首的"联合国军"地面部队，从1952年夏季以后，除发动一次他们自己称为失败的恶性赌博的"金化攻势"（志愿军的上甘岭战役）外，直至朝鲜停战一直处于被动挨打状态，几乎没有什么作为。这一点美国人写的战史和韩国人写的战史都是承认的。

　　从双方人员伤亡和财力、物力消耗情况看，自1950年6月25日至1953年7月27日，在三年零一个月的朝鲜战争中，按朝中方面公布的战绩，朝鲜人民军和中国人民志愿军共毙伤俘敌军 109 万余人，其中，美军 39.7 万余人，南朝鲜军 66.7 万余人，英、法等其他国家军队 2.9 万余人。美国官方公布，美国阵亡 3.36 万余人、战伤 10.32 万余人、失踪和被俘 0.51 万余人，共 14.2 万余人（可能未计美军编制中伤亡的南朝鲜人，美军每个师编 2500 南朝鲜人）；韩国国防部公布南朝鲜军阵亡 22.78 万余人、战伤 71.71 万余人、失踪被俘 4.5 万余人，共 98.84 万余人。美国和韩国官方公布的各自损失数的总和为 113 万余人，大于中国人民志愿军和朝鲜人民军公布的歼敌数，且不包括英、法等其他国家军队的损失。同一时期，朝鲜人民军和中国人民志愿军共伤亡、失踪和被俘 62.8 万余人（人民军的损失是志愿军统计的）。按朝中方面公布的歼敌数字计算，志愿军和人民军的人员伤亡与"联合国军"的人员伤亡损失对比为 1∶1.7。另美国在华盛顿特区建成、于 1995 年 7 月 27 日由时任美国总统克林顿和时任韩国总统金泳三出席揭幕仪式的"韩战老兵纪念碑"中，刻在碑上的美国和"联合国军"伤、亡、失踪、被俘数字是：美国死亡 54246 人，"联合国军"死亡 628833 人；美国负伤 103284 人，"联合国军"负伤 1064453 人；美国被俘 7140 人，"联合国军"被俘 92970 人；美国失踪 8177 人，"联合国军"失踪 470267 人。伤亡、失踪、被俘总计 2429370 人（这里说的"联合国军"人数包括韩国军队在内，当时韩国虽不是联合国成员国，但韩国军队归"联合国军"指挥）。如果按这个数字计算，志愿军和人民军的人员伤亡与"联合国军"的人员伤亡损失对比为 1∶3.8。

单从志愿军的歼敌战果和自身的伤亡损失看，情况是：自 1950 年 10 月 25 日至 1953 年 7 月 27 日，两年零九个月的抗美援朝战争中，志愿军共毙伤俘敌 71 万余人，其中美军 29 万余人、南朝鲜军 39 万余人、其他国家军队 2 万余人。而志愿军阵亡为 11.6 万余人、战伤 22 万余人、失踪和被俘 2.9 万余人，共 36.6 万余人（其中包括志愿军第六十七军军长李湘、第三十九军副军长吴国璋、第五十军副军长蔡正国、第二十三军参谋长饶惠潭和毛泽东的长子毛岸英）。志愿军同"联合国军"人员伤亡损失对比为 1∶1.9（2014 年 10 月，经官方确认公布的抗美援朝烈士为 197653 人，公布时明确说明，志愿军阵亡的统计数字并未增加，19 万多烈士中，还包括失踪官兵、伤后亡、病亡，支前民兵民工、支前工作人员，及停战后至志愿军撤军回国前帮助朝鲜恢复建设中牺牲病故的，还有参加朝鲜停战委员会工作牺牲和病故的等等。也就是说，"烈士"和"阵亡"是两个概念）。

美国在战争中的战费支出是 400 亿美元（有的说 800 亿美元），消耗作战物资 7300 余万吨。而中国支出战费 62.5 亿元人民币（相当于 25 亿美元），是美国战费支出的十六分之一（或三十二分之一），消耗作战物资 560 余万吨，是美国消耗作战物资的十三分之一。这样对比，志愿军也是胜利者。

志愿军共击毁和缴获坦克 1492 辆、飞机 4268 架、各种炮 4037 门，而自身损失坦克 9 辆、飞机 231 架、各种炮 4371 门。

从以上敌我双方经济力量、武器装备方面和得失方面，两个完全相反的悬殊对比中可以看出，中国人民的抗美援朝战争取得的不是一般的军事胜利，而是非常了不起的伟大军事胜利。

这些充分说明，抗美援朝战争不但取得了政治上的伟大胜利，而且也在军事上取得了伟大胜利。朝鲜战争之所以能在 1951 年夏季出现停战谈判的局面，是志愿军和人民军胜利作战打出来的结果。朝鲜停战之所以能在 1953 年 7 月实现，也是志愿军和人民军胜利作战打出来的结果。

二、胜利的原因

敌我双方经济力量和军队武器装备强弱优劣极为悬殊，抗美援朝战争为什么能取得胜利？有关这个问题有许多总结，这里主要谈五点。

第一，正确的战略决策和作战指导。毛泽东指出："战争的胜负，固然决定于双方军事、政治、经济、地理、战争性质、国际援助诸条件，然而不仅仅决定于这些；仅有这些，还只是有了胜负的可能性，它本身没有分胜负。要分胜负，还需加上主观的努力，这就是指导战争和实行战争，这就是战争中的自觉的能动性。"在敌我双方经济力量和军队武器装备强弱优劣如此悬殊的条件下，之所以能取得抗美援朝战争胜利，中共中央和中央军委高瞻远瞩的战略预见、战略决策、战略筹划、战略指导及志愿军总部灵活机动的、创造性的作战指导，起了决定性的作用。这些包括未雨绸缪组建东北边防军；从支援朝鲜人民反抗侵略和维护中国国家根本利益出发适时决策组成中国人民志愿军抗美援朝、保家卫国；为保证战争胜利进行全面筹划和部署；根据战争形势的变化适时调整战场指导方针；扬长避短，避强击弱，你打你的，我打我的，根据自身装备特点和作战能力确定打法，抓住和利用美军作战中难以克服的弱点予以打击等。正是中共中央和中央军委的英明决策和战略指导，才在抗美援朝战争初期打出了美国军政当局所不预，打得美国军政当局不知所措的有利战争态势。在战场上，美国的第三任"联合国军"总司令克拉克也承认彭德怀"是一位战术专家"。

第二，尽力加强和改善志愿军武器装备，提高作战能力和水平。志愿军在战争中遇到的问题主要是能不能打、能不能守、能不能保证给养的问题，这些都是因为敌我双方武器装备优劣悬殊造成的。中共中央、中央军委和毛泽东主席、周恩来副主席等，始终高度重视志愿军武器装备的加强和改善，以提高志愿军在现代条件下的作战能力。从组建东北边防军开始，就从国内其他部队中抽调武器装备，以使边防军按作战编制配齐，并抽调一些炮兵（含高射炮兵）、汽车部队编入东北边防军。决策出兵时，又派周恩来同苏联领导人谈苏联空军支援作战和武器装备援助问题。出兵后，随着这些武器装备到达，则突击组建装甲兵作战部队，扩建空军和炮兵（含高炮）作战部队，还通过协商，请求苏联出动空军掩护朝鲜境内清川江以北两条铁路线的运输。组织全国各族人民开展捐献飞机大炮运动，捐献的钱款可供购买 3710 架战斗机。到 1952 年下半年，志愿军武器装备有了明显的加强和改善，不但有坦克、飞机参战，而且火炮数量明显增多、质量明显改善，主战火炮均装备了苏式 122 和 152 毫米口径榴弹炮，还有了喀秋莎火箭炮。到 1953 年，志愿军火炮质量虽然仍不比美军，但是数量已超过"联合国军"（志愿军火炮 14986 门，人民军 4716 门，志愿军和人民军火炮合计 19702 门；美军火炮 10136 门，其他"联合国军"805 门，南朝鲜军 5228 门，"联合国军"火炮合计 16169 门）。武器装备的加强和改善，为志愿军作战水平和作战能力大为提高，为取得抗美援朝战争胜利提供了重要物质保证。

第三，充分发挥志愿军广大官兵的智慧创造。在抗美援朝战争中，志愿军自始至终占有兵力优势，这本身对美国为首的"联合国军"就是一种威慑。但取得抗美援朝战争胜利绝不仅仅是靠中国人多兵多，更不是靠有人说的"人海战术"。志愿军武器不如美军，靠的是勇敢加智慧。从第一次战役开始，志愿军就充分发动广大官兵研究防空袭、防炮击、冬季野外露营防冻和用步兵武器打美军飞机、打美军坦克问题，研究避敌锋芒击其弱点的战法问题。运动战期间志愿军进攻作战，采取隔离美军步兵和坦克的联系，专打步兵，组织小分队直捣敌军团、营指挥所和炮兵阵地的战法；阵地战期间由防炮洞发展到坑道工事，形成铜墙铁壁。还有铁路抢修和运输创造了许多有效办法。在公路上，夏季架设水下桥梁，汽车司机遇美军飞机轰炸扫射时，将事先准备好的废油桶等点燃迷惑美军飞机等等，这些都是志愿军广大官兵的智慧创造，起到了保存自己、减少损失、消灭敌人的重要作用。毛泽东在 1953 年 9 月讲到抗美援朝战争的胜利时，高度赞扬了志愿军这些群众性的创造。

第四，强有力的思想政治工作的保证。抗美援朝战争中志愿军的思想政治工作很有特色，并具有极强的思想政治鼓动性、极强的现实针对性、极强的可操作性。敌我双方武器装备优劣悬殊，给志愿军行军、作战、生活都造成极大困难，解决这些问题，思想政治工作方面主要做了三个方面的工作。一是进行强有力的思想政治动员，教育官兵树立必胜信心。每次战役或战役不同阶段，志愿军党委或志愿军政治部均发出政治工作指示或政治动员令、告全体党员书等，主要明确战役的任务和意义，分析敌我双方的有利和不利条件，宣传各次战役的胜利，鼓舞官兵克服困难、战胜敌人的斗志和坚定取胜的信心，号召订立歼敌计划、开展战场竞赛和战场立功，要求各级党委充分发挥核心领导作用，基层党支部充分发挥战斗堡垒作用，共产党员和干部做克服困难、英勇杀敌的模范等。二是发动广大官兵群策群力，想办法克服实际困难。政治工作配合各级首长和司令部门，组织官兵根据当时条件研究作战的具体战术，研究如何做工事、如何防空、如何对付美军坦克，研究野外露营如何防冻和如何保证部队吃上饭、如何消除疲劳的具体办法等。在第三、第四次战役时，部队粮食供应极为困难，政治工作把部队筹粮作为一项重要任务，要求各师、团以政治部（处）主任或本级副政治委员负责，抽调各级政治机关五分之三的干部，与后勤部门一起组织筹粮队，到朝鲜当地政府和朝鲜人民中为部队筹粮，缓解了部队的粮食困难。对于不具备条件，无法解决的问题，则提倡部队坚忍不拔，忍受艰苦，说明"忍受困难就是光荣""克服困难就是胜利"。这样的思想政治工作，实际、亲切、温暖，从而在残酷、艰苦的条件下，有力地巩固了部队，有力地保证了部队的士气和战斗力。三是开展立功运动，激励官兵战斗积极性。整个抗美援朝战争期间，荣立三等功以上的功臣达 302724 人，荣立集体功的团以下单位 5953 个，荣获英雄、模范光荣称号的 494 人。其中，特级战斗英雄 2 人，即杨根思、黄继光；一级战斗英雄 51 人。有 12 人获得"朝鲜民主主义人民共和国英雄"称号，他们是：中国人民志愿军司令员彭德怀、第二十军五十八师一七二团三连连长杨根思、第十五军四十五师一三五团二营通信员黄继光、第十五军四十五师一三五团七连排长孙占元、第十五军二十九师八十七团九连战士邱少云、第十二军三十四师一〇〇团二连班长伍先华、第十二军三十一师九十一团五连战士胡修道、第十二军三十五师一〇四团四连副排长杨春增、第六十七军一九九师五九五团一连战士李家发、第六十八军二〇三师六〇七团侦察排副排长杨育才、第二十三军六十七师二〇〇团九连战士许家朋、铁道兵团第一师一团一连副连长杨连弟。志愿军在抗美援朝战争中的思想政治工作发挥了巨大的威力，有力地保证了在敌我武器装备优劣悬殊条件下作战的胜利。

第五，依靠人民。中国共产党领导进行的所有战争都是为了人民、依靠人民的战争。毛泽东一向强调："只有动员群众才能进行战争，只有依靠群众才能进行战争。""兵民是胜利之本"，"战争的伟力之深厚的根源，存在于民众之中"。抗美援朝战争是新中国成立后被迫进行的第一场战争。一则这场战争是抗美援朝、保家卫国的正义战争，二则可以充分发挥各级人民政权的作用动员人民群众支援战争，三则当时中国共产党不但具有极强的组织领导能力，而且在全国人民中具有极高的威望，因此也具有极强的号召力。进行抗美援朝战争比起历次中国革命战争，动员和依靠人民群众更有条件。为支援抗美援朝战争，也为恢复国家建设，在抗美援朝战争期间，中共中央依托中国人民抗美援朝总会，开展了广泛深入、轰轰烈烈又扎扎实实的抗美援朝运动，开创了新中国历史上人民战争的新形式，充分激发了中国人民的爱国热情和工作生产积极性，上下一致，众志成城，同仇敌忾，既有力地支援了战争，保证了抗美援朝战争的胜利，又有力地保证了国民经济恢复按时完成和按计划开始了大规模经济建设。此外，还有苏联的政治支持和物资援助等。

总之，正如毛泽东在总结抗美援朝战争胜利经验时所说的："我们的经验是：依靠人民，再加上一个比较正确的领导，就可以用我们劣势装备战胜优势装备的敌人。"抗美援朝战争的胜利完全证明了这一点。用一句话概括，也可以说，抗美援朝战争的胜利，就是毛泽东军事思想的胜利。美国西点军校教官说，美国军队对朝鲜战争记忆犹新，美国军队不怕中国军队的现代化，怕的是中国军队的毛泽东化。所谓"毛泽东化"，指的就是毛泽东的人民战争思想。

三、深远的影响

中国人民取得了抗美援朝战争的伟大胜利，达到了"抗美援朝，保家卫国"的目的，支援了朝鲜人民，保卫了朝鲜民主主义人民共和国，稳定了朝鲜的局势，保卫了中国大陆的安全，维护了亚洲及世界的和平。无论对中国、对朝鲜、对东方，乃至对于整个世界都具有十分重要的深远意义。

一是这场战争打出了国威军威，打出了中华人民共和国在世界上真正的大国地位。在1840年以来的近代中国，除1931年至1945年的抗日战争取得反法西斯侵略的胜利外，只有遭受帝国主义列强侵略和掠夺的挨打受欺历史，只有任人宰割、割地赔款的屈辱历史。1949年10月，中华人民共和国成立，中国人民站起来了。但无论当时的资本主义阵营还是社会主义阵营，都没有正视已经站起来的中国人民。而在敌我双方军队武器装备和经济力量优劣强弱极为悬殊条件下，抗美援朝战争打胜了，极大地震动了美国，极大地震动了全世界，不但美国而且整个世界，都不得不对中国刮目相看了。中国人民志愿军在朝鲜战场上打出了中国人民军队的国际威望，打出了新中国的国际威望，一扫中国近代以来历史上的耻辱，中国人民真正扬眉吐气了，中国真正屹立于世界民族之林了。正是这场战争改变了中国在国际上软弱可欺的形象，打出了中国在世界上的真正大国地位。

二是打出了新中国人民民主政权的巩固，稳定了社会秩序。中共中央被迫决策出兵抗美援朝时，中国新解放区还有一部分基层政权没有建立，已经建立的也还不巩固。中国大陆的各种反动势力气焰十分嚣张，大肆进行各种破坏活动，围攻基层人民政权，扰乱社会秩序。中共中央决策出兵抗美援朝的同时，即以最大的决心，采取断然措施，加速剿匪、土地改革和镇压反革命的步伐，并把剿匪、土地改革和镇压反革命工作作为与抗美援朝战争相联的中心工作之一，为支援战争，也为恢复国内建设提供稳固的社会基础。抗美援朝、土地改革、镇压反革命，被并称为当时的三大运动。至1953年年底，已先后基本肃清了反革命，剿灭了匪患，完成了除部分少数民族地区外的新解放区全部土地改革，从而巩固了新生的人民民主政权，安定了社会秩序，并且和平解放西藏，中国大陆第一次真正实现了统一。

三是打出了中国人民的自尊和自信，打出了中国人民极大的爱国热情。从晚清到民国，中国政府软弱无能，中国人民一盘散沙，国家没有尊严，人民没有自尊和自信。抗美援朝战争，志愿军在战场上打败了世界上资本主义头号强国的军队，加上国内开展抗美援朝运动，振奋唤醒了中国人民，提高了中国人民的政治觉悟，极大地增强了中国人民的自尊心和自信心，极大地激发了中国人民的爱国热情。许多华人华侨纷纷回国参加建设。中国人民真正凝聚在中国共产党的领导之下，由一盘散沙聚拢成了有力的拳头。正如毛泽东所说的："现在中国人民已经组织起来了，是惹不得的。如果惹翻了，是不好办的。"美国陆军官方性质的《朝鲜战争中的美军陆军》一书，在评论朝鲜战争时说："从中国人在整个朝鲜战争期间所显示出来的强大攻势和防御能力中，美国及其盟国已经清楚地看出，中国共产党已成为一个可怕的敌人，它再也不是第二次世界大战时的那个软弱无能的国家了。"

四是打出了国家建设发展的长期和平环境。抗美援朝战争虽付出了巨大的物力消耗，但由于极大地激发了中国人民的爱国热情和生产建设积极性，从而按时完成了原定的国民经济恢复计划，取得了新中国经济建设第一个具有战略意义的重大胜利。更为重要的是，将美国为首的"联合国军"从鸭绿江边打回到三八线，使中国取得了进行和平建设的环境，保证了第一个五年计划顺利完成和进行长期的和平建设。至今中国已赢得了70年和平建设的环境。

五是打出了人民解放军现代化建设的可喜局面和强固了国防。抗美援朝战争的实践，使中共中央和中央军委领导人充分看到，没有现代化的武器装备则难以打赢现代化的战争。当时，中国人民解放军和中国人民志愿军的许多高级将领都深有感触地表示，无论如何，就是"当了裤子也要买飞机"，以改善志愿军和解放军的武器装备。抗美援朝现代战争实践的刺激，使中国人民解放军和中国人民志愿军武器装备在这场战争期间就有了突破性的改善，特别是空军建设迅速发展起来。在第一个五年计划期间将国防工业和重工业作为建设的重点。至20世纪60年代中期，人民解放军的现代化建设与发达国家军队相比距离大大拉近。

此外，从抗美援朝战争一开始，中央军委就在广东、福建沿海作了防范美国和台湾国民党军联合登陆进攻的军事部署，在上海到安东的整个海岸线选择要点部署了水雷和海岸炮兵。从1952年下半年起，在辽东半岛和胶东半岛勘察部署海岸国防工事，1954 年起开始动工构筑，从而彻底改变了旧中国有海无防的局面。

　　六是打破了美国不可战胜的神话，打疼了不可一世的美国军队和美国当局。美国是两次世界大战的胜利者，第二次世界大战后一跃成为资本主义最强国。但在朝鲜战场上却吃了败仗，碰得头破血流。这场战争是美国自独立战争以来历史上第一次没有胜利班师的战争。毛泽东说："这一次，我们摸了一下美国军队的底。对美国军队，如果不接触它，就会怕它。我们跟它打了三十三个月，把它的底摸熟了。美帝国主义并不可怕，就是那么一回事。"这对中国具有"恐美病"的人是极大的教育，对亚洲和世界人民反对帝国主义和殖民主义的民族解放斗争也是极大的鼓舞。美国当局从朝鲜战争中充分认识到，中国人说话是算数的，中国人民是有力量的，对朝鲜战争的教训记忆犹新。

　　七是打出了抗美援朝精神。这就是习近平总书记在纪念中国人民志愿军抗美援朝出国作战 70 周年大会上讲话中指出的："在波澜壮阔的抗美援朝战争中，英雄的中国人民志愿军始终发扬祖国和人民利益高于一切、为了祖国和民族的尊严而奋不顾身的爱国主义精神，英勇顽强、舍生忘死的革命英雄主义精神，不畏艰难困苦、始终保持高昂士气的革命乐观主义精神，为完成祖国和人民赋予的使命、慷慨奉献自己一切的革命忠诚精神，为了人类和平与正义事业而奋斗的国际主义精神，锻造了伟大抗美援朝精神。"抗美援朝精神是一种非常宝贵的民族精神，表现了中华民族的传统美德，在中国后来的社会主义建设和改革中发挥了巨大的作用，直至现在仍被广为传颂。正如习近平总书记讲话中指出的："伟大抗美援朝精神跨越时空、历久弥新，必将永续传承、世代发扬。"无论时代如何发展，我们都要砥砺不畏强暴、反抗强权的民族风骨；我们都要汇聚万众一心、勠力同心的民族力量；我们都要锻造舍生忘死、向死而生的民族血性；我们都要激发守正创新、奋勇向前的民族智慧。

四、几点启示

　　抗美援朝战争作为历史已过去近 70 年了，然而，它留给人们许多耐人寻味的问题：为什么美国当局不顾中国政府和人民的一再抗议和警告，而一意孤行，敢于越过三八线向鸭绿江进犯？为什么以毛泽东为主席的中共中央，在新中国当时那样困难的情况下敢于作出决策同美国较量？为什么中国人民志愿军在武器装备处于悬殊劣势、作战条件那样恶劣的情况下，能够取得胜利？这些问题很值得人们思考，并从中获得启示。

这场战争再次告诉我们，落后就会受欺，落后就会挨打。这是一部中国近代史留给中华民族的教训，也是抗美援朝战争给中国人民的启示。中国近代史上受欺挨打，一个重要原因就是中国贫穷落后。帝国主义者是欺软怕硬的，看重的只是实力。当时美国之所以气势汹汹、不可一世，到处插手干涉别国内政、到处侵略，除了帝国主义的本性决定其必然如此外，关键的因素就是它具有强大的经济力量和强大的军事力量，具有侵略扩张的强大物质基础，具有威慑力量。如果中国当时不是那样的烂摊子，而是具有相当规模的工业基础和相当规模的经济力量；如果人民解放军当时武器装备水平并不落后，尤其是海军和空军具有一定的规模和实力，装备水平与美军相当或接近，那么美国当局对中国一再发出的警告，也就不敢置之不理而一意孤行了。即便开战，那么志愿军在战场上作战有后方强大经济力量为基础，发挥人民军队的优势和特长，加上有一定现代化基础的武器装备，则完全可以取得更大的胜利，甚至完全可能在朝鲜境内歼灭以美国为首的"联合国军"地面部队，或将其彻底赶出朝鲜。人民解放军著名的军事理论家郭化若老将军多次讲过，在抗美援朝战争中，因为我军没有制空权，而难以达成战役的歼灭战，因为我军没有制海权，而不能达成战略的歼灭战。中国的战略方针一向是"积极防御"，中国不去侵犯任何国家，但中国也不容许任何别国来侵犯。然而，只有搞好中国的经济建设，增强经济实力，搞好军队的现代化建设，特别是武器装备的现代化建设，增强解放军现代作战能力，中国的国家安全才更有保证。

这场战争再次告诉我们，只要世界上存在帝国主义和霸权主义，中国人民就要时刻保持高度警惕，不能对他们存有任何幻想。毛泽东早在新中国成立前夕的 1949 年 8 月就说过："我们说'帝国主义是很凶恶的'，就是说它的本性是不能改变的，帝国主义分子决不肯放下屠刀，他们决不能成佛，直至他们的灭亡。"他们也决不会"强盗收心做好人"。因此，我们必须"丢掉幻想，准备斗争"。美国在朝鲜战争中的表现，完全证明了毛泽东论断的正确。台湾历来是中国的领土，早在第二次世界大战结束时，美国也承认台湾是中国的领土，并且在日本投降后，被日本侵占 50 年的台湾已归还中国，只不过当时是蒋介石统治下的中国。然而，1950年6月，美国在侵略朝鲜的同时，就派其海军第七舰队侵略了台湾，并且一改美国以前的立场，不顾事实，竟公开声称台湾归属问题"未定"。美国在朝鲜战场上向北越过三八线以前，曾经通过有关国家向中国政府打招呼，说美国军队不打算越过三八线北进。然而，事实完全相反，不但越过三八线北进，而且在向中国打招呼之前即已决定向三八线以北进攻。这再一次告诉善良的人们，对于帝国主义者和霸权主义者不能抱有任何幻想，必须时刻保持高度警惕，对于它的侵略威胁和战争挑衅，必须坚决予以回击。历史的经验和抗美援朝战争都告诉中国人民，对于帝国主义的侵略，决不能妥协退让，妥协退让只能换来帝国主义更大的贪心和自己国家的更大屈辱，只有坚决抵抗、坚决斗争才是出路。

这场战争告诉我们，只要敢于斗争、善于斗争，弱国能够打败强国，武器装备落后也能取得战争的胜利。中国人民抗美援朝战争的胜利，堪称世界战争史上的奇迹，在现代战争史上树立了弱国打败强国、以劣势武器装备打败优势装备强敌的光辉典范。这里的关键是灵活正确的战略指导。强胜弱败是战争的客观规律，弱国打败强国、以劣势装备战胜优势装备强敌仍然必须遵循这一规律。战略指导的任务就是，千方百计增强经济力量，千方百计加强和改善军队武器装备，同时调动各方面因素和力量，同仇敌忾，团结对敌，以民族凝聚力的强大弥补经济力量的弱小；变武器装备整体劣势为局部优势，充分发挥政治优势，以顽强的战斗意志弥补武器装备的劣势；并灵活利用政治、外交上的策略手段，使战争中各种因素综合作用的结果有利于己、不利于敌，从而获得战争中的有利形势。

这场战争也再次告诉那些企图称霸的帝国主义者和霸权主义者，任何强国、大国，企图在世界上恃强称王称霸，最终都是没有好下场的。在第一次世界大战以前，不列颠曾经是称霸世界的"日不落帝国"，曾几何时，它的殖民地纷纷独立了，它本身也在第二次世界大战中大伤了元气。第二次世界大战中的德、日、意法西斯，企图恃强称霸，然而，又是曾几何时，他们一个一个地被彻底打垮，不得不宣布战败投降。第二次世界大战后的美国，企图恃强称霸，然而，其第一个称霸行动——侵略朝鲜，就遭到了惨重的失败。

总之，抗美援朝战争是中华人民共和国的立国之战，是近代以来中华民族真正屹立于世界民族之林的标志之战，是世界现代史上穷国弱国打败富国强国的典范之战，是中华人民共和国和中华民族历史上的光辉篇章。抗美援朝战争的胜利表明，中国共产党是伟大的，中国人民志愿军是伟大的，中国人民是伟大的。这场战争是永远值得纪念的一场伟大战争。

历史是不能忘记的，前事不忘，后事之师。只有了解昨天，才能更好地知道今天和明天。

后　记

　　抗美援朝战争是中华人民共和国历史上，也是近代以来中华民族历史上最值得骄傲、最值得大书特书、最值得纪念的一场伟大战争。

　　这本书为纪念中国人民志愿军抗美援朝出国作战 70 周年而作。书稿是在历史爱好者丛书《抗美援朝纪实》小册子的基础上调整充实的。《抗美援朝纪实》小册子，是 1995 年作者应《历史研究》编辑部之约撰写的，由华夏出版社和广东人民出版社联合出版。经调整充实，现书稿文字比原来增加一倍。调整充实这个书稿的基本考虑：

　　一是献给读者一本普及性的读物，使具有初中及初中以上文化程度的人都能读懂。尽我所能，力求写得生动活泼些。有的历史情况本身就有故事情节，如《声威大震》《趁热打铁》《鏖战上甘岭》《"联合国军"服软认输了》等章节。也写了几位著名英雄的事迹，如杨根思、黄继光、邱少云、杨育才、刘光子、张桃芳、蒋道平等；还写了几位"活烈士"的情况，如魏巍的著名战地通讯《谁是最可爱的人》中提到的胡传九、李玉安、井玉琢三位"烈士"，和一直以为牺牲了但仍健在、到 20 世纪 80 年代中期才找到的一级战斗英雄柴云振的故事；还有电影《英雄儿女》中英雄王成最初原型蒋庆泉的故事等，这些既有重要的教育意义，又增加了本书的可读性。

　　二是尊重历史，实事求是，不作任何虚构和夸张。书中所有引文，都是引述的原话，虽未注明出处，但都是引自权威档案文献和权威著述。

三是用历史事实回应近 20 多年来学术界和社会上一些别有用心之人对抗美援朝战争的抹黑、诋毁和否定。虽不是针锋相对，但也正面表明了作者的基本看法。

以上三点体现得如何，只有读者去评论。

感谢辽宁人民出版社出版此书！感谢张洪副总编辑对本书出版给予的支持！

由于作者能力水平的限制，书中缺点错误在所难免，欢迎读者提出批评指正。

作者

2020 年 4 月于北京